Yf 2436

CHEFS-D'OEUVRE

DE

P. CORNEILLE,

AVEC

LES COMMENTAIRES DE VOLTAIRE,

ET

DES OBSERVATIONS CRITIQUES SUR CES COMMENTAIRES,

Par M. LEPAN;

SEULE ÉDITION où l'on trouve le *véritable texte* de CORNEILLE et les changements adoptés par la Comédie Française,

FAITE, PAR SOUSCRIPTION,

Au profit de Mlle J.-M. CORNEILLE.

Cinq volumes in-8.º Prix 30 *fr., ou* 5 *volumes in-*12*, prix* 15 *fr., non compris le port.* A PARIS, *chez* CORDIER, *Imprimeur-Libraire, rue des Mathurins Saint-Jacques,* N.º 10; HUBERT, *au Palais-Royal,* N.º 222, *et chez tous les principaux Libraires des départements.*

La mise en vente de cette édition a dû convaincre ceux qui doutoient que l'on pût remplir les conditions du Prospectus.

Pour s'assurer que toutes les autres éditions où se trouvent les commentaires de Voltaire sont inexactes, SANS EXCEPTER CELLE QUE VIENT DE PUBLIER M. RENOUARD, il suffit de les comparer à la mienne, qui a été faite sur l'édition donnée par P. Corneille en 1682, deux ans avant sa mort, dans laquelle se trouve comprise, pour la première fois, l'universalité de ses pièces, et qui, présentant les dernières corrections de l'auteur, peut être regardée comme son testament : elle seule devoit donc servir de base pour l'examen de ses pièces, et pour les réimpressions qu'on en vouloit faire. Les éditeurs qui ne l'ont pas suivie, ne s'en sont écartés que parce qu'ayant l'intention d'imprimer les commentaires de Voltaire, ils ont naturellement pris son édition pour modèle ; mais Voltaire, ainsi que je l'ai dit dans ma préface, avoit, d'après son propre aveu, fait ses remarques sur l'édition de 1644, la première et la plus imparfaite de toutes.

L'édition du commentateur étant très-défectueuse, toutes les autres ont dû l'être ; rien n'est plus évident. Pour éviter cet inconvénient, ainsi que je l'ai fait, il falloit trouver un moyen que mes prédécesseurs se sont d'autant moins occupés de chercher, qu'ils ignoroient l'*infidélité* du commentateur. Personne, que je sache, n'en a parlé avant moi.

L'édition des Chefs-d'Œuvre réunit aux avantages *particuliers* annoncés dans son titre, celui d'indiquer dans les commentaires de Voltaire, par ce signe ☞ les additions que le commentateur a faites en 1774 aux remarques qu'il avoit publiées en 1764.

Le nombre de mes observations critiques sur les remarques de Voltaire s'élève à près de six cents. Les journaux se sont tous accordés à louer l'exécution typographique de cette nouvelle édition ; les uns ont gardé le silence sur ces notes ; les autres en ont fait un éloge très-flatteur.

Quelques personnes ont témoigné le regret que nous n'eussions pas imprimé toutes les pièces de P. Corneille. Voici les raisons qui nous en ont empêchés. Il existe un grand nombre de collections complètes de ses Œuvres ; la majeure partie de ses pièces ne sont plus jouées aujourd'hui ; celles restées au répertoire sont presque les seules qu'on lise depuis long-temps, les seules même qu'il ait cru devoir perfectionner, et enfin sur lesquelles Voltaire ait étendu ses commentaires. Nous avons pensé, en conséquence, qu'on trouveroit agréable d'avoir les Chefs-d'Œuvre de Corneille, sans être obligé d'acheter la totalité de ses ouvrages, et que les propriétaires des éditions complètes seroient eux-mêmes satisfaits de se procurer, sans double emploi et à peu de frais; celle-ci, qui, donnant SEULE le *véritable texte* de ce grand poëte, devient indispensable à tous ceux qui sont jaloux d'avoir les bonnes éditions.

M. Renouard, dans un avertissement à la fin de sa nouvelle édition des OEuvres complètes de Corneille, a conclu que *je jette le gant à Voltaire*. L'expression peut paroître singulière; mais pour lui faire voir que *je ne jette pas le gant à un mort*, je vais ramasser celui que lui-même a eu l'imprudence de me présenter.

M. Renouard a fait mettre dans la *Gazette de France*, le 16 novembre dernier, que c'étoit par erreur qu'on y avoit annoncé mon édition comme *la seule* qui présentât le texte de Corneille corrigé sur les dernières et meilleures éditions; que les éditions stéréotypes des Chefs-d'OEuvre, l'in-8.º de Palissot, et notamment celle de M. Renouard, ne donnent pas un texte moins exact que le mien. Je soutiens qu'aucune de ces éditions ne donne le véritable texte de Corneille, pas même celle de M. Renouard. C'est lui qui va m'en fournir les preuves. Je n'aurai besoin que de citer textuellement des passages de son avertissement, et d'y mettre des notes. Voici comment il s'explique:

« J'ai pris pour guides et pour autorités l'in-folio
» de 1663-64, donné par l'auteur, assisté, je crois,
» par son frère; l'in-12 de 1682, dernière édition,
» faite du vivant de Corneille (1); mais tellement
» fautive, que, dans l'édition suivante de 1692, in-12,
» les libraires s'en sont excusés par un avis qu'à la
» vérité *on ne trouve pas dans tous les exem-*
» *plaires* (2); j'ai aussi consulté cette réimpression
» de 1692, faite par Thomas, mais avec plus de

(1) M. Renouard ne pouvait mieux faire que de suivre les éditions de 1663 et de 1682 : ce sont les seules bonnes ; mais ne se serait-il pas trompé, en disant qu'il *les a prises pour guides*? Ni l'une ni l'autre ne donne les trois premières scènes du Cid telles qu'il les a imprimées. Mon édition, exacte copie des deux qu'il cite, n'a rien de commun avec la sienne dans ces trois scènes. On peut les comparer; on verra que ce ne sont ni les mêmes vers, ni les mêmes personnages.

(2) Les fautes que l'on trouve dans l'édition de 1682 ne provenant que de l'impression, il a été facile de les éviter.

» correction et de soins (1); je n'ai point négligé les
» éditions primitives. . . . .

» On sait que Voltaire avoit choisi pour texte du
» *Menteur*, une édition de 1644, bien différente des
» réimpressions successives dans lesquelles Corneille
» fit des corrections nombreuses et importantes (2).

» Les nombreuses corrections de Corneille pour
» cette pièce (*le Cid*), n'étant pas toutes heureuses,
» quelques-unes même étant évidemment de Thomas
» Corneille, *qui a gâté plus d'un vers de son frère*
» *en voulant le rectifier* (3), Palissot a choisi dans
» les anciennes et dans les nouvelles leçons celles
» qui lui ont paru les meilleures (4).

» *J'ai cru devoir non pas copier son texte, mais*
» CHOISIR ainsi qu'il l'a fait (5); avec cette diffé-
» rence, toute à l'avantage du lecteur, qu'à la fin de
» chaque pièce, j'ai placé un relevé exact des correc-
» tions et changements qui n'y sont pas introduits (6),
» ou parce que l'ancienne leçon *m'a semblé préfé-*

---

(1) Pour donner le véritable texte de Pierre Corneille, mort en 1684, il ne falloit pas avoir recours à l'édition faite en 1692 par Thomas, dont les corrections n'étoient plus le texte de Pierre. M. Renouard devoit d'autant moins consulter cette édition, qu'il va nous dire, plus bas, que *Thomas a gâté plus d'un vers de son frère en voulant le rectifier.*

(2) Ce n'est pas seulement *pour texte du Menteur* (nous employons l'expression de M. Renouard) que Voltaire avoit pris l'édition de 1644. J'ai prouvé dans ma préface que c'est sur cette même édition surannée qu'il a commenté *Médée*, le *Cid*, *Pompée*, etc.

(3) M. Renouard est bien clairvoyant pour distinguer les corrections faites par Thomas. Quoi! ces corrections faites au *Cid* dans l'édition de 1655, laissées dans celle de 1663, et confirmées par celle de 1682, *sont évidemment de Thomas!*

(4) Palissot n'a donc pas, comme l'a prétendu M. Renouard, donné le texte laissé par Corneille, puisqu'il s'est permis de faire un choix? Mais c'étoit le choix de Corneille, bon ou mauvais, et non celui de Palissot, qu'on devoit présenter au public.

(5) Voilà donc M. Renouard qui lui-même a *choisi*, dans les anciennes et les nouvelles leçons, les vers de Corneille, pour nous donner une édition, *habemus confitentem reum*. Les personnes qui ont l'édition de M. Renouard sont cette fois bien et dûment averties, *par lui-même*, qu'elles n'ont point le dernier texte de Corneille approuvé par l'auteur, mais un texte choisi par *M. Renouard* dans les différentes leçons, suivant que l'une ou l'autre *lui a semblé préférable.*

(6) De cette manière, dans la seule tragédie du Cid, 132 vers, refaits et adoptés par Corneille, ont été rejetés en variantes à la fin de

» *rable*; ou plus d'une fois aussi parce que, entre deux
» leçons à-peu-près indifférentes, il avoit mieux valu
» laisser dans le texte celle qui étoit citée dans les
» notes (1).

» La plupart des pièces de Corneille qui sont res-
» tées au théâtre, ne se représentent qu'avec quelques
» changements, et des coupures et suppressions nom-
» breuses. Plusieurs sont autorisées, commandées
» même par le bon goût; celles du rôle de l'Infante
» dans *le Cid*, du rôle de Livie dans *Cinna*; mais
» combien de suppressions que rien ne motive (2) !

» Que dire des vers de remplacement, qui ne sont
» pas toujours écrits en français ? témoins ces deux-ci
» dans *Pompée*, acte I.er, scène 3 :

Et que par ces mutins chassé de son état,
Il fut jusques à Rome implorer le Sénat (3).

» Quant aux changements faits pour *Pompée*,
» *Héraclius*, etc., la plupart sont ou trop mauvais,
» ou trop insignifiants pour ne pas être déplacés dans

---

la pièce, tandis que ceux qu'il a réprouvés ont été introduits dans le corps de son ouvrage ; et cela, dit M. Renouard, *parce qu'ils m'ont semblé préférables*; mais encore un coup, M. Renouard, vous ne nous avez donc pas donné le texte laissé par Corneille ?

(1) Les différens éditeurs qui ont voulu donner les remarques de Voltaire, avoient, jusqu'à ce moment, suivi machinalement son édition. M. Renouard avoue que c'est avec connoissance de cause qu'il a sacrifié aux notes du commentateur le texte corrigé par Corneille. Je dois me féliciter d'avoir su trouver le moyen de le conserver dans toute son exactitude.

(2) On croiroit, d'après cette observation, que M. Renouard va donner un moyen de connoître, dans son édition, ces changements, ces coupures; mais point; il se borne à publier, pour les seules tragédies de *Nicomède* et de *Polieucte*, des changements que lui a fournis M. Andrieux, adoptés, dit-il, par la Comédie, et qu'il place dans son dernier volume, sans que rien indique, dans la première de ces pièces, les nombreuses coupures qu'elle a subies. Mon édition est encore *la seule* où ces indications précieuses soient données sans aucunement altérer le texte.

(3) *Par vers de remplacement*, on doit croire que M. Renouard a voulu dire des vers qui ne sont pas de Corneille, et qu'on a mis à la place des siens. Alors le choix n'est pas heureux, car ces deux vers ne sont pas *des vers de remplacement*; ils sont de Corneille. On ne les trouve pas, il est vrai, dans l'édition de 1682, et par conséquent ils ne doivent pas figurer dans le texte des réimpressions : ils sont si peu de remplacement, qu'ils ont fourni matière à une remarque de Voltaire et à une observation critique de ma part sur cette remarque. Mais ce qu'il y a de moins concevable, c'est qu'après avoir signalé ces deux vers comme étant *de remplacement*

» une bonne édition; on ne les trouvera point dans
» la mienne (1).

» *Avant et après Palissot, deux autres critiques*
» ont amèrement censuré le travail de Voltaire;
» Clément, de Dijon, dans ses Lettres à M. de
» Voltaire, et tout récemment, en cette année 1817,
» M. Lepan, qui, pendant l'impression de cette édi-
» tion complète (2), en a donné une des Chefs-
» d'OEuvre, en 5 volumes in-8.° et in-12, avec les
» commentaires de Voltaire, et ses propres notes sur
» ces commentaires ».

Après avoir apprécié, à sa manière, les notes de Clément et de Palissot, et avoir annoncé que celles de ce dernier contiennent une multitude d'observations *pleines de finesse*, M. Renouard ajoute : « Aussi
» j'ai cru convenable d'admettre, dans mon édition,
» une partie de ses notes ».

Ainsi M. Renouard *a choisi* parmi les notes de Palissot comme *il a choisi* parmi les différentes leçons de Corneille. Pour le coup, le public pourra se flatter d'avoir une édition toute de choix.

Quant à ce qui me regarde, il a recherché divers passages de ma préface pour les réunir, et les faire précéder d'une prétendue déclaration que j'aurois faite que *tout est mauvais dans les commentaires de Voltaire*. Hors ces mots, qui NE SE TROUVENT POINT dans mon édition, non plus que ceux de *menteur, félon et traître envers le père de la tragédie*, que M. Renouard m'attribue, j'avoue tout ce qu'il me fait dire sur les remarques de Voltaire.

Puisque M. Renouard a parlé de mon édition, il

---

et *pas écrits en français*, M. Renouard les ait mis dans son édition à la place de ceux que Corneille a laissés, et que nous avons donnés.

(1) M. Renouard ressemble beaucoup au Renard de la fable. Nous avons quelque raison de croire que le meilleur motif qu'il a eu pour ne pas mettre ces changements, a été la difficulté de se les procurer. Il n'est du moins pas possible qu'il les ait jugés *insignifiants*, lorsque, pour *Héraclius* seul, ils s'élèvent à plus de quatre-vingt vers, sans compter les nombreuses coupures.

(2) Par ces mots : *Qui pendant l'impression*, etc. M. Renouard a-t-il voulu dire que le projet de mon édition n'a été formé que pendant l'impression de la sienne et pour le contrarier? Il sait lui-même que mon travail étoit fait, et prêt à mettre au jour long-temps avant que son édition fût annoncée.

convient aussi que je parle de la sienne; elle forme 12 volumes in-8.º, et contient, comme la mienne, les trois discours de Corneille sur le Poëme dramatique, ses préfaces et les examens qu'il a laissés de ses ouvrages, et, de plus, vingt-deux tant tragédies que comédies qui ne sont pas restées au théâtre, mais dans lesquelles l'homme de lettres peut trouver des scènes dignes du génie le plus vaste qui ait paru sur la scène française.

Il est à regretter que M. Renouard, embarrassé d'indiquer les remarques de Voltaire, n'ait pas trouvé, pour *le Cid*, d'autre moyen que de rejeter le texte avoué par Corneille, et de le mettre en variantes, pour introduire dans le corps de la tragédie des vers qu'il a *choisis* parmi ceux que l'auteur a réprouvés.

Il n'a pas été beaucoup plus heureux dans la manière dont il a introduit dans les autres pièces quelques-unes des corrections faites par Corneille. Nous pourrions appuyer cette assertion de nombreux exemples pris dans toutes les pièces. Nous les épargnerons au lecteur et à l'éditeur; nous nous bornerons à faire observer à ce dernier qu'il aurait dû, notamment dans Pompée, admettre plusieurs vers que Corneille a substitués aux anciens; tels sont ceux-ci :

Acte 1, Scène 3.

Vers laissés par Corneille :

Et que, jusque dans Rome, il alla du Sénat
Implorer la pitié contre un tel attentat.

Vers admis par M. Renouard :

Et que par ces mutins chassé de son état,
Il fut jusques à Rome implorer le Sénat.

MÊME SCÈNE.

Vers laissés par Corneille :

Et par son testament il vous fit cette loi,
Pour me rendre une part de ce qu'il tint de moi.

Vers admis par M. Renouard :

Et par son testament, qui *doit servir de loi*,
Me rendit une part de ce qu'il tint de moi.

Acte 2, Scène 2.

Vers laissés par Corneille :

On descend; et pour comble à sa noire aventure,
On donne à ce héros la mer pour sépulture.

Vers admis par M. Renouard :

Et pour *combler enfin* sa tragique aventure, etc.

Acte 3, Scène 2.

Vers laissés par Corneille :

Si Rome avoit pu voir marcher en même char,
Vainqueurs de leur discorde, et Pompée et César.

Vers admis par M. Renouard :

Si l'on voyoit *marcher dessus un même char.*

Acte 4, Scène 4.

Vers laissés par Corneille :

Je crains que ma présence à ses yeux ne l'irrite,
Que son courroux ému ne s'aigrisse à me voir.

Vers admis par M. Renouard :

Je crains que de nouveau ma présence *l'irrite :*
Elle pourroit l'aigrir au lieu de l'émouvoir. (1)

Nous engageons l'éditeur des œuvres complètes, s'il est dans le cas de faire une nouvelle édition, à éclaircir plusieurs de ses notes, entr'autres celle qui est à la fin du *Cid*, et qui précède les corrections et changemens dans cette pièce.

Il eût été plus satisfaisant pour nous de n'avoir, en parlant de notre édition, qu'à nous féliciter de la faveur qu'elle a reçue de Sa Majesté, des Princes et des Ministres de l'Etat ; mais cette même faveur nous a presque fait un devoir de combattre la calomnie que la jalousie a excitée contre nous. La prévention est nuisible en toute occasion ; et si l'article éphémère du *Journal de Paris* contre *la Vie politique, littéraire et morale de Voltaire*, que nous avons récemment publiée, en réfutation de celle de CONDORCET (*), nous a paru exiger la réponse que nous avons rendue publique, il étoit peut-être encore plus nécessaire de repousser de fausses imputations imprimées à la suite d'une édition qui, malgré ses nombreuses imperfections, décréditera la nôtre aux yeux de ceux qui ne la connoîtront pas, ou qui ne se donneront pas la peine de vérifier les faits.

LEPAN.

---

(1) On peut observer que M. Renouard n'a pas été heureux dans ses différens choix, et que, par le dernier, il rétablit une faute de français que P. Corneille avoit fait disparoître : on ne la trouvera pas dans notre édition. Après *je crains*, il faut *ne l'irrite*.

(*) Un volume *in-8.º*. *Prix*, 5 *fr*. pour Paris, et 6 *fr*. pour les départemens. A PARIS, chez CORDIER, Imprimeur, rue des Mathurins Saint-Jacques, N.º 10, et dans les départemens, chez les Directeurs de la poste aux lettres, et chez les principaux Libraires.

A PARIS, DE L'IMPRIMERIE DE CORDIER.

CHEFS-D'OEUVRE de PIERRE CORNEILLE, contenant tous ses Ouvrages restés au Théâtre Français ; savoir : le CID, HORACE, CINNA, POLIEUCTE, RODOGUNE, le MENTEUR, la MORT DE POMPÉE, HÉRACLIUS, NICOMÈDE et SERTORIUS, avec les Commentaires de Voltaire, et des OBSERVATIONS CRITIQUES SUR CES COMMENTAIRES, par M.r E. M. J. LEPAN, ancien Rédacteur du Journal le Courrier des Spectacles ; seule édition dans laquelle on ait l'avantage de trouver les Pièces conformes à la représentation, sans que le texte de l'Auteur en soit aucunement altéré.

PRIX, par souscription, sans rien payer d'avance, non compris le port,

5 vol. in-8.º sur très-beau papier. . 30 fr.
5 vol. in-12. 12

Bien imprimés, en caractères neufs, chez CORDIER, Imprimeur-Libraire de la Garde Royale, rue des Mathurins Saint-Jacques, N.º 10, à Paris.

PROSPECTUS.

VOLTAIRE a fait paroître, en 1764, au profit de mademoiselle Marie-Françoise Corneille (alors épouse de M. Dupuits), en la qualifiant *descendante* de Pierre Corneille, quoiqu'elle ne fût que sa cousine dans un degré fort éloigné, une édition des Œuvres de ce grand homme, avec des Commentaires où il a déprisé ses plus beaux Ouvrages. L'édition que l'on annonce a pour objet de leur rendre tout leur mérite. Elle sera faite au profit de M.elle Jeanne-

Marie Corneille, arrière petite-fille de l'auteur de *Cinna*, laquelle a élevé, pendant *quinze ans*, plusieurs enfans de ses frères, et en a encore dans ce moment quatre chez elle. Ce trait suffiroit sans doute pour honorer *la véritable descendante* de Pierre Corneille; mais ce qui doit ajouter à l'estime et à la bienveillance du public pour elle, c'est qu'après avoir été la pupille de M. Lamoignon de Malesherbes, de cette noble victime de son dévouement, qui emporta dans la tombe la consolation d'avoir défendu son Roi, M.elle Corneille a constamment reçu de ce vénérable Magistrat les marques d'une considération particulière: on pourra en juger par plusieurs lettres qu'il lui a écrites, et qui seront imprimées à la fin du dernier volume; il y applaudit aux talens, aux vertus et à la noblesse de l'âme de son élève.

Sa Majesté, qui ne laisse échapper aucune occasion de montrer son amour pour les arts et son empressement à récompenser la vertu, a daigné permettre qu'on mît son nom à la tête des souscripteurs, *dont la liste sera imprimée*. Ceux-ci pourront se flatter d'avoir à la fois contribué à venger la mémoire de Corneille, et à secourir sa famille. De pareils motifs suffiroient sans doute pour recommander cette édition. Mais après avoir dit ce que M.lle Corneille a fait pour le sang de son trisaïeul, qu'il soit permis d'indiquer ce que l'on a fait pour sa réputation. On a entrepris de la rétablir entièrement, en prouvant, jusqu'à l'évidence, qu'à l'exception des fautes de style, qui ne doivent être imputées en grande partie qu'au siècle où Corneille a composé ses Ouvrages, toutes celles que Voltaire a relevées, sur-tout dans les plans et la conduite des pièces, sont imaginaires, ou plutôt controuvées, tantôt parce que le commentateur n'a pas lu avec attention certains passages, tantôt parce qu'il a dénaturé les faits, changé la position des personnages, et qu'il a donné aux pensées de fausses interprétations.

Les atteintes portées à la réputation de Corneille ne sont pas les seuls reproches qu'on puisse faire aux remarques de Voltaire; un inconvénient plus grave s'y rencontre fréquemment; c'est d'établir des principes erronés, des règles idéales, des systèmes nuisibles, propres à induire en erreur les étrangers et les jeunes-gens, et d'après lesquels une grande partie des vers le plus applaudis dans Malherbe, Boileau, Racine, Jean-Baptiste Rousseau et nos autres bons poètes, ne devroient pas être regardés comme de bons vers.

M. le marquis de Luchet, dans son Histoire littéraire de Voltaire, dit, en parlant de ceux qui ont blâmé ses Commentaires sur les Œuvres de Corneille: *Il fallait prouver que ces remarques étaient injustes, frivoles; personne n'a encore prouvé qu'elles fussent déplacées:* voilà justement ce que l'on a eu l'intention de faire. En publiant des observations critiques sur ces remarques, on a eu l'intime conviction de présenter au public un travail utile pour les jeunes-gens, et qui ne sera pas sans agrément pour les personnes d'un âge mur: on a même l'espoir de convaincre les partisans les plus enthousiastes de Voltaire, s'ils veulent lire ces observations, non pas sans prévention, on leur en suppose même beaucoup, mais avec l'intention de juger après avoir lu.

En réunissant aux meilleures pièces de Corneille les examens qu'il en a faits, et ses trois discours sur les poèmes dramatiques, on pourroit croire ne rien laisser à désirer dans cette édition; cependant, pour lui donner encore un avantage que n'offre aucune autre, on y a joint, par notes, des variantes qui indiquent les changemens nombreux adoptés par la Comédie Française, de manière que tout en ayant les pièces telles que l'Auteur les a laissées, on les trouvera conformes à la représentation. Il suffira d'y passer tout ce qui sera précédé de guillemets, et d'y substituer les variantes.

Cette édition contiendra cinq volumes, et sera faite en deux formats, l'un *in-8.o* et l'autre *in-12*; le premier se paiera à raison de *trente francs*, et le second, principalement destiné aux jeunes-gens, ne sera que de *douze francs*.

Il paroîtra trois volumes le 15 Mars, et les deux autres seront livrés le 15 Avril.

On ne paiera rien en souscrivant, mais les deux tiers en retirant la première livraison, et le dernier tiers en retirant la seconde.

Le but de cette édition devant en faire regarder la souscription comme HONORABLE, nous espérons que non-seulement les personnes distinguées par leur rang ou leur place, mais celles jouissant d'une certaine aisance, s'empresseront d'envoyer leur nom. A la suite de celui des souscripteurs qui prendront plusieurs exemplaires, le nombre en sera indiqué, à moins qu'ils aient exprimé un désir contraire.

Les personnes qui ont l'intention de souscrire sont priées de le faire sans délai, tant parce que le nombre des souscripteurs réglera celui du tirage, que pour faciliter l'impression de la Liste alphabétique.

On est prié d'affranchir les Lettres.

Nota. Pour s'éviter de faire transcrire le Modèle de souscription, on pourra renvoyer celui qui est en tête du présent *Prospectus*, après l'avoir rempli et signé.

Je soussigné (1) m'engage à prendre chez M. Corrier, Imprimeur-Libraire, rue des Mathurins Saint-Jacques, N.° 10, à Paris, (2) des Chefs-d'Œuvre de Corneille, avec les remarques de Voltaire, et des Observations critiques sur ces remarques, aux conditions du Prospectus.

(1) Nom, qualités et demeure.
(2) Désigner la quantité d'exemplaires, et le format in-8.° ou in-12.

SA MAJESTÉ vient d'honorer de sa souscription les Chefs-d'œuvre de Pierre Corneille, dont j'entreprends, au profit de ses descendans en ligne directe, dans la personne de mademoiselle Jeanne-Marie Corneille, leur tante et leur bienfaitrice, une Edition avec les Commentaires de Voltaire, et des Observations critiques que j'ai faites sur ces Commentaires : je vous en adresse ci-joint le *Prospectus,* en vous invitant à souscrire pour cette Edition, et à la recommander comme un hommage rendu à la mémoire de l'Auteur de *Cinna,* de *Polieucte,* de *Rodogune,* et comme un bienfait envers sa famille.

Je suis avec respect,

M

Votre très-humble et très-obéissant serviteur,

Lepan,

Ancien Rédacteur du Courrier des Spectacles.

(28 Décembre 1816).

GÉNÉALOGIE DE LA FAMILLE DE CORNEILLE

CORNEILLE, de Rouen.

PIERRE CORNEILLE, *Maître des Eaux et Forêts*.

PIERRE CORNEILLE, Auteur de *Cinna*, né le 9 juin 1606, marié à M.lle Delaimpérière.

- Marie, Corneille, tuée à la bataille de Douai.
- Pierre de Corneille, Gentilhomme ordinaire du Roi, né le 7 sept. 1643, marié à M.lle Marie Decauchois.
- L'Abbé Corneille.
- Pierre-Alexis Corneille, né le 29 mars 1694. (Il eut pour tuteur Thomas Corneille, son grand-oncle) marié à M.lle Beuige Larmanat.

  - Marie-Anne Corneille, élevée au couvent, à Nevers, protégée par M. Lamoignon de Malesherbes, pensionnée de lui et des Fermiers-Généraux, née le......au lieu Thrdy.
  - Claude-Étienne Corneille, né le 15 avril 1727, reçu par Voltaire, à Ferney, le 9 mars 1763, marié à Marie-Rose Berenger.

    - Jeanne-Marie Corneille, élevée au couvent, pupille de M. de Malesherbes, qui obtint pour elle, en 1785, une pension sur la cassette de Louis XVI, pensionnée de la Comédie Française.
    - N. Corneille, née le 10 novembre 1771, mariée à M. Girard.
    - Jean-Baptiste-Antoine Corneille, né le 17 janvier 1776, marié à Marie Chazel.

      - Marie-Alexandrine Philippine Corneille, née le 2 messidor an 6.
      - Thérèse-Philippine Corneille, née le 2 pluviôse an 10.
      - Joseph-Augustin Corneille, né le 6 février 1798, élevé au lycée de Nismes.
      - Joseph-Michel Corneille, élevé au lycée de Nismes.
      - Pierre Corneille, né le 6 novembre 1796, élevé au lycée de Versailles.
      - Pierre-Xavier Corneille, né le 1.er août 1809.
      - Marie-Anne Corneille, née le 27 juillet 1812.
      - Catherine Julie Corneille, née le 17 juillet 1816.

  - Louis-Ambroise Corneille, né le 9 décembre 1766, marié à Cather.-Rose Fabre.
    - Louise-Madeleine Corneille, née le 19 octobre 1786.
    - Marie-Thérèse Corneille, née le 7 septembr. 1787.
  - Marie-Augustine Corneille, née le 4 janvier 1792, élevée au lycée de Marseille.
  - Pierre-Alexis Catherine Corneille, né le 5 novembre 1793.

THOMAS CORNEILLE, Auteur d'*Ariane*.

- Françoise Corneille.
- N. Corneille.
- M.me de la Tour-Dupin.
- Madame de Marcilly.

MARTHE.

- Lebouvier de Fontenelle, Chanone.
- Lebouvier Fontenelle, Prêtre.
- Fontenelle, mort sans enfans.

PIERRE CORNEILLE, *Avocat de Rouen*.

- Pierre Corneille, mort le 28 juin 1728.
- N. Corneille, morte religieuse, sans postérité.
- Marie François Corneille, m. sans postérité.
- N. Corneille, épouse du S.r Circy, morte s. enfans.
- Marie-F.se Corneille, mariée à René Maigret.
- Marthe Corneille, mariée à Alexandre, sans enfans.
- Jean-François Corneille, marié à Marie-Louise Rosset, en premières noces, et à Quimper en secondes.
- Marguerite Corneille, morte en bas âge.

  - D.e M.lle Rosset, Marie-Françoise Corneille, mariée à M. Dupuits, et dotée avec la pédition faite par Voltaire, en 1764.
    - Adélaïde-Marie Dupuits, née le 29 mai 1766, mariée en 1786, à M. Grand-François, baron d'Angely.
      - Marc-Antoine Félix, baron d'Angely, né le.....
    - Pierre-Louis Dupuits, officier, mort en ce moment, au service du Roi.
  - Marie Thérèse Catherine Corneille.
  - D.e M.lle Quxnier, Claudine Emilie Corneille, mariée à M. Fornerod.
    - Louise Fornerod.

GUILLAUME CORNEILLE. *Postérité inconnue.*

CHEFS-D'ŒUVRE

DE

P. CORNEILLE.

—

TOME PREMIER.

A PARIS,

DE L'IMPRIMERIE DE CORDIER.

1817.

CHEFS-D'OEUVRE

DE

P. CORNEILLE,

AVEC

LES COMMENTAIRES DE VOLTAIRE,

ET

DES OBSERVATIONS CRITIQUES SUR CES COMMENTAIRES,

Par M. LEPAN;

Seule édition où l'on trouve le véritable texte de CORNEILLE et les changements adoptés par la Comédie Française,

FAITE, PAR SOUSCRIPTION,

Au profit de Mlle J.-M. CORNEILLE.

« Il n'est pas inutile de remarquer que les censures « faites avec passion ont toutes été maladroites. »
VOLTAIRE, 4e remarque sur les Observations de Scudéri.

TOME PREMIER.

A PARIS,

CHEZ CORDIER, IMPRIMEUR-LIBRAIRE.

M. DCCC. XVII.

PRÉFACE
DE L'ÉDITEUR.

Voltaire étoit, depuis six ans, retiré aux Délices, près Genève, lorsque, au commencement de 1761, Duclos, secrétaire perpétuel de l'Académie, lui fit connoître l'intention que cette compagnie, dont il étoit membre depuis 1746, avoit de publier un recueil des auteurs classiques avec des notes. Il demanda aussitôt LA PERMISSION de se charger de celles sur les ouvrages de Corneille. « L'Académie, « ajouta-t-il, exige-t-elle une critique raison-« née? veut-elle qu'on fasse sentir le bon, le « médiocre et le mauvais? ne propose-t-elle pas « un petit modèle auquel il faudra se con-« former? »

La demande de Voltaire lui fut accordée, et trois mois après il avoit commenté *Médée*, le *Cid*, *Horace*, *Cinna*, *Pompée*, *Polyeucte*, *Rodogune* et *Héraclius*. D'Alembert lui écrivit le 8 septembre : « Nous avons reçu, à l'Aca-« démie, vos remarques sur Horace, sur Cinna « et sur le Cid. Nous avons été très-con-« tents de vos remarques sur Horace, beau-« coup moins de celles sur Cinna, qui nous

« ont paru faites à la hâte. Les remarques sur
« le Cid sont meilleures, mais ont encore
« besoin d'être revues. Il nous a semblé que
« vous n'insistiez pas toujours assez sur les
« beautés de l'auteur, et quelquefois trop sur
« des fautes qui peuvent n'en pas paroître à
« tout le monde. »

Le commentateur retoucha son travail sur Cinna, et l'envoya de nouveau à l'Académie ; ce qui donna lieu à d'Alembert de lui récrire : « Nous avons relu vos remarques sur
« Cinna, et vous avez dû recevoir la réponse
« de l'Académie sur vos nouvelles critiques...
« A l'égard de vos raisonnements et des nôtres
« sur les remords de Cinna, qui, selon vous,
« viennent trop tard, et qui, selon nous (l'Aca-
« démie), viennent assez tôt, ce sont là, ce
« me semble, des questions sur lesquelles on
« peut dire le pour et le contre, sans se con-
« vaincre réciproquement. »

Il n'est pas douteux que l'Académie n'ait fréquemment désapprouvé les commentaires de Voltaire, à mesure qu'il les lui communiquoit ; sans cela, pourquoi auroit-il envoyé deux fois Cinna et Pompée, comme il le marque au comte d'Argental, dans sa lettre du 3 octobre 1761 ? « L'Académie, ajoute-t-il, met
« ses observations en marge : je rectifie en

« conséquence, ou je dispute. » Voici comme il termine une autre lettre du 11 du même mois : « L'Académie dit qu'on s'intéresse à
« Auguste; c'est-à-dire que l'intérêt change,
« et, sauf respect, c'est ce qui fait que la pièce
« est froide : mais laissez-moi faire, je serai
« modeste, respectueux et pas maladroit. »

Il y a lieu de croire que le commentateur, que l'on se gardera bien de soupçonner d'avoir été MALADROIT, manqua tant soit peu de modestie ou de respect, et que l'Académie s'en fâcha; car on a une lettre de lui, écrite à Duclos le 26 octobre, dans laquelle il s'exprime ainsi : « Je vous supplie, Monsieur, d'engager l'Aca-
« démie à me continuer ses bontés. Il est im-
« possible que mon sentiment s'accorde tou-
« jours avec le sien, avant que je sache comme
« elle pense; et quand je le sais, je m'y con-
« forme, après avoir un peu disputé; et, si je
« ne m'y conforme pas entièrement, je tire au
« moins cet avantage de ses observations, que
« je rapporte comme très-douteuse l'opinion
« contraire à ses sentiments; et ce dernier cas
« arrivera très-rarement. »

L'amendement de Voltaire ne fut pas sincère; on le voit par sa lettre au comte d'Argental, en date du 27 novembre suivant : « L'Aca-
« démie ne veut pas paroître philosophe. Quelles

« pauvres observations, que ses observations
« sur mes remarques concernant Polyeucte !
« Patience, je suis *un déterminé*. » Rien ne
décèle mieux le caractère et l'intention de Voltaire : mais croiroit-on que cette phrase est du
même homme qui, trois mois auparavant, le 18
août, écrivoit à Duclos : « Il seroit convenable
« que le tout fût examiné à l'Académie ? *Vos*
« *observations feroient ma loi.* »

Voltaire s'est montré depuis tel qu'il s'étoit
annoncé au comte d'Argental. Forcé, en 1764,
de céder sur plusieurs points à l'Académie,
qu'il avoit tant d'intérêt de ménager, pour faire
croire à l'Europe que ses Commentaires avoient
l'entière approbation de cette Compagnie, il
s'en est dédommagé, en 1774, en publiant une
nouvelle édition, dans laquelle il est aisé de
voir qu'il a rétabli toutes les critiques qu'il avoit
été obligé de sacrifier : aussi cette édition offre-
t-elle beaucoup plus de remarques que la première. Nous avons eu soin, en les imprimant,
d'indiquer, par ce signe ☞, celles qui ne se
trouvent pas dans l'édition de 1764, aussi bien
que celles de cette dernière qui ont reçu quelque addition.

Les Commentaires de Voltaire sur les Œuvres
de Corneille obtinrent le plus grand succès dès
qu'ils parurent : beaucoup de personnes encore

les croient très-bons. On les met entre les mains de la jeunesse, comme un ouvrage utile, et propre à former son goût. On a même fait, à l'usage des colléges, des éditions des Chefs-d'Œuvre de Corneille avec ces Commentaires. Cependant, à les bien considérer, on n'y trouvera le plus souvent qu'une critique amère, injuste, on peut même dire insidieuse, dictée par la jalousie, par ce même sentiment qui a porté son auteur à décrier les ouvrages de tous ceux qui s'étoient fait un nom dans la littérature.

[a] « La principale fonction d'un commenta-
« teur doit être d'éclairer ce qu'il y a d'obscur
« dans son auteur, d'en épurer le texte de
« toutes manières, de développer certaines
« choses que l'art dérobe aux yeux des lecteurs
« peu éclairés, et d'arrêter leur esprit sur des
« beautés qui échapperoient à une attention lé-
« gère. Il fait sentir la hardiesse ou la vérite de
« certaines images et de certaines expressions ;
« il découvre des finesses de langage dont le
« public n'est pas communément instruit, et
« par-là il lui fait goûter un plaisir tout nou-
« veau à la lecture des poëtes. Il justifie ce qui

[a] Ce morceau est de Clément, de Dijon, dans ses Lettres à Voltaire.

« pourroit sembler répréhensible aux demi-
« connoisseurs, qui ne trouvent souvent une
« chose défectueuse que par la foiblesse de leur
« vue; et, faute de connoissances nécessaires
« pour être en état de l'admirer, il cherche, il
« apporte des exemples dont il puisse s'autori-
« ser et disculper son auteur. Si c'est une faute
« réelle, il l'abandonne, et ne cherche point
« à s'en prévaloir pour railler indécemment un
« poëte célèbre, à la faveur duquel il est trop
« heureux d'obtenir un regard de la postérité. »

Un commentaire sur les OEuvres de Corneille fait d'après ces principes, auroit été d'une grande utilité. En effet, cet illustre auteur ayant écrit dans un temps où la langue française et l'art dramatique étoient encore dans la barbarie, et les en ayant tirés par la force de son génie, on trouve dans son style des expressions qui auroient besoin d'être éclaircies, et dans ses heureuses conceptions, des beautés et des ressorts admirables qu'il eût été à propos de faire remarquer. Mais Voltaire a suivi une marche tout opposée. Au lieu d'éclaircir le texte de Corneille, lorsqu'il a rencontré des passages qui présentoient quelques difficultés, il s'est contenté de les déclarer inintelligibles : souvent il a obscurci ceux qui avoient un sens clair, en leur cherchant une interprétation. Plusieurs

DE L'ÉDITEUR.

fois il a dénaturé le texte, soit en séparant des vers qui devoient être unis, soit en réunissant ceux qui devoient être séparés.

Il s'est attaché à critiquer les mots, les expressions, les tournures de phrases, travail absolument inutile sur des ouvrages qu'on sait bien ne devoir pas prendre pour modèles sous le rapport du style, et qui ne peuvent même présenter aucun danger, en raison des changemens survenus dans la langue, puisque personne ne peut ignorer ces changemens.

Là, il attribue indistinctement à Corneille, et les fautes qui lui sont personnelles, et celles qui ne sont que de son siècle; et il accumule des remarques plus que hasardées, pour en hérisser ses tragédies. [a]

Ici, il laisse sans observation des vers défectueux évidemment par la négligence de l'auteur, bien sûr qu'ils n'échapperont point au lecteur, qui lui saura gré de son indulgence. [b]

---

[a] Voyez la 2.e scène du 2.e acte de Rodogune, où trente vers présentent quinze remarques. A la 4.e scène du 3.e acte de la même pièce, on en compte cinquante.

[b] Nous nous bornerons à citer les suivants :

Un excès de colère,
Malgré *qui* toutes fois un reste d'amitié, etc.
POLYEUCTE, acte 3, scène 2.
Puisque l'*ayant cru* mort, *il semble* ne revivre, etc.
RODOGUNE, acte 2, scène 3.

PRÉFACE

Ailleurs, dans quelle intention, après avoir suivi le plus souvent les dernières éditions avouées par Corneille, s'en écarte-t-il pour rétablir d'anciens vers, ridicules soit par le sens, soit par l'expression ?^a Il s'est même permis d'altérer celles de son auteur, et de leur en substituer qui prêtoient à la critique. C'est alors qu'il semble s'être attaché à la rendre plus amère. C'est de là qu'il est parti pour censurer Corneille dans les termes les plus injurieux, le comparant tantôt à Chapelain, tantôt à Ennius, et prodiguant, dans la plupart de ses remarques, les épithètes les plus indécentes.

Le commentateur a porté le même esprit dans l'examen de la contexture des pièces ; quelquefois en supposant connu ce qui ne l'étoit pas, souvent en feignant de ne pas connoître ce qui avoit été annoncé. Par ce moyen, les plans les

---

Et *du reste* le temps *en* pourra disposer.
      CINNA, acte 3, scène 2.
Si vous avez pu tout sur moi, sur mon amour, etc.
      POLYEUCTE, acte 3, scène 4.

[a] Nous n'en fournirons que trois exemples.
Impitoyable honneur, mortel *à mes plaisirs.*
      CHIMÈNE, dans le Cid, acte 2, scène 2.
Sire, *ils ont trop appris* aux dépens de *leurs têtes,* etc.
      LE CID, acte 2, scène 5.
Mon amour vous le doit ; et mon cœur, qui soupire,
N'ose, sans votre aveu, sortir de votre empire.
      LE CID, acte 5.

mieux conçus ont été présentés comme défectueux; les scènes les mieux faites ont été taxées d'invraisemblance; les plus belles tirades ont perdu de leur mérite.

Un vice plus grand et plus dangereux qu'on peut reprocher aux Commentaires sur les Œuvres de Corneille, c'est d'établir des principes faux, des règles idéales, des systèmes nuisibles, faits pour induire en erreur les étrangers et les jeunes gens, et pour détruire l'art des vers. Cette assertion peut paroître hasardée. On concevra difficilement que Voltaire, généralement reconnu pour un grand poëte, ait pu avancer un système contraire à la poésie. Peut-être en restera-t-on convaincu en lisant les observations générales, où l'on verra qu'en adoptant les principes du commentateur, une grande partie des vers les plus applaudis dans Malherbe, Boileau, Racine, Jean-Baptiste Rousseau et nos autres bons poëtes, ne devroient pas être regardés comme de bons vers.

Deux hommes d'un grand mérite, Clément et Palissot, ont attaqué les systèmes de Voltaire, et en ont démontré l'absurdité. Le premier lui a adressé des lettres pleines de goût et d'une critique judicieuse, par lesquelles il s'est attiré la haine implacable du commentateur; mais ces lettres, imprimées en corps d'ouvrage, ne sont pas assez connues; d'ailleurs, leur forme didactique les éloigne des mains de toutes les personnes qui n'aiment point à se livrer à une étude suivie et approfondie. Enfin, l'auteur y déclare *n'avoir pas pris les notes de Voltaire les unes après les autres, parce que, pour répondre à six lignes de mauvaises raisons, il en faut souvent plus d'une page de bonnes.*

Palissot a fait une édition des Œuvres complètes de Corneille avec les Commentaires de Voltaire, à la suite desquels il a mis quelques observations; mais le nombre en est si borné, qu'on est fondé à croire qu'il a craint, vu l'âge avancé où il les a faites, de s'engager dans de longues discussions et dans un travail vétilleux. Son intention paroît avoir été plutôt de donner une belle édition des Œuvres de Corneille, que de répondre aux critiques de son commentateur. Cette édition est d'ailleurs trop volumineuse pour être entre les mains de tout le monde.

Il en résulte que les Commentaires de Voltaire, non-seulement jouissent encore d'une réputation usurpée, mais obscurcissent celle du grand Corneille. J'ai entrepris de lui rendre tout son éclat, en prouvant, jusqu'à l'évidence, qu'à l'exception des fautes de style, qui ne doivent être imputées en grande partie qu'au siècle où il a composé ses ouvrages, toutes celles que Voltaire a relevées, sur-tout dans les plans et la conduite des pièces, sont imaginaires, ou plutôt controuvées; tantôt parce que le commentateur n'a pas lu avec attention certains passages; tantôt parce qu'il a dénaturé les faits, changé la position des personnages, et qu'il a donné aux pensées de fausses interprétations.

Le désir de mettre cette édition à la portée d'un plus grand nombre de personnes, m'a déterminé à n'y comprendre que les ouvrages de Corneille restés au théâtre. C'étoient aussi les seuls sur lesquels Voltaire avoit d'abord le projet de faire des remarques. Il écrivoit au comte d'Argental, le 8 juillet 1761 : « C'est avec un « plaisir extrême que je commente Corneille; « je ne donnerai de notes que sur les pièces « qui restent au théâtre. » Il a depuis manifesté la même intention. *Pompée, Héraclius, Nicomède* et *Sertorius* étant reconnues très-inférieures aux principales tragédies de Corneille, les remarques de Voltaire sur ces pièces ont beaucoup moins d'importance. On y reconnoît le même désir d'abaisser Corneille; on y retrouve de nouvelles preuves de la mauvaise foi du commentateur. C'est principalement aux remarques qu'elle a dictées, que nous nous sommes attachés à répondre. Nous avons négligé la plupart des autres, persuadés que le lecteur, suffisamment convaincu de l'intention du commentateur, et de l'inutilité de sa critique, sera disposé de lui-même à ne la lire qu'avec une certaine défiance. Est-il, en effet, possible de douter de l'intention que Voltaire a eue en faisant ses Commentaires, lorsqu'on lit, dans une de ses lettres à M. le comte d'Argental : « Je « traite Corneille tantôt comme un Dieu, tantôt « comme un cheval? » Et dans une autre du 28 août 1761 : « Mes anges verront que je ne « suis point paresseux; ILS S'AMUSERONT DE « POLYEUCTE : QUAND ILS S'EN SERONT AMUSÉS, « ils pourront le donner à M. le secrétaire-gé- « néral (de l'Académie). »

Le plan de ne répondre, avec quelques détails, qu'aux remarques de Voltaire sur les cinq principales pièces de Corneille, m'a paru devoir être adopté avec d'autant plus de raison, que ce sont ces pièces qu'on lit le plus généralement, et que ce sont aussi celles que le commentateur s'est le plus attaché à déprécier.

Je m'imagine entendre plusieurs personnes s'écrier, que Voltaire a rendu justice au génie de Corneille, et a donné les plus grands éloges aux beaux endroits de ses tragédies : on pourra même citer ces éloges, et je serai le premier à convenir qu'il est impossible d'en donner de plus magnifiques. Mais quand Voltaire n'auroit pas dévoilé sa politique, en disant : *C'est une grande sottise de ne trouver rien d'estimable dans un ennemi estimé du public,* [a] il seroit facile d'apprécier ses éloges, en remarquant qu'ils sont toujours accompagnés d'une restriction qui souvent les détruit entièrement. Vante-t-il, par exemple, les belles scènes du *Cid;* il les attribue toutes à l'auteur espagnol : loue-t-il avec enthousiasme le *qu'il mourût* du vieil Horace; il finit par dire, que ce Romain auroit dû être présent au fameux combat; assertion qui, si elle pouvoit être adoptée, feroit trouver défectueuse la belle scène que le commentateur vient de louer.

« *Cinna* est plutôt un bel ouvrage, qu'une
« tragédie intéressante.

« *Polyeucte* n'est pas propre au théâtre, parce
« qu'il n'excite ni la pitié ni la crainte.

« *Rodogune* ne pourroit aujourd'hui être
« soufferte jusqu'au quatrième acte par une
« assemblée de gens de goût. » [b]

De telles assertions n'ont sûrement pas besoin

[a] Quatrième remarque de Voltaire sur les observations de Scudéri.

[b] Ce n'est pas seulement dans ses Commentaires que Voltaire a décrié les Chefs-d'OEuvre de Corneille; il a

d'être réfutées; il n'est personne qu'elles ne révoltent. Il n'en est pas de même des raisons par lesquelles elles sont appuyées; amenées avec adresse, présentées astucieusement, établies sur des suppositions que chaque lecteur ne se donne pas la peine de discuter, elles conduisent insensiblement, sinon à adopter entièrement l'opinion du commentateur, du moins à ne plus reconnoître, dans les ouvrages de Corneille, le mérite qui les distingue éminemment, celui d'être à-la-fois beaux, intéressants et vraisemblables. Il n'est donc pas inutile de faire remarquer la fausseté de ces assertions.

M. le marquis de Luchet, dans son *Histoire littéraire de Voltaire*, dit, en parlant de ceux qui ont blâmé ses Commentaires sur Corneille: *Il falloit prouver que ces remarques étoient injustes, frivoles; personne n'a encore prouvé qu'elles fussent déplacées.* Voilà justement ce que j'ai eu l'intention de faire. En publiant des observations critiques sur ces remarques, j'ai l'intime conviction de présenter au public un travail utile pour les jeunes gens, et qui ne sera

---

dit, notamment de *Rodogune*, dans son conte intitulé *l'Ingénu*, page 351 du premier volume de ses romans:

« Je n'ai guère entendu le commencement; j'ai été
« révolté du milieu. La dernière scène m'a beaucoup
« ému, quoiqu'elle me paroisse peu vraisemblable. »

pas sans agrément pour les personnes d'un âge mûr. J'ai même l'espoir de convaincre les partisans les plus enthousiastes de Voltaire, s'ils veulent me lire, non pas sans prévention, je leur en suppose une très-forte, mais avec l'intention de juger après avoir lu.

M. le marquis de Luchet a encore prétendu que Boileau avoit traité Corneille beaucoup plus mal que ne l'a fait son commentateur. Cela seroit, qu'il n'y auroit rien d'étonnant. Boileau, en sa qualité de critique, pourroit avoir repris ce que Voltaire devroit avoir excusé en s'annonçant le commentateur de Corneille : mais voyons donc ce qu'en a dit Boileau :

« Corneille est celui de tous nos poëtes qui a
« fait le plus d'éclat en son temps; et on ne
« croyoit pas qu'il pût jamais y avoir en France
« un poëte digne de lui être égalé. Il n'y en a
« point en effet qui ait eu plus d'élévation de
« génie, ni qui ait plus composé. Tout son mé-
« rite pourtant, à l'heure qu'il est, ayant été
« mis par le temps comme dans un creuset, se
« réduit à huit ou neuf pièces de théâtre qu'on
« admire, et qui sont, s'il faut ainsi parler,
« comme le midi de sa poésie, dont l'orient et
« l'occident n'ont rien valu. Encore dans ce
« petit nombre de bonnes pièces, outre les
« fautes de langue qui y sont assez fréquentes,

« on commence à s'apercevoir de beaucoup
« d'endroits de déclamation qu'on n'y voyoit
« point autrefois. Ainsi, non-seulement on ne
« trouve point mauvais qu'on lui compare au-
« jourd'hui M. Racine; mais il se trouve même
« quantité de gens qui le lui préfèrent. La pos-
« térité jugera qui vaut le mieux des deux. »

Ce sentiment de Boileau, ami de Racine, ne nous paroît avoir rien d'offensant pour Corneille.

J'ai prévenu, en annonçant cette édition, que toutes les autres faites avec les Commentaires de Voltaire, étoient *inexactes*. La raison en est, qu'elles ont été imprimées sur les siennes, et qu'il avoit pris pour base de son travail l'ancienne édition de 1644. On seroit fondé à croire que l'Académie, ayant lu ses premières remarques, lui fit des reproches de cette inexactitude, puisqu'il écrivit, le 14 septembre 1761, à M. Duclos : « J'ai commencé toutes mes ob-
« servations sur l'édition très-rare de 1644; il
« n'est pas douteux que je ne suive dorénavant
« l'édition de 1664. »

Il est à remarquer qu'à cette époque, 14 septembre 1761, où Voltaire promettoit de suivre dorénavant l'édition de 1664, son travail sur les principales pièces de Corneille étoit achevé. En effet, deux mois auparavant, le 20 juillet, il écrivoit à son ami Damilaville : *Frère Voltaire a commenté Médée, le Cid, Cinna, Pompée, Horace, Polyeucte, Rodogune* et *Héraclius.*

L'édition que je présente est entièrement conforme à celle de 1682. C'est à-la-fois la première où aient été réunis tous les ouvrages de Pierre Corneille, et la dernière qui ait été *faite sous ses yeux* par les soins de son frère. On ne peut donc douter que ce ne soit et la meilleure, et celle qui ait reçu l'entière approbation de l'auteur. Celle-ci n'en diffère que par l'addition des Epîtres dédicatoires, et des Avertissemens qui avoient été supprimés, et qui ne sont pas sans intérêt. Si Voltaire eût consulté cette édition de 1682, comme il auroit dû le faire, se seroit-il permis, sur la 2.ᵉ scène du 2.ᵉ acte d'*Héraclius,* la remarque dans laquelle il s'écrie : « Que veut dire ce vers obscur,

Si je ne me dérobe au sang qui vous est dû ?

« Est-ce son sang ? est-ce celui de Phocas ?
« Comment auroit-elle perdu ce sang ? Quelles
« expressions louches, fausses, inintelligibles !
« Il semble que Corneille ait, après ses succès,
« méprisé assez le public pour ne jamais soi-
« gner son style, et pour croire que la posté-
« rité lui passeroit ses fautes innombrables. »

Dans l'édition de 1682, au lieu de *sang,* on

lit *rang*. On le trouvoit déjà dans celle de 1664, et même dans celle de 1655. La postérité passera-t-elle à Voltaire d'avoir aussi légèrement et aussi indécemment critiqué l'auteur de *Cinna*, de *Polyeucte* et de *Rodogune?*

Les examens que Corneille a faits de ses ouvrages, ne se trouvent pas dans la plupart des éditions qui ont paru avec les remarques de Voltaire. Lui-même a supprimé les examens sur le *Cid* et sur le *Menteur*. Cependant ils sont tous fort estimés. Il en est de même des trois discours de Corneille sur les poëmes dramatiques; discours que l'on peut regarder comme renfermant toutes les règles, je dirois presque les secrets de l'art. En les réunissant à ses pièces, je pourrois croire ne rien laisser à désirer dans cette édition; cependant, pour lui donner encore un avantage que n'offre aucune autre, j'y ai joint, par notes, des variantes qui indiquent les changemens adoptés à la Comédie Française; de manière que tout en ayant les pièces telles que l'auteur les a composées, on les trouvera conformes à la représentation, en y passant tout ce qui sera précédé de guillemets, et en y substituant les variantes.

Si l'on demande comment il se fait que l'on ne joue pas les pièces de Corneille telles qu'il les a laissées, je répondrai qu'il peut y en avoir plusieurs causes. La suppression du rôle de l'Infante dans le *Cid*, celle du personnage de Livie dans *Cinna*, faites depuis la mort de l'auteur, ont nécessité de grands changemens dans ces deux ouvrages. Il n'en est presque pas au théâtre qui n'ait subi d'assez nombreuses coupures. Je n'entreprendrai pas d'en donner les raisons. Au reste, les comédiens peuvent se croire excusables de ne-pas suivre entièrement la dernière édition d'un auteur, quand le commentateur de Corneille a donné l'exemple d'une pareille licence.

VIE
DE PIERRE CORNEILLE,

PAR

BERNARD LE BOVIER DE FONTENELLE,

SON NEVEU.

Pierre Corneille naquit à Rouen, en 1606, de Pierre Corneille, maître des eaux et forêts en la vicomté de Rouen, et de Marthe le Pesant. Il fit ses études aux jésuites de Rouen, et il en a toujours conservé une extrême reconnoissance pour toute la société. Il se mit d'abord au barreau, sans goût et sans succès. Mais une petite occasion fit éclater en lui un génie tout différent; et ce fut l'amour qui la fit naître. Un jeune homme de ses amis, amoureux d'une demoiselle de la même ville, le mena chez elle : le nouveau-venu se rendit plus agréable que l'introducteur. Le plaisir de cette aventure excita dans Corneille un talent qu'il ne connoissoit pas; et sur ce léger sujet, il fit la comédie de *Mélite*, qui parut en 1625. On y découvrit un caractère original; on conçut que la comédie alloit se perfectionner; et sur la confiance qu'on eut du nouvel auteur qui paroissoit, il se forma une nouvelle troupe de comédiens.

Je ne doute pas que ceci ne surprenne la plupart des gens qui trouvent les six ou sept premières pièces de Corneille si indignes de lui, qu'ils les voudroient retrancher de son recueil, et les faire oublier à jamais. Il est certain que ces pièces ne sont pas belles; mais, outre qu'elles servent à l'histoire du théâtre, elles servent beaucoup aussi à la gloire de Corneille.

Il y a une grande différence entre la beauté de l'ouvrage et le mérite de l'auteur. Tel ouvrage qui est fort médiocre, n'a pu partir que d'un génie sublime; et tel autre ouvrage qui est assez beau, a pu partir d'un génie assez médiocre. Chaque siècle a un certain degré de lumière qui lui est propre; les esprits médiocres demeurent au-dessous de ce degré; les bons esprits y atteignent; les excellents le passent, si on le peut passer. Un homme né avec des talents, est naturellement porté par son siècle au point de perfection où son siècle est arrivé; l'éducation qu'il a reçue, les exemples qu'il a devant les yeux, tout le conduit jusque-là. Mais s'il va plus loin, il n'a plus rien d'étranger qui le soutienne; il ne s'appuie que sur ses propres forces; il devient supérieur aux secours dont il s'est servi. Ainsi deux auteurs, dont l'un surpasse extrêmement l'autre par la beauté de ses ouvrages, sont néanmoins égaux en mérite, s'ils se sont également élevés chacun au-dessus de son siècle. Il est vrai que l'un a été bien plus haut que l'autre; mais ce n'est pas qu'il ait eu plus de force, c'est seulement qu'il a pris son vol d'un lieu plus élevé. Par la même raison, de deux auteurs dont les ouvrages sont d'une égale beauté, l'un peut être un homme fort médiocre, et l'autre un génie sublime.

Pour juger de la beauté d'un ouvrage, il suffit donc de le considérer en lui-même ; mais pour juger du mérite de l'auteur, il faut le comparer à son siècle. Les premières pièces de Corneille, comme nous avons déjà dit, ne sont pas belles ; mais tout autre qu'un génie extraordinaire ne les eût pas faites. Mélite est divine, si vous la lisez après les pièces de Hardy, qui l'ont immédiatement précédée. Le théâtre y est, sans comparaison, mieux entendu, le dialogue mieux tourné, les mouvements mieux conduits, les scènes plus agréables ; sur-tout, et c'est ce que Hardy n'avoit jamais attrapé, il y règne un air assez noble, et la conversation des honnêtes gens n'y est pas mal représentée. Jusque-là on n'avoit guère connu que le comique le plus bas, ou un tragique assez plat : on fut étonné d'entendre une nouvelle langue.

Le jugement que l'on porta de Mélite, fut que cette pièce étoit trop simple et avoit trop peu d'événements. Corneille, piqué de cette critique, fit *Clitandre,* et y sema les incidents et les aventures avec une très-vicieuse profusion, plus pour censurer le goût du public, que pour s'y accommoder. Il paroît qu'après cela il lui fut permis de revenir à son naturel. *La Galerie du Palais, la Veuve, la Suivante, la Place royale,* sont plus raisonnables.

Nous voici dans le temps où le théâtre devint florissant par la faveur du cardinal de Richelieu. Les princes et les ministres n'ont qu'à commander qu'il se forme des poëtes, des peintres, tout ce qu'ils voudront, et il s'en forme. Il y a une infinité de génies de différentes espèces, qui n'attendent, pour se déclarer, que leurs ordres, ou plutôt leurs grâces. La nature est toujours prête à servir leurs goûts.

On recommença alors à étudier le théâtre des anciens, et à soupçonner qu'il pouvoit y avoir des règles. Celle des vingt-quatre heures fut une des premières dont on s'avisa : mais on n'en faisoit pas encore trop grand cas ; témoin la manière dont Corneille lui-même en parle dans la préface de Clitandre, imprimée en 1632 : « Que si j'ai renfermé cette pièce, dit-il, dans la règle d'un jour, ce n'est pas que je me repente de n'y avoir point mis Mélite, ou que je me sois résolu à m'y attacher dorénavant. Aujourd'hui, quelques-uns adorent cette règle; beaucoup la méprisent : pour moi, j'ai voulu seulement montrer que si je m'en éloigne, ce n'est pas faute de la connoître. »

Ne nous imaginons pas que le vrai soit victorieux dès qu'il se montre ; il l'est à la fin, mais il lui faut du temps pour soumettre les esprits. Les règles du poëme dramatique, inconnues d'abord ou méprisées, quelque temps après combattues, ensuite reçues à demi, et sous des conditions, demeurent enfin maîtresses du théâtre. Mais l'époque de l'établissement de leur empire n'est proprement qu'au temps de Cinna.

Une des plus grandes obligations que l'on ait à

Corneille, est d'avoir purifié le théâtre. Il fut d'abord entraîné par l'usage établi, mais il y résista aussitôt après ; et depuis *Clitandre*, sa seconde pièce, on ne trouve plus rien de licencieux dans ses ouvrages.

Corneille, après avoir fait un essai de ses forces dans ses six premières pièces, où il s'éleva déjà au-dessus de son siècle, prit tout-à-coup l'essor dans *Médée*, et monta jusqu'au tragique le plus sublime : à la vérité il fut secouru par Sénèque ; mais il ne laissa pas de faire voir ce qu'il pouvoit par lui-même.

Ensuite il retomba dans la comédie ; et, si j'ose dire ce que j'en pense, la chute fut grande. *L'Illusion comique* dont je parle ici, est une pièce irrégulière et bizarre, et qui n'excuse point par ses agréments sa bizarrerie et son irrégularité. Il y domine un personnage de Capitan, qui abat d'un souffle le grand Sophi de Perse et le grand Mogol, et qui, une fois en sa vie, avoit empêché le soleil de se lever à son heure prescrite, parce qu'on ne trouvoit point l'Aurore, qui étoit couchée avec ce merveilleux brave. Ces caractères ont été autrefois fort à la mode : mais qui représentoient-ils ? à qui en vouloit-on ? Est-ce qu'il faut outrer nos folies jusqu'à ce point-là pour les rendre plaisantes ? En vérité ce seroit nous faire trop d'honneur.

Après l'Illusion comique, Corneille se releva plus grand et plus fort que jamais, et fit le *Cid*. Jamais pièce de théâtre n'eut un si grand succès. Je me souviens d'avoir vu en ma vie un homme de guerre et un mathématicien qui, de toutes les comédies du monde, ne connoissoient que le Cid. L'horrible barbarie où ils vivoient n'avoit pu empêcher le nom du Cid d'aller jusqu'à eux. Corneille avoit dans son cabinet cette pièce traduite en toutes les langues de l'Europe, hors l'esclavone et la turque ; elle étoit en allemand, en anglois, en flamand, et, par une exactitude flamande, on l'avoit rendue vers pour vers : elle étoit en italien, et, ce qui est plus étonnant, en espagnol. Les Espagnols avoient bien voulu copier eux-mêmes une pièce dont l'original leur appartenoit. M. Pélisson, dans son *Histoire de l'Académie*, dit qu'en plusieurs provinces de France il étoit passé en proverbe de dire : Cela est beau comme le Cid. Si ce proverbe a péri, il faut s'en prendre aux auteurs, qui ne le goûtoient pas, et à la cour, où c'eût été très-mal parler que de s'en servir sous le ministère du cardinal de Richelieu.

Ce grand homme avoit la plus vaste ambition qui ait jamais été. La gloire de gouverner la France presque absolument, d'abaisser la redoutable maison d'Autriche, de remuer toute l'Europe à son gré, ne lui suffisoit point ; il y vouloit joindre encore celle de faire des comédies. Quand le Cid parut, il fut aussi alarmé que s'il avoit vu les Espagnols devant Paris. Il souleva les auteurs contre cet ouvrage, ce qui ne dut pas être fort difficile, et il se mit à leur tête. Scudéri publia ses observations sur le Cid, adressées à l'Académie Françoise, qu'il en faisoit juge, et que le cardinal, son fondateur, sollicitoit puissamment contre la pièce accusée. Mais afin que l'Académie pût juger, ses statuts vouloient que l'autre partie, c'est-à-dire Corneille, y consentît. On tira donc de lui une espèce de consentement, qu'il ne donna qu'à la crainte de déplaire au cardinal, et qu'il donna pourtant avec assez de fierté. Le moyen de ne pas ménager un pareil ministre, et qui étoit son bienfaiteur? car il récompensoit comme ministre ce même mérite dont il étoit jaloux comme poëte; et il semble que cette grande âme ne pouvoit pas avoir des foiblesses qu'elle ne réparât en même temps par quelque chose de noble.

L'Académie Françoise donna ses sentiments sur le Cid, et cet ouvrage fut digne de la grande réputation de cette compagnie naissante. Elle sut conserver tous les égards qu'elle devoit et à la passion du cardinal et à l'estime prodigieuse que le public avoit conçue du Cid. Elle satisfit le cardinal en reprenant exactement tous les défauts de cette pièce, et le public en les reprenant avec modération, et même souvent avec des louanges.

Quand Corneille eut une fois, pour ainsi dire, atteint jusqu'au Cid, il s'éleva encore dans les *Horaces*; enfin il alla jusqu'à *Cinna* et à *Polyeucte*, au-dessus desquels il n'y a rien.

Ces pièces-là étoient d'une espèce inconnue, et l'on vit un nouveau théâtre. Alors Corneille, par l'étude d'Aristote et d'Horace, par son expérience, par ses réflexions, et plus encore par son génie, trouva les sources du beau, qu'il a depuis ouvertes à tout le monde dans les discours qui sont à la tête de ses comédies. De là vient qu'il est regardé comme le père du théâtre françois. Il lui a donné le premier une forme raisonnable ; il l'a porté à son plus haut point de perfection, et a laissé son secret à qui s'en pourra servir.

Avant que l'on jouât Polyeucte, Corneille le lut à l'hôtel de Rambouillet, souverain tribunal des affaires d'esprit en ce temps-là. La pièce y fut applaudie autant que le demandoient la bienséance et la grande réputation que l'auteur avoit déjà. Mais, quelques jours après, Voiture vint trouver Corneille, et prit des tours fort délicats pour lui dire que Polyeucte n'avoit pas réussi comme il pensoit, que sur-tout le christianisme avoit extrêmement déplu. Corneille alarmé voulut retirer la pièce d'entre les mains des comédiens qui l'apprenoient : mais enfin il la leur laissa, sur la parole d'un d'entre eux qui n'y jouoit point parce qu'il étoit trop mauvais acteur. Étoit-ce donc à ce comédien à juger mieux que tout l'hôtel de Rambouillet?

Pompée suivit Polyeucte ; ensuite vint *le Menteur*, pièce comique, et presque entièrement prise de l'espagnol, selon la coutume de ce temps-là.

Quoique le Menteur soit très-agréable, et qu'on l'applaudisse encore aujourd'hui sur le théâtre, j'avoue que la comédie n'étoit point arrivée à sa perfection. Ce qui dominoit dans les pièces, c'étoit l'intrigue et les incidents, erreurs de nom, déguisements, lettres interceptées, aventures nocturnes; et c'est pourquoi on prenoit presque tous les sujets chez les Espagnols, qui triomphent sur ces matières. Ces pièces ne laissoient pas d'être fort plaisantes, et pleines d'esprit : témoins le Menteur dont nous parlons, *don Bertrand de Cigaral*, le *Geôlier de soi-même*. Mais enfin la plus grande beauté de la comédie étoit inconnue ; on ne songeoit point aux mœurs et aux caractères ; on alloit chercher bien loin le ridicule dans des événements imaginés avec beaucoup de peine, et on ne s'avisoit point de l'aller prendre dans le cœur humain, où est sa principale habitation. Molière est le premier qui l'ait été chercher là, et celui qui l'a le mieux mis en œuvre : homme inimitable, et à qui la comédie doit autant que la tragédie à Corneille!

Comme le Menteur eut beaucoup de succès, Corneille lui donna une suite, mais qui ne réussit guère. Il en découvre lui-même la raison dans les examens qu'il a faits de ses pièces. Là il s'établit juge de ses propres ouvrages, et en parle avec un noble désintéressement, dont il tire en même temps le double fruit et de prévenir l'envie sur le mal qu'elle en pourroit dire, et de se rendre lui-même croyable sur le bien qu'il en dit.

A la *Suite du Menteur*, succéda *Rodogune*. Il a écrit quelque part que, pour trouver la plus belle de ses pièces, il falloit choisir entre Rodogune et Cinna ; et ceux à qui il en a parlé ont démêlé sans beaucoup de peine qu'il étoit pour Rodogune. Il ne m'appartient nullement de prononcer sur cela : mais peut-être préféroit-il Rodogune parce qu'elle lui avoit extrêmement coûté. Il fut plus d'un an à disposer le sujet. Peut-être vouloit-il, en mettant son affection de ce côté-là, balancer celle du public, qui paroît être de l'autre. Pour moi, si j'ose le dire, je ne mettrois point le différent entre Rodogune et Cinna; il me paroît aisé de choisir entre elles; et je connois quelque pièce de Corneille que je ferois passer encore avant la plus belle des deux.

On apprendra dans les examens de P. Corneille, mieux que l'on ne feroit ici, l'histoire de *Théodore*, d'*Héraclius*, de *don Sanche d'Aragon*, d'*Andromède*, de *Nicomède*, et de *Pertharite*. On y verra pourquoi Théodore et don Sanche d'Aragon réussirent fort peu, et pourquoi Pertharite tomba absolument. On ne put souffrir dans Théodore la seule idée du péril de la prostitution; et si le public étoit devenu si délicat, à qui Corneille devoit-il s'en prendre qu'à lui-même? Avant lui, le viol réussissoit dans les pièces de Hardy. Il manqua à don Sanche UN SUFFRAGE ILLUSTRE, qui lui fit manquer tous ceux de la cour; exemple assez commun de la soumission des François à de certaines autorités. Enfin, un mari qui veut racheter sa femme en cédant un royaume, fut encore, sans comparaison, plus insupportable dans Pertharite, que la prostitution ne l'avoit été dans Théodore. Le bon mari n'osa se montrer au public que deux fois. Cette chute du grand Corneille peut être mise parmi les exemples les plus remarquables des vicissitudes du

VIE DE P. CORNEILLE.

monde; et Bélisaire demandant l'aumône n'est pas plus étonnant.

Il se dégoûta du théâtre, et déclara qu'il y renonçoit, dans une petite préface assez chagrine qu'il mit au-devant de Pertharite. Il dit pour raison qu'il commence à vieillir, et cette raison n'est que trop bonne, sur-tout quand il s'agit de poésie et des autres talents de l'imagination. L'espèce d'esprit qui dépend de l'imagination, et c'est ce qu'on appelle communément ESPRIT dans le monde, ressemble à la beauté, et ne subsiste qu'avec la jeunesse. Il est vrai que la vieillesse vient plus tard pour l'esprit, mais elle vient. Les plus dangereuses qualités qu'elle lui apporte, sont la sécheresse et la dureté; et il y a des esprits qui en sont naturellement plus susceptibles que d'autres, et qui donnent plus de prise aux ravages du temps; ce sont ceux qui avoient de la noblesse, de la grandeur, quelque chose de fier et d'austère. Cette sorte de caractère contracte aisément, par les années, je ne sais quoi de sec et de dur. C'est à-peu-près ce qui arriva à Corneille; il ne perdit pas en vieillissant l'inimitable noblesse de son génie, mais il s'y mêla quelquefois un peu de dureté. Il avoit poussé les grands sentiments aussi loin que la nature pouvoit souffrir qu'ils allassent; il commença de temps en temps à les pousser un peu plus loin. Ainsi dans Pertharite une reine consent à épouser un tyran qu'elle déteste, pourvu qu'il égorge un fils unique qu'elle a, et que, par cette action, il se rende aussi odieux qu'elle souhaite qu'il le soit. Il est aisé de voir que ce sentiment, au lieu d'être noble, n'est que dur; et il ne faut pas trouver mauvais que le public ne l'ait pas goûté.

Après Pertharite, Corneille, rebuté du théâtre, entreprit la traduction en vers de l'*Imitation de Jésus-Christ*. Il y fut porté par des pères jésuites de ses amis, par des sentiments de piété qu'il eut toute sa vie, et peut-être aussi par l'activité de son génie, qui ne pouvoit demeurer oisif. Cet ouvrage eut un succès prodigieux, et le dédommagea en toutes manières d'avoir quitté le théâtre. Cependant, si j'ose en parler avec une liberté que je ne devrois peut-être pas me permettre, je ne trouve point dans la traduction de Corneille le plus grand charme de l'Imitation de Jésus-Christ, je veux dire sa simplicité et sa naïveté. Elle se perd dans la pompe des vers, qui étoit naturelle à Corneille; et je crois même qu'absolument la forme des vers lui est contraire. Ce livre, le plus beau qui soit parti de la main d'un homme, puisque l'Évangile n'en vient pas, n'iroit pas droit au cœur comme il fait, et ne s'en saisiroit pas avec tant de force, s'il n'avoit un air naturel et tendre, à quoi la négligence même du style aide beaucoup.

Il se passa six ans pendant lesquels il ne parut de Corneille que l'Imitation en vers. Mais enfin, sollicité par M. Fouquet, et peut-être encore plus poussé par son penchant naturel, il se rengagea au théâtre. M. le surintendant, pour lui faciliter ce retour, et lui ôter toutes les excuses que lui auroit pu fournir la difficulté de trouver des sujets, lui en proposa trois. Celui qu'il prit fut OEdipe; Thomas Corneille son frère prit *Camma,* qui étoit le second. Je ne sais quel fut le troisième.

La réconciliation de Corneille et du théâtre fut heureuse : OEdipe réussit fort bien.

La *Toison d'or* fut faite ensuite à l'occasion du mariage du roi ; et c'est la plus belle pièce à machines que nous ayons. Les machines, qui sont ordinairement étrangères à la pièce, deviennent, par l'art du poëte, nécessaires à celle-là ; et sur-tout le prologue doit servir de modèle aux prologues à la moderne, qui sont faits pour exposer, non pas le sujet de la pièce, mais l'occasion pour laquelle elle a été faite.

Ensuite parurent *Sertorius* et *Sophonisbe*. Dans la première de ces deux pièces la grandeur romaine éclate avec toute sa pompe ; et l'idée qu'on pourroit se former de la conversation de deux grands hommes qui ont de grands intérêts à démêler, est encore surpassée par la scène de Pompée et de Sertorius. Il semble que Corneille ait eu des mémoires particuliers sur les Romains. Sophonisbe avoit déjà été traitée par Mairet avec beaucoup de succès ; et Corneille avoue qu'il se trouvoit bien hardi d'oser la traiter de nouveau. Si Mairet avoit joui de cet aveu, il en auroit été fort glorieux, même étant vaincu.

Il faut croire qu'*Agésilas* est de P. Corneille, puisque son nom y est, et qu'il y a une scène d'Agésilas et de Lysander qui ne pourroit pas facilement être d'un autre.

Après Agésilas vint *Othon*, ouvrage où Tacite est mis en œuvre par le grand Corneille, et où se sont unis deux génies si sublimes. Corneille y a peint la corruption de la cour des empereurs du même pinceau dont il avoit peint les vertus de la république.

En ce temps-là, des pièces d'un caractère fort différent des siennes parurent avec éclat sur le théâtre. Elles étoient pleines de tendresse et de sentiments aimables. Si elles n'alloient pas jusqu'aux beautés sublimes, elles étoient bien éloignées de tomber dans des défauts choquants. Une élévation qui n'étoit pas du premier degré, beaucoup d'amour, un style très-agréable et d'une élégance qui ne se démentoit point, une infinité de traits vifs et naturels, un jeune auteur; voilà ce qu'il falloit aux femmes, dont le jugement a tant d'autorité au théâtre françois; aussi furent-elles charmées, et Corneille ne fut plus chez elles que le vieux Corneille. J'en excepte quelques femmes, qui valoient des hommes.

Le goût du siècle se tourna donc entièrement du côté d'un genre de tendresse moins noble, et dont le modèle se retrouvoit plus aisément dans la plupart des cœurs. Mais Corneille dédaigna fièrement d'avoir de la complaisance pour ce nouveau goût. Peut-être croira-t-on que son âge ne lui permettoit pas d'en avoir : ce soupçon seroit très-légitime, si l'on ne voyoit ce qu'il a fait dans la *Psyché* de Molière, où, étant à l'ombre du nom d'autrui, il s'est abandonné à un excès de tendresse dont il n'auroit pas voulu déshonorer son nom.

Il ne pouvoit mieux braver son siècle qu'en lui donnant *Attila*, digne roi des Huns. Il règne dans cette pièce une férocité noble que lui seul pouvoit attraper. La scène où Attila délibère s'il se doit allier à l'empire qui tombe, ou à la France qui s'élève, est une des belles choses qu'il ait faites.

Bérénice fut un duel dont tout le monde sait l'histoire. Une princesse fort touchée des choses d'esprit, et qui eût pu les mettre à la mode dans un pays barbare, eut besoin de beaucoup d'adresse pour faire trouver les deux combattants sur le champ de bataille sans qu'ils sussent où on les menoit. Mais à qui demeura la victoire? Au plus jeune.

Il ne reste plus que *Pulchérie* et *Suréna*, tous deux sans comparaison meilleurs que Bérénice, tous deux dignes de la vieillesse d'un grand homme. Le caractère de Pulchérie est de ceux que lui seul savoit faire, et il s'est dépeint lui-même avec bien de la force dans *Martian*, qui est un vieillard amoureux. Le cinquième acte de cette pièce est tout-à-fait beau. On voit dans Suréna une belle peinture d'un homme que son trop de mérite et de trop grands services rendent criminel auprès de son maître; et ce fut par ce dernier effort que Corneille termina sa carrière.

La suite de ses pièces représente ce qui doit naturellement arriver à un grand homme qui pousse le travail jusqu'à la fin de sa vie. Ses commencements sont foibles et imparfaits, mais déjà dignes d'admiration par rapport à son siècle : ensuite il va aussi haut que son art peut atteindre : à la fin il s'affoiblit, s'éteint peu-à-peu, et n'est plus semblable à lui-même que par intervalles.

Après Suréna, qui fut joué en 1675, Corneille renonça tout de bon au théâtre, et ne pensa plus qu'à mourir chrétiennement. Il ne fut pas même en état d'y penser beaucoup la dernière année de sa vie.

Je n'ai pas cru devoir interrompre la suite de ses grands ouvrages, pour parler de quelques autres beaucoup moins considérables qu'il a donnés de temps en temps. Il a fait, étant jeune, quelques petites pièces de galanterie, qui sont répandues dans des recueils. On a encore de lui quelques petites pièces de cent ou de deux cents vers au roi, soit pour le féliciter de ses victoires, soit pour lui demander des grâces, soit pour le remercier de celles qu'il en avoit reçues. Il a traduit deux ouvrages latins du P. de la Rue, tous deux d'assez longue haleine, et plusieurs petites pièces de M. de Santeul. Il estimoit extrêmement ces deux poëtes. Lui-même faisoit fort bien des vers latins ; et il en fit sur la campagne de Flandre en 1667, qui parurent si beaux, que non-seulement plusieurs personnes les mirent en françois, mais que les meilleurs poëtes latins en prirent l'idée, et les mirent encore en latin. Il avoit traduit sa première scène de Pompée en vers du style de Sénèque le tragique, pour lequel il n'avoit pas d'aversion, non plus que pour Lucain. Il falloit aussi qu'il n'en eût pas pour Stace, fort inférieur à Lucain, puisqu'il en a traduit en vers et publié les deux premiers livres de la Thébaïde. Ils ont échappé à toutes les recherches qu'on a faites depuis un temps pour en retrouver quelque exemplaire.

Corneille étoit assez grand et assez plein, l'air fort simple et fort commun, toujours négligé, et peu curieux de son extérieur. Il avoit le visage assez agréable, un grand nez, la bouche belle, les yeux pleins de feu, la physionomie vive, des traits fort marqués, et propres à être transmis à la postérité dans une médaille ou dans un buste. Sa prononciation n'étoit pas tout-à-fait nette ; il lisoit ses vers avec force, mais sans grâce.

Il savoit les belles-lettres, l'histoire, la politique ; mais il les prenoit principalement du côté qu'elles ont rapport au théâtre. Il n'avoit pour toutes les autres connoissances ni loisir, ni curiosité, ni beaucoup d'estime. Il parloit peu, même sur la matière qu'il entendoit si parfaitement. Il n'ornoit pas ce qu'il disoit, et pour trouver le grand Corneille, il le falloit lire.

Il étoit mélancolique ; il lui falloit des sujets plus solides pour espérer et pour se réjouir, que pour se chagriner ou pour craindre. Il avoit l'humeur brusque, et quelquefois rude en apparence ; au fond il étoit très-aisé à vivre, bon mari, bon parent, tendre, et plein d'amitié. Son tempérament le portoit assez à l'amour, mais jamais au libertinage, et rarement aux grands attachements. Il avoit l'âme fière et indépendante, nulle souplesse, nul manége ; ce qui l'a rendu très-propre à peindre la vertu romaine, et très-peu propre à faire sa fortune. Il n'aimoit point la cour ; il y apportoit un visage presque inconnu, un grand nom qui ne s'attiroit que des louanges, et un mérite qui n'étoit point le mérite de ce pays-là.

Rien n'étoit égal à son incapacité pour les affaires, que son aversion ; les plus légères lui causoient de l'effroi et de la terreur. Quoique son talent lui eût beaucoup rapporté, il n'en étoit guère plus riche. Ce n'est pas qu'il eût été fâché de l'être ; mais il eût fallu le devenir par une habileté qu'il n'avoit pas, et par des soins qu'il ne pouvoit prendre. Il ne s'étoit point trop endurci aux louanges à force d'en recevoir : mais, s'il étoit sensible à la gloire, il étoit fort éloigné de la vanité. Quelquefois il se confioit trop peu à son rare mérite, et croyoit trop facilement qu'il pût avoir des rivaux.

A beaucoup de probité naturelle, il a joint, dans tous les temps de sa vie, beaucoup de religion, et plus de piété que le commerce du monde n'en permet ordinairement. Il a eu souvent besoin d'être rassuré par des casuistes sur ses pièces de théâtre, et ils lui ont toujours fait grâce en faveur de la pureté qu'il avoit établie sur la scène, des nobles sentiments qui règnent dans ses ouvrages, et de la vertu qu'il a mise jusque dans l'amour.

PREMIER DISCOURS.

DE L'UTILITÉ
ET DES PARTIES
DU POËME DRAMATIQUE.

Bien que, selon Aristote, le seul but de la poésie dramatique soit de plaire aux spectateurs, et que la plupart de ces poëmes leur aient plu, je veux bien avouer toutefois que beaucoup d'entre eux n'ont pas atteint le but de l'art. *Il ne faut pas prétendre,* dit ce philosophe, *que ce genre de poésie nous donne toute sorte de plaisir, mais seulement celui qui lui est propre;* et pour trouver ce plaisir qui lui est propre, et le donner aux spectateurs, il faut suivre les préceptes de l'art, et leur plaire selon ses règles. Il est constant qu'il y a des préceptes, puisqu'il y a un art; mais il n'est pas constant quels ils sont. On convient du nom sans convenir de la chose, et on s'accorde sur les paroles, pour contester sur leur signification. Il faut observer l'unité d'action, de lieu et de jour, personne n'en doute; mais ce n'est pas une petite difficulté de savoir ce que c'est que cette unité d'action, et jusqu'où peut s'étendre cette unité de jour et de lieu. Il faut que le poëte traite son sujet selon le vraisemblable et le nécessaire ; Aristote le dit, et tous ses interprètes répètent les mêmes mots, qui leur semblent si clairs et si intelligibles, qu'aucun d'eux n'a daigné nous dire, non plus que lui, ce que c'est que ce vraisemblable et ce nécessaire. Beaucoup même ont si peu considéré ce dernier, qui accompagne toujours l'autre chez ce philosophe, hormis une seule fois, où il parle de la comédie, qu'on est venu jusqu'à établir une maxime très-fausse, *qu'il faut que le sujet d'une tragédie soit vraisemblable,* appliquant aussi aux conditions du sujet la moitié de ce qu'il a dit de la manière de le traiter. Ce n'est pas qu'on ne puisse faire une tragédie d'un sujet purement vraisemblable ; il en donne pour exemple la *Fleur d'Agathon*, où les noms et les choses étoient de pure invention, aussi bien qu'en la comédie : mais les grands sujets qui remuent fortement les passions, et en opposent l'impétuosité aux lois du devoir, ou aux tendresses du sang, doivent toujours aller au-delà du vraisemblable, et ne trouveroient aucune croyance parmi les auditeurs, s'ils n'étoient soutenus, ou par l'autorité de l'histoire, qui persuade avec empire, ou par la préoccupation de l'opinion commune, qui nous donne ces mêmes auditeurs déjà tout persuadés. Il n'est pas vraisemblable que Médée tue ses enfans, que Clytemnestre assassine son mari, qu'Oreste poignarde sa mère ; mais l'histoire le dit, et la représentation de ces grands crimes ne trouve point d'incrédules. Il n'est ni vrai ni vraisemblable que

Andromède, exposée à un monstre marin, ait été
garantie de ce péril par un cavalier volant, qui avoit
des ailes aux pieds: mais c'est une fiction que l'antiquité a reçue; et comme elle l'a transmise jusqu'à
nous, personne ne s'en offense quand on la voit sur
le théâtre. Il ne seroit pas permis toutefois d'inventer sur ces exemples. Ce que la vérité ou l'opinion
fait accepter, seroit rejeté, s'il n'avoit point d'autre
fondement qu'une ressemblance à cette vérité ou à
cette opinion. C'est pourquoi notre docteur dit que
les sujets viennent de la fortune, qui fait arriver
les choses, *et non de l'art,* qui les imagine. Elle est
maîtresse des événemens, et le choix qu'elle nous
donne de ceux qu'elle nous présente, enveloppe
une secrète défense d'entreprendre sur elle, et d'en
produire sur la scène qui ne soient pas de sa façon.
Aussi *les anciennes tragédies se sont arrêtées autour
de peu de familles, parce qu'il étoit arrivé à peu de
familles des choses dignes de la tragédie.* Les siècles suivans nous en ont assez fourni pour franchir
ces bornes et ne marcher plus sur les pas des Grecs ;
mais je ne pense pas qu'ils nous aient donné la liberté
de nous écarter de leurs règles. Il faut, s'il se peut,
nous accommoder avec elles, et les amener jusqu'à
nous. Le retranchement que nous avons fait des
chœurs, nous oblige à remplir nos poëmes de plus
d'épisodes qu'ils ne faisoient; c'est quelque chose de
plus, mais qui ne doit pas aller au-delà de leurs
maximes, bien qu'il aille au-delà de leur pratique.

Il faut donc savoir quelles sont ces règles ; mais

notre malheur est qu'Aristote, et Horace après lui, en ont écrit assez obscurément pour avoir besoin d'interprètes, et que ceux qui leur en ont voulu servir jusqu'ici ne les ont souvent expliqués qu'en grammairiens ou en philosophes. Comme ils avoient plus d'étude et de spéculation, que d'expérience du théâtre, leur lecture nous peut rendre plus doctes, mais non pas nous donner beaucoup de lumières fort sûres pour y réussir.

Je hasarderai quelque chose sur cinquante ans de travail pour la scène, et en dirai mes pensées tout simplement, sans esprit de contestation qui m'engage à les soutenir, et sans prétendre que personne renonce en ma faveur à celles qu'il en aura conçues.

Ainsi ce que j'ai avancé dès l'entrée de ce discours, que *la poésie dramatique a pour but le seul plaisir des spectateurs*, n'est pas pour l'emporter opiniâtrément sur ceux qui pensent ennoblir l'art, en lui donnant pour objet de profiter aussi bien que de plaire. Cette dispute même seroit très-inutile, puisqu'il est impossible de plaire selon les règles, qu'il ne s'y rencontre beaucoup d'utilité. Il est vrai qu'Aristote, dans tout son traité de poétique, n'a jamais employé ce mot une seule fois; qu'il attribue l'origine de la poésie au plaisir que nous prenons à voir imiter les actions des hommes; qu'il préfère la partie du poëme qui regarde le sujet, à celle qui regarde les mœurs, parce que cette première contient ce qui a agréé le plus, comme les *agnitions* et les *péripéties*; qu'il fait entrer, dans la définition de la tragédie, l'agrément du discours dont elle est composée, et qu'il l'estime enfin plus que le poëme épique, en ce qu'elle a de plus la décoration extérieure et la musique, qui délectent puissamment, et qu'étant plus courte et moins difficile, le plaisir qu'on y prend est plus parfait : mais il n'est pas moins vrai qu'Horace nous apprend que nous ne saurions plaire à tout le monde, si nous n'y mêlons l'utile, et que les gens graves et sérieux, les vieillards, et les amateurs de la vertu s'y ennuieront, s'ils n'y trouvent rien à profiter.

Centuriæ seniorum agitant expertia frugis.

Ainsi, quoique l'utile n'y entre que sous la forme du délectable, il ne laisse pas d'y être nécessaire ; et il vaut mieux examiner de quelle façon il peut y trouver sa place, que d'agiter, comme je l'ai déjà dit, une question inutile touchant l'utilité de cette sorte de poëmes. J'estime donc qu'il s'y en peut rencontrer de quatre sortes.

La première consiste aux sentences et instructions morales qu'on y peut semer presque par-tout : mais il en faut user sobrement, les mettre rarement en discours généraux, ou ne les pousser guère loin, surtout quand on fait parler un homme passionné, ou qu'on lui fait répondre par un autre ; car il ne doit avoir non plus de patience pour les entendre, que de quiétude d'esprit pour les concevoir et les dire. Dans les délibérations d'état, où un homme d'importance, consulté par un roi, s'explique de sens rassis, ces sortes de discours trouvent lieu de plus d'étendue; mais enfin il est toujours bon de les réduire souvent de la thèse à l'hypothèse; et j'aime mieux faire dire à un acteur, *l'amour vous donne beaucoup d'inquiétude,* que *l'amour donne beaucoup d'inquiétude aux esprits qu'il possède.* Ce n'est pas que je voulusse entièrement bannir cette dernière façon de s'énoncer sur les maximes de la morale et de la politique. Tous mes poëmes demeureroient bien estropiés, si on en retranchoit ce que j'y en ai mêlé: mais, encore un coup, il ne les faut pas pousser loin sans les appliquer au particulier; autrement c'est un lieu commun qui ne manque jamais d'ennuyer l'auditeur, parce qu'il fait languir l'action; et, quelque heureusement que réussisse cet étalage de moralités, il faut toujours craindre que ce ne soit un de ces ornemens ambitieux qu'Horace nous ordonne de retrancher.

J'avouerai toutefois que les discours généraux ont souvent grâce, quand celui qui les prononce et celui qui les écoute ont tous deux l'esprit assez tranquille pour se donner raisonnablement cette patience. Dans le quatrième acte de *Mélite*, la joie qu'elle a d'être aimée de Tircis, lui fait souffrir sans chagrin la remontrance de sa nourrice, qui, de son côté, satisfait à cette démangeaison qu'Horace attribue aux vieilles gens de faire des leçons aux jeunes; mais si elle savoit que Tircis la crût infidèle, et qu'il en fût au désespoir, comme elle l'apprend ensuite, elle n'en souffriroit pas quatre vers. Quelquefois même ces discours sont nécessaires pour appuyer des sentiments dont le raisonnement ne se peut fonder sur aucune des actions particulières de ceux dont on parle. Rodogune, au premier acte, ne sauroit justifier la défiance qu'elle a de Cléopâtre, que par le peu de sincérité qu'il y a d'ordinaire dans la réconciliation des grands après une offense signalée, parce que, depuis le traité de paix, cette reine n'a rien fait qui la doive rendre suspecte de cette haine qu'elle lui conserve dans le cœur. L'assurance que prend Mélisse au quatrième acte de la *Suite du Menteur*, sur les premières protestations d'amour que lui fait Dorante, qu'elle n'a vu qu'une seule fois, ne se peut autoriser que sur la facilité et la promptitude que deux amants, nés l'un pour l'autre, ont à donner croyance à ce qu'ils s'entre-disent; et les douze vers qui expriment cette moralité en termes généraux, ont tellement plu, que beaucoup de gens d'esprit n'ont pas dédaigné d'en charger leur mémoire. Vous en trouverez ici quelque autre de cette nature. La seule règle qu'on y peut établir, c'est qu'il les faut placer judicieusement, et sur-tout les mettre en la bouche de gens qui aient l'esprit sans embarras, et qui ne soient point emportés par la chaleur de l'action.

La seconde utilité du poëme dramatique se rencontre en la naïve peinture des vices et des vertus, qui ne manque jamais à faire son effet quand elle est bien achevée, et que les traits en sont si reconnoissables, qu'on ne les peut confondre l'un dans l'autre, ni prendre le vice pour vertu. Celle-ci se fait alors toujours aimer, quoique malheureuse ; et celui-là se fait toujours haïr, bien que triomphant. Les anciens se sont fort souvent contentés de cette peinture, sans se mettre en peine de récompenser les bonnes actions et de punir les mauvaises. Clytemnestre et son adultère tuent Agamemnon impunément ; Médée en fait autant de ses enfans, et Atrée de ceux de son frère Thyeste, qu'il lui fait manger. Il est vrai que, à bien considérer ces actions qu'ils choisissoient pour la catastrophe de leurs tragédies, c'étoient des criminels qu'ils faisoient punir, mais par des crimes plus grands que les leurs. Thyeste avoit abusé de la femme de son frère ; mais la vengeance qu'il en prend a quelque chose de plus affreux que ce premier crime. Jason étoit un perfide d'abandonner Médée, à qui il devoit tout ; mais massacrer ses enfans à ses yeux, est quelque chose de plus. Clytemnestre se plaignoit des concubines qu'Agamemnon ramenoit de Troie ; mais il n'avoit point attenté sur sa vie, comme elle fait sur la sienne : et ces maîtres de l'art ont trouvé le crime de son fils Oreste, qui la tue pour venger son père, encore plus grand que le sien, puisqu'ils lui ont donné des Furies vengeresses pour le tourmenter, et n'en ont point donné à sa mère, qu'ils font jouir paisiblement avec son Égisthe du royaume d'un mari qu'elle avoit assassiné.

Notre théâtre souffre difficilement de pareils sujets. Le *Thyeste* de Sénèque n'y a pas été fort heureux : sa *Médée* y a trouvé plus de faveur ; mais aussi, à le bien prendre, la perfidie de Jason et la violence du roi de Corinthe la font paroître si injustement opprimée, que l'auditeur entre aisément dans ses intérêts, et regarde sa vengeance comme une justice qu'elle se fait elle-même de ceux qui l'oppriment.

C'est cet intérêt qu'on aime à prendre pour les vertueux, qui a obligé d'en venir à cette autre manière de finir le poëme dramatique par la punition des mauvaises actions et par la récompense des bonnes, qui n'est pas un précepte de l'art, mais un usage que nous avons embrassé, dont chacun peut se départir à ses périls : il étoit dès le temps d'Aristote, et peut-être qu'il ne plaisoit pas trop à ce philosophe, puisqu'il dit, *qu'il n'a eu vogue que par l'imbécillité du jugement des spectateurs, et que ceux qui le pratiquent, s'accommodent au goût du peuple, et écrivent selon les souhaits de leur auditoire.* En effet, il est certain que nous ne saurions voir un honnête homme sur notre théâtre, sans lui souhaiter de la prospérité et nous fâcher de ses infortunes. Cela fait que quand il en demeure accablé, nous sortons avec chagrin, et remportons une espèce d'indignation contre l'auteur et les acteurs : mais quand l'événement remplit nos souhaits, que la vertu y est couronnée, nous sortons avec pleine joie, et remportons une entière satisfaction et de l'ouvrage, et de ceux qui l'ont représenté. Le succès heureux de la vertu, en dépit des traverses et des périls, nous excite à l'embrasser; et le succès funeste du crime ou de l'injustice est capable de nous en augmenter l'horreur naturelle, par l'appréhension d'un pareil malheur.

C'est en cela que consiste la troisième utilité du théâtre, comme la quatrième en la purgation des passions par le moyen de la pitié et de la crainte. Mais comme cette utilité est particulière à la tragédie, je m'expliquerai sur cet article au second discours, où je traiterai de la tragédie en particulier, et passe à l'examen des parties qu'Aristote attribue au poëme dramatique. Je dis au poëme dramatique en général, bien qu'en traitant cette matière il ne parle que de la tragédie, parce que tout ce qu'il en dit convient aussi à la comédie, et que la différence de ces deux espèces de poëmes ne consiste qu'en la dignité des personnages et des actions qu'ils imitent, et non pas à la façon de les imiter, ni aux choses qui servent à cette imitation.

Le poëme est composé de deux sortes de parties. Les unes sont appelées *parties de quantité* ou *d'extension*; et Aristote en nomme quatre : le *prologue*, l'*épisode*, l'*exode* et le *chœur*. Les autres se peuvent nommer des *parties intégrantes*, qui se rencontrent dans chacune de ces premières pour former tout le corps avec elles. Ce philosophe y en trouve six : le *sujet*, les *mœurs*, les *sentiments*, la *diction*, la *musique* et la *décoration du théâtre*. De ces six, il n'y a que le sujet dont la bonne constitution dépende proprement de l'art poétique; les autres ont besoin d'autres subsidiaires · les mœurs, de la morale; les sentiments, de la rhétorique ; la diction, de la grammaire ; et les deux autres parties ont chacune leur art, dont il n'est pas besoin que le poëte soit instruit, parce qu'il y peut faire suppléer par d'autres que lui, ce qui fait qu'Aristote ne les traite pas. Mais comme il faut qu'il exécute lui-même ce qui concerne les quatre premières, la connoissance des arts dont elles dépendent lui est absolument nécessaire, à moins qu'il ait reçu de la nature un sens commun assez fort et assez profond pour suppléer à ce défaut.

Les conditions du sujet sont diverses pour la tragédie et pour la comédie. Je ne toucherai à présent qu'à ce qui regarde cette dernière, qu'Aristote définit simplement, *une imitation de personnes basses et fourbes*. Je ne puis m'empêcher de dire que cette définition ne me satisfait point ; et puisque beaucoup de savants tiennent que son traité de la poétique n'est pas venu tout entier jusqu'à nous, je veux croire que dans ce que le temps nous en a dérobé, il s'en rencontroit une plus achevée.

La poésie dramatique, selon lui, est une imitation des actions, et il s'arrête à la condition des personnes, sans dire quelles doivent être ces actions. Quoi qu'il en soit, cette définition avoit du rapport à l'usage de son temps, où l'on ne faisoit parler dans la comédie que des personnes d'une condition très-médiocre ; mais elle n'a pas une entière justesse pour le nôtre, où les rois même y peuvent entrer, quand leurs actions ne sont point au-dessus d'elle. Lorsqu'on met sur la scène une simple intrigue d'amour entre des rois, et qu'ils ne courent aucun péril ni de leur vie ni de leur état, je ne crois pas que bien que les personnes soient illustres, l'action le soit assez pour s'élever jusqu'à la tragédie. Sa dignité demande quelque grand intérêt d'état, ou quelque passion plus noble et plus mâle que l'amour, telles que sont l'ambition ou la vengeance, et veut donner à craindre des malheurs plus grands que la perte d'une maîtresse. Il est à propos d'y mêler l'amour, parce qu'il a toujours beaucoup d'agrément, et peut servir de fondement à ces intérêts et à ces autres passions dont je parle; mais il faut qu'il se contente du second rang dans le poëme, et leur laisse le premier.

Cette maxime semblera nouvelle d'abord; elle est toutefois de la pratique des anciens, chez qui nous ne voyons aucune tragédie où il n'y ait qu'un intérêt d'amour à démêler. Au contraire, ils l'en bannissoient souvent; et ceux qui voudront considérer les miennes, reconnoîtront que, à leur exemple, je ne lui ai jamais laissé prendre le pas devant, et que dans le *Cid* même, qui est, sans contredit, la pièce la plus remplie d'amour que j'aie faite, le devoir de la naissance et le soin de l'honneur l'emportent sur toute les tendresses qu'il inspire aux amants que j'y fais parler.

Je dirai plus. Bien qu'il y ait de grands intérêts d'état dans un poëme, et que le soin qu'une personne royale doit avoir de sa gloire fasse taire sa passion, comme en *D. Sanche,* s'il ne s'y rencontre point de péril de vie, de perte d'états ou de bannissement, je ne pense pas qu'il ait droit de prendre un nom plus relevé que celui de comédie ; mais pour répondre aucunement à la dignité des personnes dont celui-là représente les actions, je me suis hasardé d'y ajouter l'épithète d'*héroïque* pour la distinguer d'avec les comédies ordinaires. Cela est sans exemple parmi les anciens ; mais aussi il est sans exemple parmi eux de mettre des rois sur le théâtre sans quelqu'un de ces grands périls. Nous ne devons pas nous attacher si servilement à leur imitation, que nous n'osions essayer quelque chose de nous-mêmes, quand cela ne renverse point les règles de l'art ; ne fût-ce que pour mériter cette louange que donnoit Horace aux poëtes de son temps :

Nec minimum meruêre decus, vestigia græca
Ausi deserere,

et n'avoir point de part en cet honteux éloge,

O imitatores, servum pecus.

Ce qui nous sert maintenant d'exemple, dit Tacite, *a été autrefois sans exemple, et ce que nous faisons sans exemple en pourra servir un jour.*

La comédie diffère donc en cela de la tragédie, que celle-ci veut pour son sujet une action illustre, extraordinaire, sérieuse ; celle-là s'arrête à une action commune et enjouée : celle-ci demande de grands périls pour ses héros ; celle-là se contente de l'inquiétude et des déplaisirs de ceux à qui elle donne le premier rang parmi ses acteurs. Toutes les deux ont cela de commun, que cette action doit être complète et achevée; c'est-à-dire que, dans l'événement qui la termine, le spectateur doit être si bien instruit des sentiments de tous ceux qui y ont eu quelque part, qu'il sorte l'esprit en repos, et ne soit plus en doute de rien. Cinna conspire contre Auguste : sa conspiration est découverte; Auguste le fait arrêter. Si le poëme en demeuroit là, l'action ne seroit pas complète, parce que l'auditeur sortiroit dans l'incertitude de ce que cet empereur auroit ordonné de cet ingrat favori. Ptolomée craint que César, qui vient en Egypte, ne favorise sa sœur, dont il est amoureux, et ne le force à lui rendre sa part du royaume, que son père lui a laissée par testament. Pour attirer la faveur de son côté par un grand service, il lui immole Pompée : ce n'est pas assez; il faut voir comment César recevra ce grand sacrifice. Il arrive; il s'en fâche, il menace Ptolomée, il le veut obliger d'immoler les conseillers de cet attentat à cet illustre mort : ce roi, surpris de cette réception si peu attendue, se résout à prévenir César, et conspire contre lui, pour éviter, par sa perte, le malheur dont il se voit menacé. Ce n'est pas encore assez; il faut savoir ce qui réussira de cette conspiration. César en a l'avis, et Ptolomée périssant dans un combat avec ses ministres, laisse Cléopâtre en paisible possession du royaume dont elle demandoit la moitié, et César hors de péril; l'auditeur n'a plus rien à demander, et sort satisfait, parce que l'action est complète.

Je connois des gens d'esprit, et des plus savants

en l'art poétique, qui m'imputent d'avoir négligé d'achever le *Cid* et quelques autres de mes poëmes, parce que je n'y conclus pas précisément le mariage des premiers acteurs, et que je ne les envoie point marier au sortir du théâtre. A quoi il est aisé de répondre, que le mariage n'est point un achèvement nécessaire pour la tragédie heureuse, ni même pour la comédie. Quant à la première, c'est le péril d'un héros qui la constitue, et lorsqu'il en est sorti, l'action est terminée. Bien qu'il ait de l'amour, il n'est point besoin qu'il parle d'épouser sa maîtresse quand la bienséance ne le permet pas; et il suffit d'en donner l'idée après en avoir levé tous les empêchements, sans lui en faire déterminer le jour. Ce seroit une chose insupportable que Chimène en convînt avec Rodrigue dès le lendemain qu'il a tué son père; et Rodrigue seroit ridicule, s'il faisoit la moindre démonstration de le désirer. Je dis la même chose d'Antiochus. Il ne pourroit dire de douceurs à Rodogune qui ne fussent de mauvaise grâce, dans l'instant que sa mère se vient d'empoisonner à leurs yeux, et meurt dans la rage de n'avoir pu les faire périr avec elle. Pour la comédie, Aristote ne lui impose point d'autre devoir pour conclusion, *que de rendre amis ceux qui étoient ennemis;* ce qu'il faut entendre un peu plus généralement que les termes ne semblent porter, et l'étendre à la réconciliation de toute sorte de mauvaise intelligence; comme quand un fils rentre aux bonnes grâces d'un père qu'on a vu en colère contre lui pour ses débauches; ce qui est une fin assez ordinaire aux anciennes comédies ; ou que deux amants séparés par quelque fourbe qu'on leur a faite, ou par quelque pouvoir dominant, se réunissent par l'éclaircissement de cette fourbe, ou par le consentement de ceux qui y mettoient obstacle ; ce qui arrive presque toujours dans les nôtres, qui n'ont que très-rarement une autre fin que des mariages. Nous devons toutefois prendre garde que ce consentement ne vienne pas par un simple changement de volonté, mais par un événement qui en fournisse l'occasion. Autrement il n'y auroit pas grand artifice au dénouement d'une pièce, si, après l'avoir soutenue durant quatre actes sur l'autorité d'un père qui n'approuve point les inclinations amoureuses de son fils ou de sa fille, il y consentoit tout d'un coup au cinquième, par cette seule raison que c'est le cinquième, et que l'auteur n'oseroit en faire six. Il faut un effet considérable qui l'y oblige, comme si l'amant de sa fille lui sauvoit la vie en quelque rencontre où il fût près d'être assassiné par ses ennemis, ou que, par quelque accident inespéré, il fût reconnu pour être de plus grande condition et mieux dans la fortune qu'il ne paroissoit.

Comme il est nécessaire que l'action soit complète, il faut aussi n'ajouter rien au-delà; parce que, quand l'effet est arrivé, l'auditeur ne souhaite plus rien et s'ennuie de tout le reste. Ainsi les sentiments de joie qu'ont deux amants qui se voient réunis après de longues traverses, doivent être bien courts : et je ne sais pas quelle grâce a eue, chez les Athéniens, la contestation de Ménélas et de Teucer, pour la sépulture d'Ajax, que Sophocle fait mourir au quatrième acte ; mais je sais bien que, de notre temps, la dispute du même Ajax et d'Ulysse pour les armes d'Achille après sa mort, lassa fort les oreilles, bien qu'elle partît d'une bonne main. Je ne puis déguiser même que j'ai peine encore à comprendre comment on a pu souffrir le cinquième acte de *Mélite* et de *la Veuve*. On n'y voit les premiers acteurs que réunis ensemble, et ils n'y ont plus d'intérêt qu'à savoir les auteurs de la fausseté ou de la violence qui les a séparés. Cependant ils en pouvoient être déjà instruits si je l'eusse voulu, et semblent n'être plus sur le théâtre que pour servir de témoins au mariage de ceux du second ordre ; ce qui fait languir toute cette fin, où ils n'ont point de part. Je n'ose attribuer le bonheur qu'eurent ces deux comédies, à l'ignorance des préceptes, qui étoit assez générale en ce temps-là, d'autant que ces mêmes préceptes, bien ou mal observés, doivent faire leur effet, bon ou mauvais, sur ceux même qui, faute de les savoir, s'abandonnent au courant des sentiments naturels : mais je ne puis que je n'avoue du moins que la vieille habitude qu'on avoit alors à ne voir rien de mieux ordonné, a été cause qu'on ne s'est pas indigné contre ces défauts, et que la nouveauté d'un genre de comédie très-agréable, et qui jusque-là n'avoit point paru sur la scène, a fait qu'on a voulu trouver belles toutes les parties d'un corps qui plaisoit à la vue, bien qu'il n'eût pas toutes ses proportions dans leur justesse.

La comédie et la tragédie se ressemblent encore, en ce que l'action qu'elles choisissent pour imiter *doit avoir une juste grandeur*, c'est-à-dire, *qu'elle ne doit être ni si petite, qu'elle échappe à la vue comme un atome, ni si vaste, qu'elle confonde la mémoire de l'auditeur et égare son imagination.* C'est ainsi qu'Aristote explique cette condition du poëme; et il ajoute que, *pour être d'une juste grandeur, elle doit avoir un commencement, un milieu et une fin.* Ces termes sont si généraux, qu'ils semblent ne signifier rien; mais à les bien entendre, ils excluent les actions momentanées qui n'ont point ces trois parties. Telle est peut-être la mort de la sœur d'Horace, qui se fait tout d'un coup, sans aucune préparation dans les trois actes qui la précèdent; et je m'assure que si Cinna attendoit au cinquième à conspirer contre Auguste, et qu'il consumât les quatre autres en protestations d'amour à Émilie, ou en jalousies contre Maxime, cette conspiration surprenante feroit bien des révoltes dans les esprits, à qui ces quatre premiers auroient fait attendre toute autre chose.

Il faut donc qu'une action, pour être d'une juste grandeur, ait un commencement, un milieu et une fin. Cinna conspire contre Auguste, et rend compte de sa conspiration à Émilie; voilà le commencement : Maxime en fait avertir Auguste; voilà le milieu : Auguste lui pardonne; voilà la fin. Ainsi, dans mes comédies, j'ai presque toujours établi deux amants en bonne intelligence; je les ai brouillés ensemble par quelque fourbe, et les ai réunis par l'éclaircissement de cette même fourbe qui les séparoit.

A ce que je viens de dire de la juste grandeur de l'action, j'ajoute un mot touchant celle de sa représentation, que nous bornons d'ordinaire à un peu moins de deux heures. Quelques-uns réduisent le nombre des vers qu'on y récite, à quinze cents, et veulent que les pièces de théâtre ne puissent aller jusqu'à dix-huit, sans laisser un chagrin capable de faire oublier les plus belles choses. J'ai été plus heureux que leur règle ne me le permet, en ayant donné pour l'ordinaire deux mille aux comédies, et un peu plus de dix-huit cents aux tragédies, sans avoir sujet de me plaindre que mon auditoire ait montré trop de chagrin pour cette longueur.

C'est assez parler du sujet de la comédie, et des conditions qui lui sont nécessaires. La vraisemblance en est une dont je parlerai en un autre lieu; il y a de plus, que les événements en doivent toujours être heureux; ce qui n'est pas une obligation de la tragédie, où nous avons le choix de faire un changement de bonheur en malheur, ou de malheur en bonheur. Cela n'a pas besoin de commentaire. Je viens à la seconde partie du poëme, qui sont les mœurs.

Aristote leur prescrit quatre conditions; *qu'elles soient bonnes, convenables, semblables et égales.*

Ce sont des termes qu'il a si peu expliqués, qu'il nous laisse grand lieu de douter de ce qu'il veut dire.

Je ne puis comprendre comment on a voulu entendre par ce mot de *bonnes*, qu'il faut qu'elles soient vertueuses. La plupart des poëmes, tant anciens que modernes, demeureroient en un pitoyable état, si l'on en retranchoit tout ce qui s'y rencontre de personnages méchants ou vicieux, ou tachés de quelque foiblesse qui s'accorde mal avec la vertu. Horace a pris soin de décrire en général les mœurs de chaque âge, et leur attribue plus de défauts que de perfections; et quand il nous prescrit de peindre Médée fière et indomptable, Ixion perfide, Achille emporté de colère, jusqu'à maintenir que les lois ne sont pas faites pour lui, et ne vouloir prendre droit que par les armes, il ne nous donne pas de grandes vertus à exprimer. Il faut donc trouver une bonté compatible avec ces sortes de mœurs; et s'il m'est permis de dire mes conjectures sur ce qu'Aristote nous demande par-là, je crois que c'est le caractère brillant et élevé d'une habitude vertueuse ou criminelle, selon qu'elle est propre et convenable à la personne qu'on introduit. Cléopâtre, dans *Rodogune*, est très-méchante; il n'y a point de parricide qui lui fasse horreur, pourvu qu'il la puisse conserver sur un trône qu'elle préfère à toutes choses, tant son attachement à la domination est violent; mais tous ses crimes sont accompagnés d'une grandeur d'âme qui a quelque chose de si haut, qu'en même temps qu'on déteste ses actions, on admire la source dont elles partent. J'ose dire la même chose du *Menteur*. Il est hors de doute que c'est une habitude vicieuse que de mentir ; mais il débite ses menteries avec une telle présence d'esprit et tant de vivacité, que cette imperfection a bonne grâce en sa personne, et fait confesser aux spectateurs que le talent de mentir ainsi est un vice dont les sots ne sont point capables. Pour troisième exemple, ceux qui voudront examiner la manière dont Horace décrit la colère d'Achille, ne s'éloigneront pas de ma pensée. Elle a pour fondement un passage d'Aristote, qui suit d'assez près celui que je tâche d'expliquer : *La poésie, dit-il, est une imitation de gens meilleurs qu'ils n'ont été; et comme les peintres font souvent des portraits flattés, qui sont plus beaux que l'original, et conservent toutefois la ressemblance; ainsi les poëtes représentant des hommes colères ou fainéants, doivent tirer une haute idée de ces qualités qu'ils leur attribuent, en sorte qu'il s'y trouve un bel exemplaire d'équité ou de dureté; et c'est ainsi qu'Horace a fait Achille bon.* Ce dernier mot est à remarquer, pour faire voir qu'Homère a donné aux emportements de la colère d'Achille cette bonté nécessaire aux mœurs, que je fais consister en cette élévation de leur caractère, et dont Robertel parle ainsi : *Unum quodque genus per se supremos quosdam habet decoris gradus, et absolutissimam recipit formam, non tamen degenerans à suâ naturâ et effigie pristinâ.*

Ce texte d'Aristote que je viens de citer, peut faire

de la peine, en ce qu'il porte, *que les mœurs des hommes colères ou fainéants doivent être peintes dans un tel degré d'excellence, qu'il s'y rencontre un haut exemplaire d'équité ou de dureté.* Il y a du rapport de la dureté à la colère, et c'est ce qu'attribue Horace à celle d'Achille en ce vers :

Iracundus, inexorabilis, acer.

Mais il n'y en a point de l'équité à la fainéantise, et je ne puis voir quelle part elle peut avoir en son caractère. C'est ce qui me fait douter si le mot grec ραθυμους a été rendu dans le sens d'Aristote par les interprètes latins que j'ai suivis. Pacius le tourne *desides*; Victorius *inertes*; Heinsius *segnes*; et le mot de *fainéants* dont je me suis servi pour le mettre en notre langue, répond assez à ces trois versions ; mais Castelvetro le rend en la sienne par celui de *mansueti; débonnaires,* ou *pleins de mansuétude*; et non-seulement ce mot a une opposition plus juste à celui de *colères*, mais aussi il s'accorderoit mieux avec cette habitude, qu'Aristote appelle επιειχειαν dont il nous demande un bel exemplaire. Ces trois interprètes traduisent ce mot grec par celui d'*équité* ou de *probité*, qui répondroit mieux au *mansueti* de l'italien, qu'à leurs *segnes, desides, inertes*, pourvu qu'on n'entendît par-là qu'une bonté naturelle, qui ne se fâche que malaisément; mais j'aimerois mieux encore celui de *piacevolezza*, dont l'autre se sert pour l'exprimer en sa langue; et je crois que pour lui laisser sa force en la nôtre, on le pourroit tourner par celui de *condescendance*, ou *facilité équitable d'approuver, excuser et supporter tout ce qui arrive.* Ce n'est pas que je me veuille faire juge entre de si grands hommes ; mais je ne puis dissimuler que la version italienne de ce passage me semble avoir quelque chose de plus juste que ces trois latines. Dans cette diversité d'interprétations, chacun est en liberté de choisir, puisque même on a droit de les rejeter toutes, quand il s'en présente une nouvelle qui plaît davantage, et que les opinions des plus savants ne sont pas des lois pour nous.

Il me vient encore une autre conjecture touchant ce qu'entend Aristote par cette bonté de mœurs qu'il leur impose pour première condition. C'est qu'elles doivent être vertueuses tant qu'il se peut, en sorte que nous n'exposions point de vicieux ou de criminels sur le théâtre, si le sujet que nous traitons n'en a besoin. Il donne lieu lui-même à cette pensée, lorsque voulant marquer un exemple d'une faute contre cette règle, il se sert de celui de Ménélas dans l'*Oreste* d'Euripide, dont le défaut ne consiste pas en ce qu'il est injuste, mais en ce qu'il l'est sans nécessité.

Je trouve dans Castelvetro une troisième explication qui pourroit ne déplaire pas, qui est, que cette bonté de mœurs ne regarde que le premier personnage, qui doit toujours se faire aimer, et par conséquent être vertueux, et non pas ceux qui le persécutent ou le font périr : mais comme c'est restreindre à un seul ce qu'Aristote dit en général, j'aimerois mieux m'arrêter, pour l'intelligence de cette première condition, à cette élévation ou perfection de caractère dont j'ai parlé, qui peut convenir à tous ceux qui paroissent sur la scène; et je ne pourrois suivre cette dernière interprétation, sans condamner le *Menteur*, dont l'habitude est vicieuse, bien qu'il tienne le premier rang dans la comédie qui porte ce titre.

En second lieu, les mœurs doivent être convenables. Cette condition est plus aisée à entendre que la première. Le poëte doit considérer l'âge, la dignité, la naissance, l'emploi et le pays de ceux qu'il introduit : il faut qu'il sache ce qu'on doit à sa patrie, à ses parens, à ses amis, à son roi; quel est l'office d'un magistrat ou d'un général d'armée, afin qu'il puisse y conformer ceux qu'il veut faire aimer aux spectateurs, et en éloigner ceux qu'il leur veut faire haïr ; car c'est une maxime infaillible, que, pour bien réussir, il faut intéresser l'auditoire pour les premiers acteurs. Il est bon de remarquer encore que ce qu'Horace dit des mœurs de chaque âge, n'est pas une règle dont on ne puisse se dispenser sans scrupule. Il fait les jeunes gens prodigues et les vieillards avares : le contraire arrive tous les jours sans merveille ; mais il ne faut pas que l'un agisse à la manière de l'autre, bien qu'il ait quelquefois des habitudes et des passions qui conviendroient mieux à l'autre. C'est le propre d'un jeune homme d'être amoureux, et non pas d'un vieillard; cela n'empêche pas qu'un vieillard ne le devienne : les exemples en sont assez souvent devant nos yeux ; mais il pas-

SUR LE POEME DRAMATIQUE.

seroit pour fou, s'il vouloit faire l'amour en jeune homme, et s'il prétendoit se faire aimer par les bonnes qualités de sa personne. Il peut espérer qu'on l'écoutera; mais cette espérance doit être fondée sur son bien ou sur sa qualité, et non pas sur ses mérites; et ses prétentions ne peuvent être raisonnables, s'il ne croit avoir affaire à une âme assez intéressée pour déférer tout à l'éclat des richesses ou à l'ambition du rang.

La qualité de *semblables* qu'Aristote demande aux mœurs, regarde particulièrement les personnes que l'histoire ou la fable nous fait connoître, et qu'il faut toujours peindre telles que nous les y trouvons. C'est ce que veut dire Horace par ce vers :

> Sit Medea ferox invictaque.

Qui peindroit Ulysse en grand guerrier, ou Achille en grand discoureur, ou Médée en femme fort soumise, s'exposeroit à la risée publique. Ainsi ces deux qualités, dont quelques interprètes ont beaucoup de peine à trouver la différence qu'Aristote veut qui soit entre elles sans la désigner, s'accorderont aisément, pourvu qu'on les sépare, et qu'on donne celle de *convenables* aux personnes imaginées qui n'ont jamais eu d'être que dans l'esprit du poëte, en réservant l'autre pour celles qui sont connues par l'histoire, ou par la fable, comme je viens de le dire.

Il reste à parler de l'*égalité*, qui nous oblige à conserver jusqu'à la fin, à nos personnages, les mœurs que nous leur avons données au commencement.

> Servetur ad imum
> Qualis ab incepto processerit, et sibi constet.

L'inégalité y peut toutefois entrer sans défaut, non-seulement quand nous introduisons des personnes d'un esprit léger et inégal, mais encore lorsque, en conservant l'égalité au-dedans, nous donnons l'inégalité au-dehors, selon l'occasion. Telle est celle de Chimène du côté de l'amour : elle aime toujours fortement Rodrigue dans son cœur; mais cet amour agit autrement en la présence du roi, autrement en celle de l'infante, et autrement en celle de Rodrigue; et c'est ce qu'Aristote appelle des mœurs inégalement égales.

Il se présente une difficulté à éclaircir sur cette matière, touchant ce qu'entend Aristote lorsqu'il dit, *que la tragédie se peut faire sans mœurs, et que la plupart de celles des modernes de son temps n'en ont point*. Le sens de ce passage est assez malaisé à concevoir, vu que, selon lui-même, c'est par les mœurs qu'un homme est méchant ou homme de bien, spirituel ou stupide, timide ou hardi, constant ou irrésolu, bon ou mauvais politique, et qu'il est impossible qu'on en mette aucun sur le théâtre qui ne soit bon ou méchant, et qu'il n'ait quelqu'une de ces autres qualités. Pour accorder ces deux sentiments qui semblent opposés l'un à l'autre, j'ai remarqué que ce philosophe dit ensuite, que *si un poëte a fait de belles narrations morales et des discours bien* sentencieux, il n'a fait encore rien par-là qui concerne la tragédie. Cela m'a fait considérer que les mœurs ne sont pas seulement le principe des actions, mais aussi du raisonnement. Un homme de bien agit et raisonne en homme de bien, un méchant agit et raisonne en méchant, et l'un et l'autre étalent de diverses maximes de morale suivant cette diverse habitude. C'est donc de ces maximes que cette habitude produit, que la tragédie peut se passer, et non pas de l'habitude même, puisqu'elle est le principe des actions, et que les actions sont l'âme de la tragédie, où l'on ne doit parler qu'en agissant et pour agir. Ainsi, pour expliquer ce passage d'Aristote par l'autre, nous pouvons dire que quand il parle d'une tragédie sans mœurs, il entend une tragédie où les acteurs énoncent simplement leurs sentiments, ou ne les appuient que sur des raisonnements tirés du fait, comme Cléopâtre dans le second acte de *Rodogune*, et non pas sur des maximes de morale ou de politique, comme Rodogune dans son premier acte. Car, je le répète encore, faire un poëme de théâtre, où aucun des acteurs ne soit ni bon ni méchant, prudent ni imprudent, cela est absolument impossible.

Après les mœurs viennent les sentiments, par où l'acteur fait connoître ce qu'il veut ou ne veut pas; en quoi il peut se contenter d'un simple témoignage de ce qu'il se propose de faire, sans le fortifier de raisonnements moraux, comme je viens de le dire. Cette partie a besoin de la rhétorique pour peindre les passions et les troubles de l'esprit, pour consulter, délibérer, exagérer ou exténuer; mais il y a cette différence pour ce regard entre le poëte dramatique et l'orateur, que celui-ci peut étaler son art, et le rendre remarquable avec pleine liberté, et que l'autre doit le cacher avec soin, parce que ce n'est jamais lui qui parle, et que ceux qu'il fait parler ne sont pas des orateurs.

La diction dépend de la grammaire. Aristote lui attribue les figures, que nous ne laissons pas d'appeler communément figures de rhétorique. Je n'ai rien à dire là-dessus, sinon que le langage doit être net, les figures placées à propos et diversifiées, et la versification aisée et élevée au-dessus de la prose, mais non pas jusqu'à l'enflure du poëme épique, puisque ceux que le poëte fait parler ne sont pas des poëtes.

Le retranchement que nous avons fait des chœurs a retranché la musique de nos poëmes. Une chanson y a quelquefois bonne grâce, et dans les pièces de machines cet ornement est redevenu nécessaire pour remplir les oreilles de l'auditeur, pendant que les machines descendent.

La décoration du théâtre a besoin de trois arts pour la rendre belle; de la peinture, de l'architecture et de la perspective. Aristote prétend que cette partie, non plus que la précédente, ne regarde pas le poëte; et comme il ne la traite point, je me dispenserai d'en dire plus qu'il ne m'en a appris.

Pour achever ce discours, je n'ai plus qu'à parler

des parties de quantité, qui sont le *prologue*, l'*épisode*, l'*exode* et le *chœur*. Le prologue est *ce qui se récite avant le premier chant du chœur*; l'épisode, *ce qui se récite entre les chants du chœur*; et l'exode, *ce qui se récite après le dernier chant du chœur*. Voilà tout ce que nous en dit Aristote, qui nous marque plutôt la situation de ces parties et l'ordre qu'elles ont entre elles dans la représentation, que la part de l'action qu'elles doivent contenir. Ainsi, pour les appliquer à notre usage, le prologue est notre premier acte, l'épisode fait les trois suivans, et l'exode le dernier.

Je dis que le prologue est ce qui se récite devant le premier chant du chœur, bien que la version ordinaire porte, *devant la première entrée du chœur*; ce qui nous embarrasseroit fort, vu que dans beaucoup de tragédies grecques le chœur parle le premier; et ainsi elles manqueroient de cette partie, ce qu'Aristote n'eût pas manqué de remarquer. Pour m'enhardir à changer ce terme, afin de lever la difficulté, j'ai considéré qu'encore que le mot grec πάροδος, dont se sert ici ce philosophe, signifie communément l'entrée en un chemin ou place publique, qui étoit le lieu ordinaire où nos anciens faisoient parler leurs acteurs, en cet endroit toutefois il ne peut signifier que le premier chant du chœur. C'est ce qu'il m'apprend lui-même un peu après, en disant que le πάροδος du chœur est la première chose que dit tout le chœur ensemble. Or, quand le chœur entier disoit quelque chose, il chantoit; et quand il parloit sans chanter, il n'y avoit qu'un de ceux dont il étoit composé qui parlât au nom de tous. La raison en est que le chœur tenoit alors lieu d'acteur, et ce qu'il disoit servoit à l'action, et devoit par conséquent être entendu ; ce qui n'eût pas été possible, si tous ceux qui le composoient, et qui étoient quelquefois jusqu'au nombre de cinquante, eussent parlé ou chanté tous à la fois. Il faut donc rejeter ce premier παροδος du chœur, qui est la borne du prologue, à la première fois qu'il demeuroit seul sur le théâtre et chantoit : jusque-là il n'y étoit introduit que parlant avec un acteur par une seule bouche, ou s'il y demeuroit seul sans chanter, il se séparoit en deux demi-chœurs, qui ne parloient non plus chacun de leur côté que par un seul organe, afin que l'auditeur pût entendre ce qu'ils disoient, et s'instruire de ce qu'il falloit qu'il apprît pour l'intelligence de l'action.

Je réduis ce prologue à notre premier acte, suivant l'intention d'Aristote ; et pour suppléer en quelque façon à ce qu'il ne nous a pas dit, ou que les années nous ont dérobé de son livre, je dirai qu'il doit contenir les semences de tout ce qui doit arriver, tant pour l'action principale, que pour les épisodiques ; en sorte qu'il n'entre aucun acteur dans les actes suivants, qu'il ne soit connu par ce premier, ou du moins appelé par quelqu'un qui y aura été introduit. Cette maxime est nouvelle et assez sévère, et je ne l'ai pas toujours gardée ; mais j'estime qu'elle sert beaucoup à fonder une véritable unité d'action, par la liaison de toutes celles qui concourent dans le poëme. Les anciens s'en sont fort écartés, particulièrement dans les agnitions, pour lesquelles ils se sont presque toujours servis de gens qui survenoient par hasard au cinquième acte, et ne seroient arrivés qu'au dixième, si la pièce en eût eu dix. Tel est ce vieillard de Corinthe dans l'OEdipe de Sophocle et de Sénèque, où il semble tomber des nues par miracle, en un temps où les acteurs ne sauroient plus par où en prendre, ni quelle posture tenir, s'il arrivoit une heure plus tard. Je ne l'ai introduit qu'au cinquième acte non plus qu'eux; mais j'ai préparé sa venue dès le premier, en faisant dire à OEdipe qu'il attend dans le jour la nouvelle de la mort de son père. Ainsi dans la Veuve, bien que Célidan ne paroisse qu'au troisième, il y est amené par Alcidon, qui est du premier. Il n'en est pas de même des Maures dans le Cid, pour lesquels il n'y a aucune préparation au premier acte. Le plaideur de Poitiers, dans le Menteur, avoit le même défaut; mais j'ai trouvé le moyen d'y remédier en cette édition, où le dénouement se trouve préparé par Philiste, et non plus par lui.

Je voudrois donc que le premier acte contînt le fondement de toutes les actions, et fermât la porte à tout ce qu'on voudroit introduire d'ailleurs dans le reste du poëme. Encore que souvent il ne donne pas toutes les lumières nécessaires pour l'entière intelligence du sujet, et que tous les acteurs n'y pa-

roissent pas, il suffit qu'on y parle d'eux, ou que
ceux qu'on y fait paroître aient besoin de les aller
chercher, pour venir à bout de leurs intentions.
Ce que je dis ne se doit entendre que des personnages qui agissent dans la pièce par quelque propre
intérêt considérable, ou qui apportent une nouvelle
importante qui produit un notable effet. Un domes-
tique qui n'agit que par l'ordre de son maître, un
confident qui reçoit le secret de son ami, et le
plaint dans son malheur, un père qui ne se montre
que pour consentir ou contredire le mariage de ses
enfants, une femme qui console et conseille son
mari ; en un mot, tous ces gens sans action n'ont
point besoin d'être insinués au premier acte ; et
quand je n'y aurois point parlé de Livie dans Cinna,
j'aurois pu la faire entrer au quatrième, sans pécher
contre cette règle. Mais je souhaiterois qu'on l'ob-
servât inviolablement, quand on fait concourir
deux actions différentes, bien qu'ensuite elles se
mêlent ensemble. La conspiration de Cinna et la
consultation d'Auguste avec lui et Maxime, n'ont
aucune liaison entre elles, et ne font que concourir
d'abord, bien que le résultat de l'une produise de
beaux effets pour l'autre, et soit cause que Maxime
en fait découvrir le secret à cet empereur. Il a été
besoin d'en donner l'idée dès le premier acte, où
Auguste mande Cinna et Maxime. On n'en sait pas
la cause ; mais enfin il les mande, et cela suffit
pour faire une surprise très-agréable, de le voir délibérer s'il quittera l'empire, ou non, avec deux

hommes qui ont conspiré contre lui. Cette surprise auroit perdu la moitié de ses grâces, s'il ne les eût point mandés dès le premier acte, ou si on n'y eût point connu Maxime pour un des chefs de ce grand dessein. Dans Don Sanche, le choix que la reine de Castille doit faire d'un mari, et le rappel de celle d'Aragon dans ses états, sont deux choses tout-à-fait différentes ; aussi sont-elles proposées toutes deux au premier acte ; et quand on introduit deux sortes d'amour, il ne faut jamais y manquer.

Ce premier acte s'appeloit prologue du temps d'Aristote ; et communément on y faisoit l'ouverture du sujet, pour instruire le spectateur de tout ce qui s'étoit passé avant le commencement de l'action qu'on alloit représenter, et de tout ce qu'il falloit qu'il sût pour comprendre ce qu'il alloit voir. La manière de donner cette intelligence a changé suivant les temps. Euripide en a usé assez grossièrement, en introduisant tantôt un dieu dans une machine, par qui les spectateurs recevoient cet éclaircissement, et tantôt un de ses principaux personnages qui les en instruisoit lui-même ; comme dans son Iphigénie et dans son Hélène, où ces deux héroïnes racontent d'abord toute leur histoire, et l'apprennent à l'auditeur, sans avoir aucun acteur avec elles à qui adresser leur discours.

Ce n'est pas que je veuille dire que quand un acteur parle seul, il ne puisse instruire l'auditeur de beaucoup de choses ; mais il faut que ce soit par les sentiments d'une passion qui l'agite, et non pas par une simple narration. Le monologue d'Émilie, qui ouvre le théâtre dans Cinna, fait assez connoître qu'Auguste a fait mourir son père, et que, pour venger sa mort, elle engage son amant à conspirer contre lui; mais c'est par le trouble et la crainte que le péril où elle expose Cinna jette dans son âme, que nous en avons la connoissance. Surtout le poëte se doit souvenir que quand un acteur est seul sur le théâtre, il est présumé ne faire que s'entretenir en lui-même, et ne parle qu'afin que le spectateur sache de quoi il s'entretient, et à quoi il pense. Ainsi ce seroit une faute insupportable, si un autre acteur apprenoit par-là ses secrets. On excuse cela dans une passion si violente, qu'elle le force d'éclater, bien qu'on n'ait personne à qui la faire entendre; et je ne le voudrois pas condamner en un autre, mais j'aurois de la peine à me le souffrir.

Plaute a cru remédier à ce désordre d'Euripide, en introduisant un prologue détaché, qui se récitoit par un personnage qui n'avoit quelquefois autre nom que celui de prologue, et n'étoit point du tout du corps de la pièce. Aussi ne parloit-il qu'aux spectateurs, pour les instruire de ce qui avoit précédé, et amener le sujet jusqu'au premier acte, où commençoit l'action.

Térence, qui est venu depuis lui, a gardé ces prologues, et en a changé la matière. Il les a employés à faire son apologie contre ses envieux; et, pour ouvrir son sujet, il a introduit une nouvelle sorte de personnages, qu'on a appelés protatiques, parce qu'ils ne paroissent que dans la protase, où se doit faire la proposition et l'ouverture du sujet. Ils en écoutoient l'histoire, qui leur étoit racontée par un autre acteur; et par ce récit qu'on leur en faisoit, l'auditeur demeuroit instruit de ce qu'il devoit savoir touchant les intérêts des premiers acteurs, avant qu'ils parussent sur le théâtre. Tels sont Sosie dans son Andrienne, et Davus dans son Phormion, qu'on ne revoit plus après la narration, et qui ne servent qu'à l'écouter. Cette méthode est fort artificieuse; mais je voudrois, pour sa perfection, que ces mêmes personnages servissent encore à quelque autre chose dans la pièce, et qu'ils y fussent introduits par quelque autre occasion que celle d'écouter le récit. Pollux, dans Médée, est de cette nature. Il passe par Corinthe en allant au mariage de sa sœur, et s'étonne d'y rencontrer Jason, qu'il croyoit en Thessalie; il apprend de lui sa fortune, et son divorce avec Médée, pour épouser Créüse, qu'il aide ensuite à sauver des mains d'Egée, qui l'avoit fait enlever, et raisonne avec le roi sur la défiance qu'il doit avoir des présens de Médée. Toutes les pièces n'ont pas besoin de ces éclaircissements, et par conséquent on se peut passer souvent de ces personnages, dont Térence ne s'est servi que ces deux fois dans les six comédies que nous avons de lui.

Notre siècle a inventé une autre espèce de prologue pour les pièces de machines, qui ne touche point au sujet, et n'est qu'une louange adroite du prince, devant qui ces poëmes doivent être représentés. Dans l'Andromède, Melpomène emprunte au soleil ses rayons pour éclairer son théâtre en faveur du roi, pour qui elle a préparé un spectacle magnifique. Le prologue de la Toison d'Or sur le mariage de Sa Majesté, et la paix avec l'Espagne, a quelque chose encore de plus éclatant. Ces prologues doivent avoir beaucoup d'invention, et je ne pense pas qu'on y puisse raisonnablement introduire que des dieux imaginaires de l'antiquité, qui ne laissent pas toutefois de parler des choses de notre temps, par une fiction poétique qui fait un grand accommodement de théâtre.

L'épisode, selon Aristote en cet endroit, sont nos trois actes du milieu; mais comme il applique ce nom ailleurs aux actions qui sont hors de la principale, et qui lui servent d'un ornement dont elle se pourroit passer, je dirai que bien que ces trois actes s'appellent épisode, ce n'est pas à dire qu'ils ne soient composés que d'épisodes. La consultation d'Auguste au second acte de Cinna, les remords de cet ingrat, ce qu'il en découvre à Émilie, et l'effort que fait Maxime pour persuader à cet objet de son amour caché de s'enfuir avec lui, ne sont que des épisodes; mais l'avis que fait donner Maxime par Euphorbe à l'empereur, les irrésolutions de ce prince, et les conseils de Livie, sont de l'action principale; et dans Héraclius ces trois actes ont plus d'action principale que d'épisodes.

SUR LE POEME DRAMATIQUE.

Ces épisodes sont de deux sortes, et peuvent être composés des actions particulières des principaux acteurs, dont toutefois l'action principale pourroit se passer, ou des intérêts des seconds amants qu'on introduit, et qu'on appelle communément des personnages épisodiques. Les uns et les autres doivent avoir leur fondement dans le premier acte, et être attachés à l'action principale, c'est-à-dire y servir de quelque chose; et particulièrement ces personnages épisodiques doivent s'embarrasser si bien avec les premiers, qu'une seule intrigue brouille les uns et les autres. Aristote blâme fort les épisodes détachés, et dit *que les mauvais poëtes en font par ignorance, et les bons en faveur des comédiens, pour leur donner de l'emploi.* L'infante du Cid est de ce nombre, et on la pourra condamner ou lui faire grâce par ce texte d'Aristote, suivant le rang qu'on voudra me donner parmi nos modernes.

Je ne dirai rien de l'exode, qui n'est autre chose que notre cinquième acte. Je pense en avoir expliqué le principal emploi, quand j'ai dit que l'action du poëme dramatique doit être complète. Je n'y ajouterai que ce mot; qu'il faut, s'il se peut, lui réserver toute la catastrophe, et même la reculer vers la fin autant qu'il est possible. Plus on la diffère, plus les esprits demeurent suspendus, et l'impatience qu'ils ont de savoir de quel côté elle tournera, est cause qu'ils la reçoivent avec plus de plaisir; ce qui n'arrive pas quand elle commence avec cet acte. L'auditeur qui la sait trop tôt, n'a plus de curiosité; et son attention languit durant tout le reste, qui ne lui apprend rien de nouveau. Le contraire s'est vu dans la Mariane, dont la mort, bien qu'arrivée dans l'intervalle qui sépare le quatrième acte du cinquième, n'a pas empêché que les déplaisirs d'Hérode, qui occupent tout ce dernier, n'aient plu extraordinairement. Mais je ne conseillerois à personne de s'assurer sur cet exemple. Il ne se fait pas des miracles tous les jours; et quoique son auteur eût bien mérité ce beau succès par le grand effort d'esprit qu'il avoit fait à peindre les désespoirs de ce monarque, peut-être que l'excellence de l'acteur, qui en soutenoit le personnage, y contribuoit beaucoup.

Voilà ce qui m'est venu en pensée touchant le but, les utilités et les parties du poëme dramatique. Quelques personnes de condition, qui peuvent tout sur moi, ont voulu que je donnasse mes sentiments au public, sur les règles d'un art qu'il y a si long-temps que je pratique assez heureusement. Pour observer quelque ordre, j'ai séparé les principales matières en trois discours. Dans le premier j'ai traité de l'utilité et des parties du poëme dramatique; je parle au second des conditions particulières de la tragédie, des qualités des personnes et des événements qui lui peuvent fournir de sujet, et de la manière de le traiter selon le vraisemblable ou le nécessaire. Je m'explique dans le troisième sur les trois unités, d'action, de jour et de lieu.

Cette entreprise méritoit une longue et très-exacte étude de tous les poëmes qui nous restent de l'antiquité, et de tous ceux qui ont commenté les traités qu'Aristote et Horace ont faits de l'art poétique, ou qui en ont écrit en particulier; mais je n'ai pu me résoudre à en prendre le loisir, et je m'assure que beaucoup de mes lecteurs me pardonneront aisément cette paresse, et ne seront pas fâchés que je donne à des productions nouvelles le temps qu'il m'eût fallu consumer à des remarques sur celles des autres siècles. J'y fais quelques courses, et y prends des exemples quand ma mémoire m'en peut fournir. Je n'en cherche de modernes que chez moi, tant parce que je connois mieux mes ouvrages que ceux des autres, et en suis plus le maître, que parce que je ne veux pas m'exposer au péril de déplaire à ceux que je reprendrois en quelque chose, ou que je ne louerois pas assez en ce qu'ils ont fait d'excellent. J'écris sans ambition, et sans esprit de contestation, je l'ai déjà dit. Je tâche de suivre toujours le sentiment d'Aristote dans les matières qu'il a traitées; et comme peut-être je l'entends à ma mode, je ne suis point jaloux qu'un autre l'entende à la sienne. Le commentaire dont je m'y sers le plus, est l'expérience du théâtre, et les réflexions sur ce que j'ai vu y plaire ou déplaire. J'ai pris pour m'expliquer un style simple, et me contente d'une expression nue de mes opinions, bonnes ou mauvaises, sans y chercher aucun enrichissement d'éloquence. Il me suffit de me faire entendre. Je ne prétends pas qu'on admire ici ma façon d'écrire, et ne fais point scrupule de m'y servir souvent des mêmes termes, ne fût-ce que pour épargner le temps d'en chercher d'autres, dont peut-être la variété ne diroit pas si justement ce que je veux dire. J'ajoute à ces trois discours généraux l'examen de chacun de mes poëmes en particulier, afin de voir en quoi ils s'écartent ou se conforment aux règles que j'établis. Je n'en dissimulerai point les défauts, et en revanche je me donnerai la liberté de remarquer ce que j'y trouverai de moins imparfait. Balzac accorde ce privilége à une certaine espèce de gens, et soutient qu'ils peuvent dire d'eux-mêmes par franchise ce que d'autres diroient par vanité. Je ne sais si j'en suis, mais je veux avoir assez bonne opinion de moi pour n'en désespérer pas.

A MADAME
DE COMBALET.[a]

Madame,

Ce portrait vivant que je vous offre, représente un héros assez reconnoissable aux lauriers dont il est couvert. Sa vie a été une suite continuelle de victoires; son corps, porté dans son armée, a gagné des batailles après sa mort; et son nom, au bout de six cents ans, vient encore triompher en France. Il y a trouvé une réception trop favorable pour se repentir d'être sorti de son pays, et d'avoir appris à parler une autre langue que la sienne. Ce succès a passé mes plus ambitieuses espérances, et m'a surpris d'abord; mais il a cessé de m'étonner depuis que j'ai vu la satisfaction que vous avez témoignée quand il a paru devant vous. Alors j'ai osé me promettre de lui tout ce qui en est arrivé, et j'ai cru qu'après les éloges dont vous l'avez honoré, cet applaudissement universel ne lui pouvoit manquer. Et véritablement, Madame, on ne peut douter avec raison de ce que vaut une chose qui a le bonheur de vous plaire; le

---

[a] Marie-Magdeleine de Vignerot, fille de la sœur du cardinal, et de René de Vignerot, seigneur de Pont-Courley. Elle épousa le marquis du Roure de Combalet, et fut dame d'atours de la reine; elle devint duchesse d'Aiguillon, de son chef, sur la fin de 1637.

ÉPITRE DÉDICATOIRE.

jugement que vous en faites est la marque assurée de son prix : et comme vous donnez toujours libéralement aux véritables beautés l'estime qu'elles méritent, les fausses n'ont jamais le pouvoir de vous éblouir. Mais votre générosité ne s'arrête pas à des louanges stériles pour les ouvrages qui vous agréent ; elle prend plaisir à s'étendre utilement sur ceux qui les produisent, et ne dédaigne point d'employer en leur faveur ce grand crédit que votre qualité et vos vertus vous ont acquis. J'en ai ressenti des effets qui me sont trop avantageux pour m'en taire, et je ne vous dois pas moins de remercîments pour moi que pour le Cid. C'est une reconnoissance qui m'est glorieuse, puisqu'il m'est impossible de publier que je vous ai de grandes obligations, sans publier en même temps que vous m'avez assez estimé pour vouloir que je vous en eusse. Aussi, Madame, si je souhaite quelque durée pour cet heureux effort de ma plume, ce n'est point pour apprendre mon nom à la postérité, mais seulement pour laisser des marques éternelles de ce que je vous dois, et faire lire à ceux qui naîtront dans les autres siècles la protestation que je fais d'être toute ma vie,

MADAME,

Votre très-humble, très-obéissant
et très-obligé serviteur,
P. CORNEILLE.

PRÉFACE

DE

CORNEILLE.

Mariana, l. 4.º de la Historia de Espana, c. 5.º

Avia pocos dias antes hecho campo con D. Gomes, conde de Gormas. Venciòle, y diòle la muerte. Lo que resultò d'este caso, fue que casò con donna Ximena, hija y heredera del mismo conde. *a* Ella misma requiriò al rey que se le diesse por marido (ya estava muy prendada de sus partes), ò le castigasse conforme à las leyes, por la muerte que diò à su padre. Hizòse el casamiento, que à todos estava à cuento, con el qual por el gran dote de su esposa, que se allegò al estado que el tenia de su padre, se aumentò en poder y riquezas.

Voilà ce qu'a prêté l'histoire à D. Guilain de Castro, qui a mis ce fameux événement sur le théâtre avant moi. Ceux qui entendent l'espagnol y remarqueront deux circonstances : l'une, que Chimène, ne pouvant s'empêcher de reconnoître

---

a Ces paroles de Mariana suffisent pour justifier Corneille : « Chimène demanda au roi qu'il fît punir le Cid suivant les lois, ou qu'il le lui donnât pour époux. »

On voit combien la vérité historique est adoucie dans la tragédie.

et d'aimer les belles qualités qu'elle voyoit en don Rodrigue, quoiqu'il eût tué son père (estava prendada de sus partes), alla proposer elle-même au roi cette généreuse alternative, ou qu'il le lui donnât pour mari, ou qu'il le fît punir suivant les lois; l'autre, que ce mariage se fît au gré de tout le monde (à todos estava à cuento). Deux chroniques du Cid ajoutent qu'il fut célébré par l'archevêque de Séville, en présence du roi et de toute sa cour; mais je me suis contenté du texte de l'historien, parce que toutes les deux ont quelque chose qui sent le roman, et peuvent ne persuader pas davantage que celles que nos François ont faites de Charlemagne et de Roland. Ce que j'ai rapporté de Mariana suffit pour faire voir l'état qu'on fit de Chimène et de son mariage dans son siècle même, où elle vécut en un tel éclat, que les rois d'Aragon et de Navarre tinrent à honneur d'être ses gendres, en épousant ses deux filles. Quelques-unes ne l'ont pas si bien traitée dans le nôtre; et sans parler de ce qu'on a dit de la Chimène du théâtre, celui qui a composé l'histoire d'Espagne en françois l'a notée dans son livre de s'être tôt et aisément consolée de la mort de son père, et a voulu taxer de légèreté une action qui fut imputée à grandeur de courage par ceux qui en furent les témoins. Deux romances espagnoles, que je vous donnerai ensuite de cet avertissement, parlent encore plus en sa faveur. Ces sortes de petits poëmes sont comme des originaux décousus de leurs anciennes histoires; et je

DE CORNEILLE.

serois ingrat envers la mémoire de cette héroïne, si, après l'avoir fait connoître en France, et m'y être fait connoître par elle, je ne tâchois de la tirer de la honte qu'on lui a voulu faire parce qu'elle a passé par mes mains. Je vous donne donc ces pièces justificatives de la réputation où elle a vécu, sans dessein de justifier la façon dont je l'ai fait parler françois. Le temps l'a fait pour moi, et les traductions qu'on en a faites en toutes les langues qui servent aujourd'hui à la scène, et chez tous les peuples où l'on voit des théâtres, je veux dire en italien, flamand et anglois, sont d'assez glorieuses apologies contre tout ce qu'on en a dit. Je n'y ajouterai pour toute chose qu'environ une douzaine de vers espagnols qui semblent faits exprès pour la défendre. Ils sont du même auteur qui l'a traitée avant moi, D. Guilain de Castro, qui, dans une autre comédie qu'il intitule *Engannarse, engannando,* fait dire à une princesse de Béarn :

>   A mirar
> Bien el mondo, que el tener
> Apetitos que vencer,
> Y ocasiones que dexar.
>
> Examinan el valor
> En la muger, yo dixera
> Lo que siento, porque fuera
> Luzimiento de mi honor.
>
> Pero malicias fundadas
> En honras mal entendidas
> De tentaciones vencidas
> Haz en culpas declaradas :

PRÉFACE

> Y assi la que el dessear
> Con el resistir apunta :
> Vence dos vezes, si junta
> Con et resistir el callar.

C'est, si je ne me trompe, comme agit Chimène dans mon ouvrage en présence du roi et de l'infante. Je dis en présence du roi et de l'infante, parce que quand elle est seule, ou avec sa confidente, ou avec son amant, c'est une autre chose. Ses mœurs sont inégalement égales, pour parler en termes de notre Aristote, et changent suivant les circonstances des lieux, des personnes, des temps et des occasions, en conservant toujours le même principe.

Au reste, je me sens obligé de désabuser le public de deux erreurs qui s'y sont glissées touchant cette tragédie, et qui semblent avoir été autorisées par mon silence. La première est que j'aie convenu de juges touchant son mérite, et m'en sois rapporté au sentiment de ceux qu'on a priés d'en juger. Je m'en tairois encore, si ce faux bruit n'avoit été jusque chez M. de Balzac dans sa province, ou, pour me servir de ses paroles mêmes, dans son désert, et si je n'en avois vu depuis peu les marques dans cette admirable lettre qu'il a écrite sur ce sujet, et qui ne fait pas la moindre richesse des deux derniers trésors qu'il nous a donnés. Or, comme tout ce qui part de sa plume regarde toute la postérité, maintenant que mon nom est assuré de passer jusqu'à elle dans cette lettre incomparable, il me seroit honteux qu'il y passât avec cette tache, et qu'on pût à jamais me reprocher d'avoir compromis de ma réputation. C'est une chose qui jusqu'à présent est sans exemple; et de tous ceux qui ont été attaqués comme moi, aucun, que je sache, n'a eu assez de foiblesse pour convenir d'arbitres avec ses censeurs; et s'ils ont laissé tout le monde dans la liberté publique d'en juger, ainsi que j'ai fait, ç'a été sans s'obliger, non plus que moi, à en croire personne ; outre que, dans la conjoncture où étoient lors les affaires du Cid, il ne falloit pas être grand devin pour prévoir ce que nous en avons vu arriver. A moins que d'être tout-à-fait stupide, on ne pouvoit pas ignorer que comme les questions de cette nature ne concernent ni la religion, ni l'état, on en peut décider par les règles de la prudence humaine, aussi bien que par celles du théâtre, et tourner sans scrupule le sens du bon Aristote du côté de la politique. Ce n'est pas que je sache si ceux qui ont jugé du Cid en ont jugé suivant leur sentiment ou non, ni même que je veuille dire qu'ils en aient bien ou mal jugé, mais seulement que ce n'a jamais été de mon consentement qu'ils en ont jugé, [a] et que peut-être je l'aurois justifié sans beaucoup de peine, si la même raison qui les a fait parler ne m'avoit obligé à me

[a] Cette déclaration, contraire à l'assertion de Fontenelle, prouve que l'Académie n'a pas cru avoir besoin du consentement de Corneille pour donner ses sentiments sur le Cid. *(note de l'Éditeur)*

taire. Aristote ne s'est pas expliqué si clairement dans sa poétique, que nous n'en puissions faire ainsi que les philosophes, qui le tirent chacun à leur parti dans leurs opinions contraires; et comme c'est un pays inconnu pour beaucoup de monde, les plus zélés partisans du Cid en ont cru ses censeurs sur leur parole, et se sont imaginé avoir pleinement satisfait à toutes leurs objections, quand ils ont soutenu qu'il importoit peu qu'il fût selon les règles d'Aristote, et qu'Aristote en avoit fait pour son siècle et pour les Grecs, et non pas pour le nôtre et pour des François.

Cette seconde erreur, que mon silence a affermie, n'est pas moins injurieuse à Aristote qu'à moi. Ce grand homme a traité la poétique avec tant d'adresse et de jugement, que les préceptes qu'il nous en a laissés sont de tous les temps et de tous les peuples; et bien loin de s'amuser au détail des bienséances et des agréments, qui peuvent être divers selon que ces deux circonstances sont diverses, il a été droit aux mouvements de l'âme, dont la nature ne change point. Il a montré quelles passions la tragédie doit exciter dans celles de ses auditeurs; il a cherché quelles conditions sont nécessaires, et aux personnes qu'on introduit, et aux événements qu'on représente, pour les y faire naître; il en a laissé des moyens qui auroient produit leur effet par-tout dès la création du monde, et qui seront capables de le produire encore par-tout, tant qu'il y aura des théâtres et des acteurs; et pour le reste, que les lieux et les temps peuvent changer, il l'a négligé, et n'a pas même prescrit le nombre des actes, qui n'a été réglé que par Horace beaucoup après lui.

Et certes je serois le premier qui condamnerois le Cid, s'il péchoit contre ces grandes et souveraines maximes que nous tenons de ce philosophe ; mais bien loin d'en demeurer d'accord, j'ose dire que cet heureux poëme n'a si extraordinairement réussi, que parce qu'on y voit les deux maîtresses conditions, permettez-moi cette épithète, que demande ce grand maître aux excellentes tragédies, et qui se trouvent si rarement assemblées dans un même ouvrage, qu'un des plus doctes commentateurs de ce divin traité qu'il en a fait, soutient que toute l'antiquité ne les a vues se rencontrer que dans le seul Œdipe. La première est que celui qui souffre et est persécuté, ne soit ni tout méchant, ni tout vertueux, mais un homme plus vertueux que méchant, qui, par quelque trait de foiblesse humaine qui ne soit pas un crime, tombe dans un malheur qu'il ne mérite pas : l'autre, que la persécution et le péril ne viennent point d'un ennemi, ni d'un indifférent, mais d'une personne qui doive aimer celui qui souffre et en être aimée. Et voilà, pour en parler pleinement, la véritable et seule cause de tout le succès du Cid, en qui l'on ne peut méconnoître ces deux conditions, sans s'aveugler soi-même pour lui faire injustice. J'achève donc en m'acquittant de ma parole ; et après vous avoir dit, en passant, ces deux mots pour le Cid du théâtre, je

PRÉFACE

vous donne, en faveur de la Chimène de l'histoire, les deux romances que je vous ai promises.

J'oubliois à vous dire que quantité de mes amis ayant jugé à propos que je rendisse compte au public de ce que j'avois emprunté de l'auteur espagnol dans cet ouvrage, et m'ayant témoigné le souhaiter, j'ai bien voulu leur donner cette satisfaction. Vous trouverez donc tout ce que j'en ai traduit imprimé d'une autre lettre, avec un chiffre au commencement, qui servira de marque de renvoi pour trouver les vers espagnols au bas de la même page. [a] Je garderai ce même ordre dans la *Mort de Pompée* pour les vers de Lucain : ce qui n'empêchera pas que je ne continue aussi ce même changement de lettre, toutes les fois que mes acteurs rapportent quelque chose qui s'est dit ailleurs que sur le théâtre ; ou vous n'imputerez rien qu'à moi si vous n'y voyez ce chiffre pour marque et le texte d'un autre auteur au-dessous.

[a] Corneille ayant supprimé depuis, dans une édition faite sous ses yeux, les passages dont il parle, on a cru ne devoir pas les donner.

ROMANCE PRIMERO.

Delante el rey de Leon
Donna Ximena una tarde
Se pone à pedir justicia
Por la muerte de su padre.

Para contra el Cid la pide,
Don Rodrigo de Bivare,
Que huerfana la dexò,
Ninna, y de muy poca edade.

Si tengo razon, o non,
Bien, rey, lo alcanças, y sabes
Que los negocios de honra
No pueden disimularse.

Cada dia que amanece,
Veo al lobo de mi sangre
Cavallero en un cavallo
Por darme mayor pesare.

Mandale, buen rey, pues puedes,
Que no me ronde mi calle,
Que no se venga en mugeres
El hombre que mucho vale.

Si mi padre afrentò al suyo,
Bien ha vengado a su padre;
Que si honras pagaron muertes,
Para su disculpa bastan.

Encomendada me tienes,
No consientas que me agravien,
Que el que a mi se fiziere
A tu corona se faze.

Calledes, donna Ximena,
Que me dades pena grande,
Que yo dare buen remedio
Para todos vuestros males.

Al Cid no le he de ofender,
Que es hombre que mucho vale;
Y me defiende mis reynos,
Y quiero que me los guarde.

Pero yo farè un partido
Con el, que no os este male,
De tomalle la palabra
Para que con vos se case.

Contenta quedò Ximena,
Con la merced que le faze,
Que quien huerfana la fizò
Aquesse mismo la ampare.

ROMANCE SEGUNDO.

A Ximena y a Rodrigo
Prendiò el rey palabra, y mano,
De juntarlos para en uno
En presencia de Layn Calvo.

Las enemistades viejas
Con amor se conformaron,
Que donde preside el amor
Se olvidan muchos agravios.

Llegaron juntos los novios,
Y al dar la mano, y abraço,
El Cid mirando à la novia
Le dixò todo turbado:

« Matè à tu padre, Ximena,
Pero no à desaguisado,
Matele de hombre à hombre,
Para vengar cierto agravio:

Matè hombre, y hombre doy,
Aqui estey a tu mandado,
Y en lugar del muerto padre
Cobraste un marido honrado. »

A todos pareciò bien,
Su discrecion alabaron,
Y assi se hizieron las bodas
De Rodrigo el Castellano.

PERSONNAGES.

D. FERNAND, premier roi de Castille.
D. URRAQUE, infante de Castille.
D. DIÈGUE, père de don Rodrigue.
D. GOMÈS, comte de Gormas, père de Chimène.
CHIMÈNE, fille de don Gomès.
D. RODRIGUE, fils de don Diègue, et amant de Chimène.
D. SANCHE, amoureux de Chimène.
D. ARIAS, } gentilshommes castillans.
D. ALONSE,
LÉONOR, gouvernante de l'infante.
ELVIRE, gouvernante de Chimène.
UN PAGE de l'infante.

La scène est à Séville.

LE CID,

TRAGÉDIE.

ACTE PREMIER.

SCÈNE I.ère [a]

CHIMÈNE, ELVIRE.

CHIMÈNE.

Elvire, m'as-tu fait un rapport bien sincère ?
Ne déguises-tu rien de ce qu'a dit mon père ?

---

[a] Voltaire a fait plusieurs remarques sur des vers qui peuvent se trouver dans les premières éditions des pièces de Corneille, mais qui ne sont pas dans la dernière, faite sous ses yeux en 1682 ; c'est celle-ci que nous avons suivie, parce qu'elle renferme le texte définitivement approuvé par l'auteur. Il en résulte que celui que nous donnons n'amène pas toutes les remarques du commentateur. Cependant nous avons dû les présenter, tant pour ne point tronquer son ouvrage, que pour ne pas offrir une disparate avec les éditions existantes. Le moyen que nous avons cru devoir employer, a été de laisser subsister les n.º de ces remarques, sauf à ne leur pas donner une suite régulière dans le texte. Nous y avons passé celles que le commentateur n'auroit pas dû se permettre, puisque les vers qu'elles attaquent étoient censés n'avoir jamais été imprimés. Cela nécessite un vide, même un désordre dans les n.º indicatifs des remarques sur la première scène du Cid, où l'on trouve les n.º 3 et 4 sans avoir rencontré les deux premiers.

ELVIRE.

Tous mes sens à moi-même en sont encor charmés :
Il estime Rodrigue autant que vous l'aimez ;
Et, si je ne m'abuse à lire dans son âme,
Il vous commandera de répondre à sa flamme.

CHIMÈNE.

Dis-moi donc, je te prie, une seconde fois,
Ce qui te fait juger qu'il approuve mon choix.
Apprends-moi de nouveau quel espoir j'en dois prendre :
Un si charmant discours ne se peut trop entendre.
Tu ne peux trop promettre aux feux de notre amour
La douce liberté de se montrer au jour.
Que t'a-t-il répondu sur la secrète brigue
Que font auprès de toi don Sanche et don Rodrigue ?
N'as-tu point trop fait voir quelle inégalité
Entre ces deux amants me penche d'un côté ?

ELVIRE.

Non : j'ai peint votre cœur dans une indifférence
Qui n'enfle d'aucun d'eux ni n'abat l'espérance,
Et, sans les voir d'un œil trop sévère ou trop doux,
Attend l'ordre d'un père à choisir un époux.
Ce respect l'a ravi ; sa bouche et son visage
M'en ont donné sur l'heure un digne témoignage ;
Et puisqu'il faut encor vous en faire un récit,
Voici d'eux et de vous ce qu'en hâte il m'a dit :
Elle est dans le devoir; tous deux sont dignes d'elle;
Tous deux formés d'un sang noble, vaillant, fidèle;
Jeunes, mais qui font lire aisément dans leurs yeux
L'éclatante vertu de leurs braves aïeux.

ACTE I, SCÈNE I.

Don Rodrigue, sur-tout, n'a trait en son visage
Qui d'un homme de cœur ne soit la haute image,
Et sort d'une maison si féconde en guerriers,
Qu'ils y prennent naissance au milieu des lauriers.
La valeur de son père, en son temps sans pareille,
Tant qu'a duré sa force, a passé pour merveille. [3]
Ses rides sur son front ont gravé ses exploits, [4]
Et nous disent encor ce qu'il fut autrefois.
Je me promets du fils ce que j'ai vu du père;
Et ma fille, en un mot, peut l'aimer et me plaire.
Il alloit au conseil, dont l'heure qui pressoit
A tranché ce discours qu'à peine il commençoit;
Mais à ce peu de mots, je crois que sa pensée
Entre vos deux amants n'est pas fort balancée.
Le roi doit à son fils élire un gouverneur,
Et c'est lui que regarde un tel degré d'honneur:
Ce choix n'est pas douteux, et sa rare vaillance
Ne peut souffrir qu'on craigne aucune concurrence.
Comme ses hauts exploits le rendent sans égal,
Dans un espoir si juste il sera sans rival;
Et puisque don Rodrigue a résolu son père,
Au sortir du conseil, à proposer l'affaire, [2]
Je vous laisse à juger s'il prendra bien son temps,
Et si tous vos désirs seront bientôt contents!

Nota. Le n.º 2 et le n.º 3 qui le suit, renvoient aux remarques 2 et 3 de la deuxième scène, au moyen de ce que Voltaire n'a pas suivi la dernière édition de Corneille, dans laquelle cette deuxième scène fait partie de la première.

CHIMÈNE.

Il semble toutefois que mon âme troublée
Refuse cette joie, et s'en trouve accablée.
Un moment donné au sort des visages divers, ³
Et dans ce grand bonheur je crains un grand revers.

ELVIRE.

Vous verrez votre crainte heureusement déçue.

CHIMÈNE.

Allons, quoi qu'il en soit, en attendre l'issue.

SCÈNE II.

L'INFANTE, LÉONOR, UN PAGE.

L'INFANTE, au page.

« Page, allez avertir Chimène de ma part,
« Qu'aujourd'hui pour me voir elle attend un peu tard,
« Et que mon amitié se plaint de sa paresse.

(Le page rentre.)

LÉONOR.

« Madame, chaque jour même désir vous presse ;
« Et je vous vois pensive et triste chaque jour,
« Demander en quel point se trouve son amour.

L'INFANTE.

« Ce n'est pas sans sujet : je l'ai presque forcée
« A recevoir les traits dont son âme est blessée ;
« Elle aime don Rodrigue, et le tient de ma main,
« Et par moi don Rodrigue a vaincu son dédain :
« Ainsi de ces amants ayant formé les chaînes,
« Je dois prendre intérêt à voir finir leurs peines.

ACTE I, SCÈNE II.

LÉONOR.

« Madame, toutefois parmi leurs bons succès
« Vous montrez un chagrin qui va jusqu'à l'excès.
« Cet amour, qui tous deux les comble d'allégresse,
« Fait-il de ce grand cœur la profonde tristesse ?
« Et ce grand intérêt que vous prenez pour eux
« Vous rend-il malheureuse alors qu'ils sont heureux ?
« Mais je vais trop avant, et deviens indiscrète.

L'INFANTE.

« Ma tristesse redouble à la tenir secrète.
« Écoute, écoute enfin comme j'ai combattu,
« Écoute quels assauts brave encor ma vertu.
« L'amour est un tyran qui n'épargne personne.
« Ce jeune cavalier, cet amant que je donne,
« Je l'aime.

LÉONOR.

Vous l'aimez !

L'INFANTE.

Mets la main sur mon cœur,
« Et vois comme il se trouble au nom de son vainqueur,
« Comme il le reconnoît.

LÉONOR.

Pardonnez-moi, madame,
« Si je sors du respect pour blâmer cette flamme.
« Une grande princesse à ce point s'oublier,
« Que d'admettre en son cœur un simple cavalier !
« Et que diroit le roi ? que diroit la Castille ?
« Vous souvient-il encor de qui vous êtes fille ?

L'INFANTE.

« Il m'en souvient si bien, que j'épandrai mon sang
« Avant que je m'abaisse à démentir mon rang.
« Je te répondrois bien que, dans les belles âmes,
« Le seul mérite a droit de produire des flammes ;
« Et, si ma passion cherchoit à s'excuser,
« Mille exemples fameux pourroient l'autoriser :
« Mais je n'en veux point suivre où ma gloire s'engage :
« La surprise des sens n'abat point mon courage,
« Et je me dis toujours qu'étant fille de roi,
« Tout autre qu'un monarque est indigne de moi.
« Quand je vis que mon cœur ne se pouvoit défendre,
« Moi-même je donnai ce que je n'osois prendre ;
« Je mis, au lieu de moi, Chimène en ses liens,
« Et j'allumai leurs feux pour éteindre les miens.
« Ne t'étonne donc plus si mon âme gênée
« Avec impatience attend leur hyménée :
« Tu vois que mon repos en dépend aujourd'hui.
« Si l'amour vit d'espoir, il périt avec lui :
« C'est un feu qui s'éteint faute de nourriture ;
« Et, malgré la rigueur de ma triste aventure,
« Si Chimène a jamais Rodrigue pour mari,
« Mon espérance est morte, et mon esprit guéri.

« Je souffre cependant un tourment incroyable.
« Jusques à cet hymen Rodrigue m'est aimable :
« Je travaille à le perdre, et le perds à regret ;
« Et de là prend son cours mon déplaisir secret.
« Je vois avec chagrin que l'amour me contraigne
« A pousser des soupirs pour ce que je dédaigne ;

ACTE I, SCÈNE II.

« Je sens en deux partis mon esprit divisé.
« Si mon courage est haut, mon cœur est embrasé.
« Cet hymen m'est fatal ; je le crains et souhaite :
« Je n'ose en espérer qu'une joie imparfaite.
« Ma gloire et mon amour ont pour moi tant d'appas,
« Que je meurs s'il s'achève, ou ne s'achève pas.

LÉONOR.

« Madame, après cela je n'ai rien à vous dire,
« Sinon que de vos maux avec vous je soupire :
« Je vous blâmois tantôt, je vous plains à présent.
« Mais, puisque dans un mal si doux et si cuisant
« Votre vertu combat et son charme et sa force,
« En repousse l'assaut, en rejette l'amorce,
« Elle rendra le calme à vos esprits flottants.
« Espérez donc tout d'elle, et du secours du temps :
« Espérez tout du ciel ; il a trop de justice
« Pour laisser la vertu dans un si long supplice.

L'INFANTE.

« Ma plus douce espérance est de perdre l'espoir.

(Un page entre.)

LE PAGE.

« Par vos commandements Chimène vous vient voir.

L'INFANTE, à Léonor.

« Allez l'entretenir en cette galerie.

LÉONOR.

« Voulez-vous demeurer dedans la rêverie ?

L'INFANTE.

« Non ; je veux seulement, malgré mon déplaisir,
« Remettre mon visage un peu plus à loisir.
« Je vous suis.

(L'Infante seule.)
« Juste ciel d'où j'attends mon remède,
« Mets enfin quelque borne au mal qui me possède;
« Assure mon repos, assure mon honneur.
« Dans le bonheur d'autrui je cherche mon bonheur.
« Cet hyménée à trois également importe ;
« Rends son effet plus prompt, ou mon âme plus forte.
« D'un lien conjugal joindre ces deux amants,
« C'est briser tous mes fers, et finir mes tourments.
« Mais je tarde un peu trop; allons trouver Chimène,
« Et, par son entretien, soulager notre peine.

SCÈNE III.*

LE COMTE, D. DIÈGUE.

LE COMTE.

Enfin vous l'emportez, et la faveur du roi [1]
Vous élève en un rang qui n'étoit dû qu'à moi ;
Il vous fait gouverneur du prince de Castille.

D. DIÈGUE.

Cette marque d'honneur qu'il met dans ma famille
Montre à tous qu'il est juste, et fait connoître assez
Qu'il sait récompenser les services passés.

LE COMTE.

Pour grands que soient les rois, ils sont ce que nous sommes:
Ils peuvent se tromper comme les autres hommes;

---

* Cette scène étant la 7.e dans les remarques de Voltaire, c'est à cette dernière que correspondent les indications qui suivent.

ACTE I, SCÈNE III.

Et ce choix sert de preuve à tous les courtisans
Qu'ils savent mal payer les services présents.

D. DIÈGUE.

Ne parlons plus d'un choix dont votre esprit s'irrite :
La faveur l'a pu faire autant que le mérite.
Mais on doit ce respect au pouvoir absolu,
De n'examiner rien quand un roi l'a voulu.
A l'honneur qu'il m'a fait ajoutez-en un autre ;
Joignons d'un sacré nœud ma maison à la vôtre :
« Vous n'avez qu'une fille, et moi je n'ai qu'un fils ;
« Leur hymen nous peut rendre à jamais plus qu'amis;
« Faites-nous cette grâce, et l'acceptez pour gendre. [a]

LE COMTE.

A de plus hauts partis Rodrigue doit prétendre ; 4
Et le nouvel éclat de votre dignité
Lui doit enfler le cœur d'une autre vanité.
Exercez-la, monsieur, et gouvernez le prince ;
Montrez-lui comme il faut régir une province,
Faire trembler par-tout les peuples sous sa loi,
Remplir les bons d'amour, et les méchants d'effroi :
Joignez à ces vertus celles d'un capitaine ;
Montrez-lui comme il faut s'endurcir à la peine,
Dans le métier de Mars se rendre sans égal,
Passer les jours entiers et les nuits à cheval,
Reposer tout armé, forcer une muraille,
Et ne devoir qu'à soi le gain d'une bataille.

---

[a] Rodrigue aime Chimène, et ce digne sujet
De ses affections est le plus cher objet.
Consentez-y, monsieur, et l'acceptez pour gendre.

« Instruisez-le d'exemple, et rendez-le parfait,
« Expliquant à ses yeux vos leçons par l'effet. *

D. DIÈGUE.

Pour s'instruire d'exemple, en dépit de l'envie,
Il lira seulement l'histoire de ma vie.
Là, dans un long tissu de belles actions,
Il verra comme il faut domter des nations,
Attaquer une place, ordonner une armée,
Et sur de grands exploits bâtir sa renommée.

LE COMTE.

Les exemples vivants ont bien plus de pouvoir :
Un prince, dans un livre, apprend mal son devoir.
Et qu'a fait, après tout, ce grand nombre d'années,
Que ne puisse égaler une de mes journées?
Si vous fûtes vaillant, je le suis aujourd'hui ;
Et ce bras du royaume est le plus ferme appui.
Grenade et l'Aragon tremblent quand ce fer brille ;
Mon nom sert de rempart à toute la Castille :
Sans moi vous passeriez bientôt sous d'autres lois ;
Et vous auriez bientôt vos ennemis pour rois.
Chaque jour, chaque instant, pour rehausser ma gloire,
Met lauriers sur lauriers, victoire sur victoire.
Le prince à mes côtés feroit dans les combats
L'essai de son courage à l'ombre de mon bras ;
Il apprendroit à vaincre en me regardant faire ;
Et, pour répondre en hâte à son grand caractère,
Il verroit....

---

a Instruisez-le d'exemple, et vous ressouvenez
   Qu'il faut faire à ses yeux ce que vous enseignez.

ACTE I, SCÈNE III.

D. DIÈGUE.

Je le sais, vous servez bien le roi;
Je vous ai vu combattre et commander sous moi.
Quand l'âge dans mes nerfs a fait couler sa glace,
Votre rare valeur a bien rempli ma place :
Enfin, pour épargner les discours superflus,
Vous êtes aujourd'hui ce qu'autrefois je fus.
Vous voyez toutefois qu'en cette concurrence
Un monarque entre nous met quelque différence.

LE COMTE.

Ce que je méritois, vous l'avez emporté.

D. DIÈGUE.

Qui l'a gagné sur vous, l'avoit mieux mérité.

LE COMTE.

Qui peut mieux l'exercer, en est bien le plus digne.

D. DIÈGUE.

En être refusé, n'en est pas un bon signe.

LE COMTE.

Vous l'avez eu par brigue, étant vieux courtisan.

D. DIÈGUE.

L'éclat de mes hauts faits fut mon seul partisan.

LE COMTE.

Parlons-en mieux; le roi fait honneur à votre âge.

D. DIÈGUE.

Le roi, quand il en fait, le mesure au courage.

LE COMTE.

Et par-là cet honneur n'étoit dû qu'à mon bras.

D. DIÈGUE.

Qui n'a pu l'obtenir, ne le méritoit pas.

LE COMTE.
Ne le méritoit pas ! Moi ?
D. DIÈGUE.
Vous.
LE COMTE.
Ton impudence,
Téméraire vieillard, aura sa récompense. 5
(Il lui donne un soufflet.)
D. DIÈGUE, mettant l'épée à la main.
Achève, et prends ma vie après un tel affront,
Le premier dont ma race ait vu rougir son front.

LE COMTE.
Eh ! que penses-tu faire avec tant de foiblesse ?
D. DIÈGUE.
O Dieu ! ma force usée en ce besoin me laisse !
LE COMTE.
Ton épée est à moi ; mais tu serois trop vain,
Si ce honteux trophée avoit chargé ma main.
Adieu. Fais lire au prince, en dépit de l'envie,
Pour son instruction, l'histoire de ta vie :
D'un insolent discours ce juste châtiment
Ne lui servira pas d'un petit ornement. *a*

D. DIÈGUE.
a Épargnes-tu mon sang ?
LE COMTE.
Mon âme est satisfaite ;
Et mes yeux à ma main reprochent ta défaite.
D. DIÈGUE.
Tu dédaignes ma vie !
LE COMTE.
En arrêter le cours
Ne seroit que hâter la Parque de trois jours.

SCÈNE IV.

D. DIÈGUE.

O RAGE! ô désespoir! ô vieillesse ennemie!
N'ai-je donc tant vécu que pour cette infamie?
Et ne suis-je blanchi dans les travaux guerriers,
Que pour voir en un jour flétrir tant de lauriers?
Mon bras, qu'avec respect toute l'Espagne admire,
Mon bras, qui tant de fois a sauvé cet empire,
Tant de fois affermi le trône de son roi,
Trahit donc ma querelle, et ne fait rien pour moi!
O cruel souvenir de ma gloire passée!
OEuvre de tant de jours en un jour effacée!
Nouvelle dignité fatale à mon bonheur!
Précipice élevé d'où tombe mon honneur!
Faut-il de votre éclat voir triompher le comte,
Et mourir sans vengeance, ou vivre dans la honte?
Comte, sois de mon prince à présent gouverneur;
Ce haut rang n'admet point un homme sans honneur;
Et ton jaloux orgueil, par cet affront insigne,
Malgré le choix du roi, m'en a su rendre indigne.
Et toi de mes exploits glorieux instrument,
Mais d'un corps tout de glace inutile ornement,
Fer jadis tant à craindre, et qui, dans cette offense,
M'as servi de parade, et non pas de défense,
Va, quitte désormais le dernier des humains,
Passe, pour me venger, en de meilleures mains. [a]

---

[a] Si Rodrigue est mon fils, il faut que l'amour cède,
Et qu'une ardeur plus haute à sa flamme succède;

SCÈNE V.*

D. DIÈGUE, D. RODRIGUE.

D. DIÈGUE.

Rodrigue, as-tu du cœur?[1]

D. RODRIGUE.

Tout autre que mon père
L'éprouveroit sur l'heure.

D. DIÈGUE.

Agréable colère!
Digne ressentiment à ma douleur bien doux!
Je reconnois mon sang à ce noble courroux;
Ma jeunesse revit en cette ardeur si prompte.
Viens, mon fils; viens mon sang, viens réparer ma honte;
Viens me venger.

D. RODRIGUE.

De quoi?

D. DIÈGUE.

D'un affront si cruel,
Qu'à l'honneur de tous deux il porte un coup mortel;
D'un soufflet. L'insolent en eût perdu la vie;
Mais mon âge a trompé ma généreuse envie;
Et ce fer, que mon bras ne peut plus soutenir,
Je le remets au tien pour venger et punir.

Mon honneur est le sien, et le mortel affront
Qui tombe sur mon chef, rejaillit sur son front.

* Cette scène répond à la 9.e dans les remarques de Voltaire.

Va contre un arrogant éprouver ton courage :
Ce n'est que dans le sang qu'on lave un tel outrage ;
Meurs, ou tue. Au surplus, pour ne te point flatter,
Je te donne à combattre un homme à redouter ;
« Je l'ai vu, tout couvert de sang et de poussière,
« Porter par-tout l'effroi dans une armée entière :
« J'ai vu par sa valeur cent escadrons rompus ;
« Et, pour t'en dire encor quelque chose de plus, *a*
Plus que brave soldat, plus que grand capitaine,
C'est....

D. RODRIGUE.

De grâce, achevez.

D. DIÈGUE.

Le père de Chimène.

D. RODRIGUE.

Le...?

D. DIÈGUE.

Ne réplique point : je connois ton amour ;
Mais qui peut vivre infâme, est indigne du jour ;
Plus l'offenseur est cher, et plus grande est l'offense.
Enfin tu sais l'affront, et tu tiens la vengeance.
Je ne te dis plus rien. Venge-moi, venge-toi ;
Montre-toi digne fils d'un père tel que moi.
Accablé des malheurs où le destin me range,
Je vais les déplorer. Va, cours, vole, et nous venge.

---

a Je l'ai vu tout sanglant, au milieu des batailles,
Se faire un beau rempart de mille funérailles.

D. RODRIGUE.

Son nom ? C'est perdre temps en propos superflus.

D. DIÈGUE.

Donc pour te dire encor quelque chose de plus,

SCÈNE VI.*

D. RODRIGUE.

Percé jusques au fond du cœur
D'une atteinte imprévue aussi bien que mortelle,
Misérable vengeur d'une juste querelle,
Et malheureux objet d'une injuste rigueur,
Je demeure immobile, et mon âme abattue
  Cède au coup qui me tue.
 Si près de voir mon feu récompensé,
  O Dieu! l'étrange peine!
 En cet affront mon père est l'offensé;
 Et l'offenseur, le père de Chimène!

  Que je sens de rudes combats!
Contre mon propre honneur mon amour s'intéresse:
Il faut venger un père, et perdre une maîtresse;
L'un m'anime le cœur, l'autre retient mon bras.
Réduit au triste choix ou de trahir ma flamme,
  Ou de vivre en infâme,
 Des deux côtés mon mal est infini.
  O Dieu! l'étrange peine!
 Faut-il laisser un affront impuni?
 Faut-il punir le père de Chimène?

  Père, maîtresse, honneur, amour,
Noble et dure contrainte! aimable tyrannie!
Tous mes plaisirs sont morts, ou ma gloire ternie.
L'un me rend malheureux, l'autre indigne du jour.

* Cette scène répond à la 10.e dans les remarques de Voltaire.

ACTE I, SCÈNE VI.

Cher et cruel espoir d'une âme généreuse,
  Mais ensemble amoureuse,
 Digne ennemi de mon plus grand bonheur,
  Fer qui causes ma peine,
 M'es-tu donné pour venger mon honneur?
 M'es-tu donné pour perdre ma Chimène?
  Il vaut mieux courir au trépas.
Je dois à ma maîtresse, aussi bien qu'à mon père.
J'attire en me vengeant sa haine et sa colère;
J'attire ses mépris en ne me vengeant pas.
A mon plus doux espoir l'un me rend infidèle,
  Et l'autre, indigne d'elle.
 Mon mal augmente à le vouloir guérir;
  Tout redouble ma peine.
Allons, mon âme; et, puisqu'il faut mourir,
Mourons du moins sans offenser Chimène.

  Mourir sans tirer ma raison!
Rechercher un trépas si mortel à ma gloire!
Endurer que l'Espagne impute à ma mémoire
D'avoir mal soutenu l'honneur de ma maison!
Respecter un amour dont mon âme égarée
  Voit la perte assurée!
 N'écoutons plus ce penser suborneur,
  Qui ne sert qu'à ma peine.
Allons, mon bras, sauvons du moins l'honneur,[2]
Puisqu'après tout il faut perdre Chimène.

  Oui, mon esprit s'étoit déçu.
Je dois tout à mon père avant qu'à ma maîtresse:
Que je meure au combat, ou meure de tristesse,
Je rendrai mon sang pur comme je l'ai reçu.

Je m'accuse déjà de trop de négligence ;
Courons à la vengeance ;
Et, tout honteux d'avoir tant balancé,
Ne soyons plus en peine,
Puisqu'aujourd'hui mon père est l'offensé,
Si l'offenseur est père de Chimène.

FIN DU PREMIER ACTE.

ACTE SECOND.

SCÈNE I.ère

D. ARIAS, LE COMTE.

LE COMTE.

« Je l'avoue entre nous, mon sang un peu trop chaud,
« S'est trop ému d'un mot et l'a porté trop haut : *a*
Mais puisque c'en est fait, le coup est sans remède.

D. ARIAS.

Qu'aux volontés du roi ce grand courage cède :
Il y prend grande part; et son cœur irrité
Agira contre vous de pleine autorité.
Aussi vous n'avez point de valable défense.
Le rang de l'offensé, la grandeur de l'offense,
Demandent des devoirs et des soumissions
Qui passent le commun des satisfactions.

LE COMTE.

Le roi peut, à son gré, disposer de ma vie.

D. ARIAS.

De trop d'emportement votre faute est suivie.
Le roi vous aime encore; apaisez son courroux :
Il a dit, *Je le veux;* désobéirez-vous?

LE COMTE.

Monsieur, pour conserver tout ce que j'ai d'estime,
Désobéir un peu n'est pas un si grand crime; ²

---

a Je l'avoue entre nous, quand je lui fis l'affront,
  J'eus le sang un peu chaud et le bras un peu prompt.

Et, quelque grand qu'il soit, mes services présents
Pour le faire abolir sont plus que suffisants.

D. ARIAS.

Quoi qu'on fasse d'illustre et de considérable,
Jamais à son sujet un roi n'est redevable.
Vous vous flattez beaucoup, et vous devez savoir
Que qui sert bien son roi ne fait que son devoir.
Vous vous perdrez, monsieur, sur cette confiance.

LE COMTE.

Je ne vous en croirai qu'après l'expérience.

D. ARIAS.

Vous devez redouter la puissance d'un roi.

LE COMTE.

Un jour seul ne perd pas un homme tel que moi.
Que toute sa grandeur s'arme pour mon supplice :
Tout l'état périra s'il faut que je périsse.

D. ARIAS.

Quoi! vous craignez si peu le pouvoir souverain....

LE COMTE.

D'un sceptre qui sans moi tomberoit de sa main.
Il a trop d'intérêt lui-même en ma personne ;
Et ma tête en tombant feroit choir sa couronne.

D. ARIAS.

Souffrez que la raison remette vos esprits.
Prenez un bon conseil.

LE COMTE.

                Le conseil en est pris.

ACTE II, SCÈNE II.

D. ARIAS.
Que lui dirai-je enfin? je lui dois rendre compte.
LE COMTE.
Que je ne puis du tout consentir à ma honte.
D. ARIAS.
Mais songez que les rois veulent être absolus.
LE COMTE.
Le sort en est jeté, monsieur; n'en parlons plus.
D. ARIAS.
Adieu donc, puisqu'en vain je tâche à vous résoudre.
Avec tous vos lauriers, craignez encor la foudre.
LE COMTE.
Je l'attendrai sans peur.
D. ARIAS.
Mais non pas sans effet.
LE COMTE.
Nous verrons donc par-là don Diègue satisfait.
(D. Arias rentre.)
Qui ne craint point la mort, ne craint point les menaces.
J'ai le cœur au-dessus des plus fières disgrâces;
Et l'on peut me réduire à vivre sans bonheur,
Mais non pas me résoudre à vivre sans honneur.

SCÈNE II.

LE COMTE, D. RODRIGUE.

D. RODRIGUE.
A moi, comte; deux mots.
LE COMTE.
Parle.

D. RODRIGUE.

       Ote-moi d'un doute.
Connois-tu bien don Diègue?

LE COMTE.

     Oui.

D. RODRIGUE.

       Parlons bas; écoute.
Sais-tu que ce vieillard fut la même vertu,
La vaillance et l'honneur de son temps? le sais-tu?

LE COMTE.

Peut-être.

D. RODRIGUE.

    Cette ardeur que dans les yeux je porte,
Sais-tu que c'est son sang? le sais-tu?

LE COMTE.

       Que m'importe?

D. RODRIGUE.

A quatre pas d'ici je te le fais savoir.

LE COMTE.

Jeune présomptueux!

D. RODRIGUE.

     Parle sans t'émouvoir.
Je suis jeune, il est vrai, mais aux âmes bien nées
La valeur n'attend pas le nombre des années. [1]

LE COMTE.

Te mesurer à moi! Qui t'a rendu si vain,
Toi qu'on n'a jamais vu les armes à la main?

D. RODRIGUE.

Mes pareils à deux fois ne se font pas connoître,
Et pour leurs coups d'essai veulent des coups de maître. [2]

ACTE II, SCÈNE II.

LE COMTE.

Sais-tu bien qui je suis?

D. RODRIGUE.

Oui : tout autre que moi
Au seul bruit de ton nom pourroit trembler d'effroi.
« Les palmes dont je vois ta tête si couverte *a*
Semblent porter écrit le destin de ma perte.
J'attaque en téméraire un bras toujours vainqueur;
Mais j'aurai trop de force ayant assez de cœur.
A qui venge son père il n'est rien d'impossible.
Ton bras est invaincu, mais non pas invincible. 3

LE COMTE.

Ce grand cœur qui paroît au discours que tu tiens,
Par tes yeux chaque jour se découvroit aux miens;
Et croyant voir en toi l'honneur de la Castille,
Mon âme avec plaisir te destinoit ma fille.
Je sais ta passion, et suis ravi de voir
Que tous ses mouvements cèdent à ton devoir;
Qu'ils n'ont point affoibli cette ardeur magnanime;
Que ta haute vertu répond à mon estime;
Et que, voulant pour gendre un cavalier parfait,
Je ne me trompois point au choix que j'avois fait.
Mais je sens que pour toi ma pitié s'intéresse :
J'admire ton courage, et je plains ta jeunesse.
Ne cherche point à faire un coup d'essai fatal;
Dispense ma valeur d'un combat inégal;
Trop peu d'honneur pour moi suivroit cette victoire:
A vaincre sans péril, on triomphe sans gloire.

a Mille et mille lauriers dont ta tête est couverte

On te croiroit toujours abattu sans effort;
Et j'aurois seulement le regret de ta mort.

D. RODRIGUE.

D'une indigne pitié ton audace est suivie :
Qui m'ose ôter l'honneur craint de m'ôter la vie !

LE COMTE.

Retire-toi d'ici.

D. RODRIGUE.

Marchons sans discourir.

LE COMTE.

Es-tu si las de vivre?

D. RODRIGUE.

As-tu peur de mourir?

LE COMTE.

Viens; tu fais ton devoir; et le fils dégénère
Qui survit un moment à l'honneur de son père.

SCÈNE III.

L'INFANTE, CHIMÈNE, LÉONOR.

L'INFANTE.

« Apaise, ma Chimène, apaise ta douleur;
« Fais agir ta constance en ce coup de malheur :
« Tu reverras le calme après ce foible orage;
« Ton bonheur n'est couvert que d'un peu de nuage;
« Et tu n'as rien perdu pour le voir différer.

CHIMÈNE.

« Mon cœur, outré d'ennuis, n'ose rien espérer.
« Un orage si prompt qui trouble une bonace,
« D'un naufrage certain nous porte la menace;

« Je n'en saurois douter, je péris dans le port.
« J'aimois, j'étois aimée, et nos pères d'accord ;
« Et je vous en contois la charmante nouvelle,
« Au malheureux moment que naissoit leur querelle,
« Dont le récit fatal, sitôt qu'on vous l'a fait,
« D'une si douce attente a ruiné l'effet.
« Maudite ambition, détestable manie,
« Dont les plus généreux souffrent la tyrannie !
« Honneur impitoyable à mes plus chers désirs,
« Que tu me vas coûter de pleurs et de soupirs !

L'INFANTE.

« Tu n'as dans leur querelle aucun sujet de craindre ;
« Un moment l'a fait naître, un moment va l'éteindre :
« Elle a fait trop de bruit pour ne pas s'accorder,
« Puisque déjà le roi les veut accommoder ;
« Et tu sais que mon âme, à tes ennuis sensible,
« Pour en tarir la source y fera l'impossible.

CHIMÈNE.

« Les accommodements ne font rien en ce point :
« De si mortels affronts ne se réparent point.
« En vain on fait agir la force ou la prudence ;
« Si l'on guérit le mal, ce n'est qu'en apparence ;
« La haine que les cœurs conservent au dedans
« Nourrit des feux cachés, mais d'autant plus ardents.

L'INFANTE.

« Le saint nœud qui joindra don Rodrigue et Chimène
« Des pères ennemis dissipera la haine ;
« Et nous verrons bientôt votre amour le plus fort,
« Par un heureux hymen, étouffer ce discord.

CHIMÈNE.
« Je le souhaite ainsi plus que je ne l'espère :
« Don Diègue est trop altier, et je connois mon père.
« Je sens couler des pleurs que je veux retenir :
« Le passé me tourmente, et je crains l'avenir.

L'INFANTE.
« Que crains-tu ? d'un vieillard l'impuissante foiblesse ?

CHIMÈNE.
« Rodrigue a du courage.

L'INFANTE.
   Il a trop de jeunesse.

CHIMÈNE.
« Les hommes valeureux le sont du premier coup.

L'INFANTE.
« Tu ne dois pas pourtant le redouter beaucoup :
« Il est trop amoureux pour te vouloir déplaire ;
« Et deux mots de ta bouche arrêtent sa colère.

CHIMÈNE.
« S'il ne m'obéit point, quel comble à mon ennui !
« Et, s'il peut m'obéir, que dira-t-on de lui ?
« Étant né ce qu'il est, souffrir un tel outrage !
« Soit qu'il cède ou résiste au feu qui me l'engage,
« Mon esprit ne peut qu'être ou honteux ou confus
« De son trop de respect, ou d'un juste refus.

L'INFANTE.
« Chimène a l'âme haute ; et, quoiqu'intéressée,
« Elle ne peut souffrir une basse pensée :
« Mais si, jusques au jour de l'accommodement,
« Je fais mon prisonnier de ce parfait amant,

« Et que j'empêche ainsi l'effet de son courage,
« Ton esprit amoureux n'aura-t-il point d'ombrage?

CHIMÈNE.

« Ah, madame! en ce cas, je n'ai plus de souci.

SCÈNE IV.

L'INFANTE, CHIMÈNE, LÉONOR,

UN PAGE.

L'INFANTE.

« Page, cherchez Rodrigue, et l'amenez ici.

LE PAGE.

« Le comte de Gormas et lui....

CHIMÈNE.

Bon dieu! je tremble.

L'INFANTE.

« Parlez.

LE PAGE.

Hors la ville ils sont sortis ensemble.

CHIMÈNE.

« Seuls?

LE PAGE.

Seuls, et qui sembloient tout bas se quereller.

CHIMÈNE.

« Sans doute ils sont aux mains, il n'en faut plus parler.
« Madame, pardonnez à cette promptitude.

SCÈNE V.

L'INFANTE, LÉONOR.

L'INFANTE.

« Hélas ! que dans l'esprit je sens d'inquiétude !
« Je pleure ses malheurs ; son amant me ravit :
« Mon repos m'abandonne, et ma flamme revit.
« Ce qui va séparer Rodrigue de Chimène
« Fait renaître à la fois mon espoir et ma peine ;
« Et leur division, que je vois à regret,
« Dans mon esprit charmé jette un plaisir secret.

LÉONOR.

« Cette haute vertu qui règne dans votre âme
« Se rend-elle sitôt à cette lâche flamme ?

L'INFANTE.

« Ne la nomme point lâche, à présent que chez moi,
« Pompeuse et triomphante, elle me fait la loi ;
« Porte-lui du respect, puisqu'elle m'est si chère :
« Ma vertu la combat, mais malgré moi j'espère ;
« Et d'un si fol espoir mon cœur, mal défendu,
« Vole après un amant que Chimène a perdu.

LÉONOR.

« Vous laissez choir ainsi ce glorieux courage ?
« Et la raison chez vous perd ainsi son usage ?

L'INFANTE.

« Ah ! qu'avec peu d'effet on entend la raison,
« Quand le cœur est atteint d'un si charmant poison !
« Et lorsque le malade aime sa maladie,
« Qu'il a peine à souffrir que l'on y remédie !

ACTE II, SCÈNE V.

LÉONOR.

« Votre espoir vous séduit, votre mal vous est doux :
« Mais enfin ce Rodrigue est indigne de vous.

L'INFANTE.

« Je ne le sais que trop ; mais si ma vertu cède,
« Apprends comme l'amour flatte un cœur qu'il possède.
« Si Rodrigue une fois sort vainqueur du combat,
« Si dessous sa valeur ce grand guerrier s'abat,
« Je puis en faire cas, je puis l'aimer sans honte.
« Que ne fera-t-il point s'il peut vaincre le comte !
« J'ose m'imaginer qu'à ses moindres exploits
« Les royaumes entiers tomberont sous ses lois ;
« Et mon amour flatteur déjà me persuade
« Que je le vois assis au trône de Grenade,
« Les Maures subjugués trembler en l'adorant,
« L'Aragon recevoir ce nouveau conquérant,
« Le Portugal se rendre, et ses nobles journées
« Porter delà les mers ses hautes destinées,
« Du sang des Africains arroser ses lauriers ;
« Enfin, tout ce qu'on dit des plus fameux guerriers,
« Je l'attends de Rodrigue après cette victoire,
« Et fais de son amour un sujet de ma gloire.

LÉONOR.

« Mais, madame, voyez où vous portez son bras,
« Ensuite d'un combat qui peut-être n'est pas.

L'INFANTE.

« Rodrigue est offensé, le comte a fait l'outrage ;
« Ils sont sortis ensemble ; en faut-il davantage ?

LÉONOR.

« Eh bien, ils se battront, puisque vous le voulez ;
« Mais Rodrigue ira-t-il si loin que vous allez ?

L'INFANTE.

« Que veux-tu ? je suis folle, et mon esprit s'égare ;
« Tu vois par-là quels maux cet amour me prépare.
« Viens dans mon cabinet consoler mes ennuis ;
« Et ne me quitte point dans le trouble où je suis.

SCÈNE VI.

LE ROI, D. ARIAS, D. SANCHE, D. ALONSE.

LE ROI.*a*

Le comte est donc si vain et si peu raisonnable !
Ose-t-il croire encor son crime pardonnable ?

D. ARIAS.

Je l'ai de votre part long-temps entretenu.
J'ai fait mon pouvoir, sire, et n'ai rien obtenu.

LE ROI.

Justes cieux ! ainsi donc un sujet téméraire
A si peu de respect et de soin de me plaire !
Il offense don Diègue et méprise son roi !
Au milieu de ma cour il me donne la loi !
Qu'il soit brave guerrier, qu'il soit grand capitaine,
Je saurai bien rabattre une humeur si hautaine ;

---

a Quoi ! me braver encore après ce qu'il a fait !
Par la rébellion couronner son forfait !

Fût-il la valeur même et le dieu des combats,
Il verra ce que c'est que de n'obéir pas.
Quoi qu'ait pu mériter une telle insolence,
Je l'ai voulu d'abord traiter sans violence ;
Mais puisqu'il en abuse, allez dès aujourd'hui,
Soit qu'il résiste, ou non, vous assurer de lui.
(D. Alonse rentre.)

SCÈNE VII.

LE ROI, D. SANCHE, D. ARIAS.

D. SANCHE.

Peut-être un peu de temps le rendroit moins rebelle ;
On l'a pris tout bouillant encor de sa querelle.
Sire, dans la chaleur d'un premier mouvement,
Un cœur si généreux se rend malaisément.
Il voit bien qu'il a tort, mais une âme si haute
N'est pas sitôt réduite à confesser sa faute.

LE ROI.

Don Sanche, taisez-vous, et soyez averti
Qu'on se rend criminel à prendre son parti. [1]

D. SANCHE.

J'obéis, et me tais ; mais, de grâce encor, sire,
Deux mots en sa défense.

LE ROI.

Et que pourrez-vous dire ?

D. SANCHE.

Qu'une âme accoutumée aux grandes actions
Ne se peut abaisser à des soumissions :

Elle n'en conçoit point qui s'expliquent sans honte;
Et c'est à ce mot seul qu'a résisté le comte.
Il trouve en son devoir un peu trop de rigueur,
Et vous obéiroit s'il avoit moins de cœur.
Commandez que son bras, nourri dans les alarmes,
Répare cette injure à la pointe des armes;
Il satisfera, sire; et vienne qui voudra,
Attendant qu'il l'ait su, voici qui répondra.

LE ROI.

Vous perdez le respect : mais je pardonne à l'âge,
Et j'excuse l'ardeur en un jeune courage.
Un roi dont la prudence a de meilleurs objets,
Est meilleur ménager du sang de ses sujets;
Je veille pour les miens; mes soucis les conservent,
Comme le chef a soin des membres qui le servent.
Ainsi votre raison n'est pas raison pour moi;
Vous parlez en soldat, je dois agir en roi;
Et, quoi qu'on veuille dire, et quoi qu'il ose croire,
Le comte à m'obéir ne peut perdre sa gloire.
D'ailleurs, l'affront me touche; il a perdu d'honneur
Celui que de mon fils j'ai fait le gouverneur :
S'attaquer à mon choix, c'est se prendre à moi-même,
Et faire un attentat sur le pouvoir suprême.
N'en parlons plus. Au reste, on a vu dix vaisseaux
De nos vieux ennemis arborer les drapeaux; 2
Vers la bouche du fleuve ils ont osé paroître.

D. ARIAS.

Les Maures ont appris par force à vous connoître;
Et, tant de fois vaincus, ils ont perdu le cœur
De se plus hasarder contre un si grand vainqueur.

ACTE II, SCÈNE VII.

LE ROI.

Ils ne verront jamais, sans quelque jalousie,
Mon sceptre, en dépit d'eux, régir l'Andalousie;
Et ce pays si beau, qu'ils ont trop possédé,
Avec un œil d'envie est toujours regardé.
C'est l'unique raison qui m'a fait dans Séville
Placer depuis dix ans le trône de Castille,
Pour les voir de plus près, et d'un ordre plus prompt
Renverser aussitôt ce qu'ils entreprendront.

D. ARIAS.

« Ils savent, aux dépens de leurs plus dignes têtes, *a*
Combien votre présence assure vos conquêtes;
Vous n'avez rien à craindre.

LE ROI.

Et rien à négliger.
Le trop de confiance attire le danger;
« Et vous n'ignorez pas qu'avec fort peu de peine
« Un flux de pleine mer jusqu'ici les amène. *b*
Toutefois j'aurois tort de jeter dans les cœurs,
L'avis étant mal sûr, de paniques terreurs.
L'effroi que produiroit cette alarme inutile,
Dans la nuit qui survient, troubleroit trop la ville :
Faites doubler la garde aux murs et sur le port;
C'est assez pour ce soir. [3]

---

a Sire, ils ont trop appris, aux dépens de leurs têtes,

b Et le même ennemi que l'on vient de détruire,
  S'il sait prendre son temps, est capable de nuire.

SCÈNE VIII.

LE ROI, D. ALONSE, D. SANCHE, D. ARIAS.

D. ALONSE.

Sire, le comte est mort.
Don Diègue, par son fils, a vengé son offense.
LE ROI.
Dès que j'ai su l'affront, j'ai prévu la vengeance,
Et j'ai voulu dès-lors prévenir ce malheur.
D. ALONSE.
Chimène à vos genoux apporte sa douleur;
Elle vient tout en pleurs vous demander justice.
LE ROI.
Bien qu'à ses déplaisirs mon âme compatisse,
Ce que le comte a fait semble avoir mérité
Ce digne châtiment de sa témérité.
Quelque juste pourtant que puisse être sa peine,
Je ne puis sans regret perdre un tel capitaine.
Après un long service à mon état rendu,
Après son sang pour moi mille fois répandu,
A quelques sentiments que son orgueil m'oblige,
Sa perte m'affoiblit, et son trépas m'afflige.

SCÈNE IX.

LE ROI, D. DIÈGUE, CHIMÈNE, D. SANCHE, D. ARIAS, D. ALONSE.

CHIMÈNE.

Sire, sire, justice! [1]

ACTE II, SCÈNE IX.

D. DIÈGUE.
Ah, sire! écoutez-nous.
CHIMÈNE.
Je me jette à vos pieds.
D. DIÈGUE.
J'embrasse vos genoux.
CHIMÈNE.
Je demande justice.
D. DIÈGUE.
Entendez ma défense.
CHIMÈNE.
D'un jeune audacieux punissez l'insolence;
Il a de votre sceptre abattu le soutien;
Il a tué mon père.
D. DIÈGUE.
Il a vengé le sien.
CHIMÈNE.
Au sang de ses sujets un roi doit la justice.
D. DIÈGUE.
Pour la juste vengeance il n'est point de supplice.
LE ROI.
Levez-vous l'un et l'autre, et parlez à loisir.
Chimène, je prends part à votre déplaisir;
D'une égale douleur je sens mon âme atteinte.
(A D. Diègue.)
Vous parlerez après; ne troublez pas sa plainte.
CHIMÈNE.
Sire, mon père est mort; mes yeux ont vu son sang
Couler à gros bouillons de son généreux flanc:

Ce sang qui tant de fois garantit vos murailles,
Ce sang qui tant de fois vous gagna des batailles,
Ce sang qui tout sorti fume encor de courroux [2]
De se voir répandu pour d'autres que pour vous,
Qu'au milieu des hasards n'osoit verser la guerre;
Rodrigue en votre cour vient d'en couvrir la terre. *a*
J'ai couru sur le lieu sans force et sans couleur;
Je l'ai trouvé sans vie. Excusez ma douleur,
Sire; la voix me manque à ce récit funeste;
Mes pleurs et mes soupirs vous diront mieux le reste.

LE ROI.

Prends courage, ma fille, et sache qu'aujourd'hui
Ton roi te veut servir de père au lieu de lui.

CHIMÈNE.

Sire, de trop d'honneur ma misère est suivie.
Je vous l'ai déjà dit, je l'ai trouvé sans vie;
Son flanc étoit ouvert; et, pour mieux m'émouvoir, [3]
Son sang sur la poussière écrivoit mon devoir; [4]
Ou plutôt sa valeur en cet état réduite
Me parloit par sa plaie, et hâtoit ma poursuite;
Et, pour se faire entendre au plus juste des rois,
Par cette triste bouche elle empruntoit ma voix.
Sire, ne souffrez pas que sous votre puissance
Règne devant vos yeux une telle licence;
Que les plus valeureux, avec impunité,
Soient exposés aux coups de la témérité;

---

a Et, pour son coup d'essai, son indigne attentat,
D'un si ferme soutien a privé votre état,
De vos meilleurs soldats abattu l'assurance,
Et de vos ennemis relevé l'espérance.

ACTE II, SCÈNE IX.

Qu'un jeune audacieux triomphe de leur gloire,
Se baigne dans leur sang, et brave leur mémoire.
Un si vaillant guerrier qu'on vient de vous ravir
Éteint, s'il n'est vengé, l'ardeur de vous servir.
Enfin mon père est mort, j'en demande vengeance,
Plus pour votre intérêt que pour mon allégeance.
Vous perdez en la mort d'un homme de son rang;
Vengez-la par une autre, et le sang par le sang.
Immolez, non à moi, mais à votre couronne,
Mais à votre grandeur, mais à votre personne;
Immolez, dis-je, sire, au bien de tout l'état
Tout ce qu'enorgueillit un si grand attentat. *a*

LE ROI.

Don Diègue, répondez.

D. DIÈGUE.

Qu'on est digne d'envie
Lorsqu'en perdant la force on perd aussi la vie !
Et qu'un long âge apprête aux hommes généreux,
Au bout de leur carrière, un destin malheureux !
Moi, dont les longs travaux ont acquis tant de gloire,
Moi, que jadis par-tout a suivi la victoire,
Je me vois aujourd'hui, pour avoir trop vécu,
Recevoir un affront, et demeurer vaincu.
Ce que n'a pu jamais combat, siége, embuscade,
Ce que n'a pu jamais Aragon ni Grenade,

---

a Sacrifiez don Diègue et toute sa famille,
À vous, à votre peuple, à toute la Castille.
Le soleil qui voit tout, ne voit rien sous les cieux
Qui vous puisse payer un sang si précieux.

Ni tous vos ennemis, ni tous mes envieux,
Le comte en votre cour l'a fait presque à vos yeux,
Jaloux de votre choix, et fier de l'avantage
Que lui donnoit sur moi l'impuissance de l'âge.
Sire, ainsi ces cheveux blanchis sous le harnois,
Ce sang pour vous servir prodigué tant de fois,
Ce bras jadis l'effroi d'une armée ennemie,
Descendoient au tombeau tout chargés d'infamie,
Si je n'eusse produit un fils digne de moi,
Digne de son pays, et digne de son roi :
Il m'a prêté sa main, il a tué le comte ;
Il m'a rendu l'honneur, il a lavé ma honte.
Si montrer du courage et du ressentiment,
Si venger un soufflet mérite un châtiment,
Sur moi seul doit tomber l'éclat de la tempête :
Quand le bras a failli, l'on en punit la tête.
Qu'on nomme crime ou non ce qui fait nos débats,
Sire, j'en suis la tête, il n'en est que le bras.
Si Chimène se plaint qu'il a tué son père,
Il ne l'eût jamais fait si je l'eusse pu faire.
Immolez donc ce chef que les ans vont ravir,
Et conservez pour vous le bras qui peut servir.
Aux dépens de mon sang satisfaites Chimène :
Je n'y résiste point, je consens à ma peine ;
Et, loin de murmurer d'un rigoureux décret,
Mourant sans déshonneur je mourrai sans regret.

LE ROI.

L'affaire est d'importance, et, bien considérée,
Mérite en plein conseil d'être délibérée.

ACTE II, SCÈNE IX.

Don Sanche, remettez Chimène en sa maison.
Don Diègue aura ma cour et sa foi pour prison.
Qu'on me cherche son fils. Je vous ferai justice.

CHIMÈNE.

Il est juste, grand roi, qu'un meurtrier périsse.

LE ROI.

Prends du repos, ma fille, et calme tes douleurs.

CHIMÈNE.

M'ordonner du repos, c'est croître mes malheurs. [6]

FIN DU SECOND ACTE.

ACTE TROISIÈME.
SCÈNE I.ère
D. RODRIGUE, ELVIRE.

ELVIRE.

Rodrigue, qu'as-tu fait ? où viens-tu, misérable ?

D. RODRIGUE.

Suivre le triste cours de mon sort déplorable.

ELVIRE.

Où prends-tu cette audace et ce nouvel orgueil,
De paroître en des lieux que tu remplis de deuil ?
Quoi ! viens-tu jusqu'ici braver l'ombre du comte ?
Ne l'as-tu pas tué ?

D. RODRIGUE.

Sa vie étoit ma honte;
Mon honneur de ma main a voulu cet effort.

ELVIRE.

Mais chercher ton asile en la maison du mort !
Jamais un meurtrier en fit-il son refuge ?

D. RODRIGUE.

Et je n'y viens aussi que m'offrir à mon juge.
Ne me regarde plus d'un visage étonné ;
Je cherche le trépas après l'avoir donné.
Mon juge est mon amour, mon juge est ma Chimène :
Je mérite la mort de mériter sa haine ;
Et j'en viens recevoir, comme un bien souverain,
Et l'arrêt de sa bouche, et le coup de sa main.

ELVIRE.

Fuis plutôt de ses yeux, fuis de sa violence ;
A ses premiers transports dérobe ta présence.
Va, ne t'expose point aux premiers mouvements
Que poussera l'ardeur de ses ressentiments.

D. RODRIGUE.

Non, non, ce cher objet à qui j'ai pu déplaire [1]
Ne peut, pour mon supplice, avoir trop de colère ;
Et j'évite cent morts qui me vont accabler,
Si pour mourir plus tôt je la puis redoubler.

ELVIRE.

Chimène est au palais, de pleurs toute baignée,
Et n'en reviendra point que bien accompagnée.
Rodrigue, fuis, de grâce, ôte-moi de souci.
Que ne dira-t-on point si l'on te voit ici !
Veux-tu qu'un médisant, pour comble à sa misère,
L'accuse d'y souffrir l'assassin de son père ?
Elle va revenir ; elle vient, je la voi :
Du moins, pour son honneur, Rodrigue, cache-toi.

(Il se cache.)

SCÈNE II.

D. SANCHE, CHIMÈNE, ELVIRE.

D. SANCHE.

Oui, madame, il vous faut de sanglantes victimes :
Votre colère est juste, et vos pleurs légitimes ;
Et je n'entreprends pas, à force de parler,
Ni de vous adoucir, ni de vous consoler.

Mais si de vous servir je puis être capable,
Employez mon épée à punir le coupable ;
Employez mon amour à venger cette mort.
Sous vos commandements mon bras sera trop fort.

CHIMÈNE.

Malheureuse !

D. SANCHE.

Madame, acceptez mon service.

CHIMÈNE.

J'offenserois le roi, qui m'a promis justice.

D. SANCHE.

Vous savez qu'elle marche avec tant de langueur,
Que bien souvent le crime échappe à sa longueur ;
Son cours lent et douteux fait trop perdre de larmes.
Souffrez qu'un cavalier vous venge par les armes :
La voie en est plus sûre, et plus prompte à punir.

CHIMÈNE.

C'est le dernier remède ; et s'il faut y venir,
Et que de mes malheurs cette pitié vous dure,
Vous serez libre alors de venger mon injure.

D. SANCHE.

C'est l'unique bonheur où mon âme prétend ;
Et, pouvant l'espérer, je m'en vais trop content.

SCÈNE III.

CHIMÈNE, ELVIRE.

CHIMÈNE.

Enfin je me vois libre, et je puis, sans contrainte,
De mes vives douleurs te faire voir l'atteinte ;

ACTE III, SCÈNE III. 43

Je puis donner passage à mes tristes soupirs;
Je puis t'ouvrir mon âme et tous mes déplaisirs.
Mon père est mort, Elvire; et la première épée
Dont s'est armé Rodrigue a sa trame coupée.
Pleurez, pleurez, mes yeux, et fondez-vous en eau;
La moitié de ma vie a mis l'autre au tombeau, [1]
Et m'oblige à venger, après ce coup funeste,
Celle que je n'ai plus sur celle qui me reste.

ELVIRE.
Reposez-vous, madame. [2]

CHIMÈNE.
Ah! que mal-à-propos,
Dans un malheur si grand, tu parles de repos!
Par où sera jamais ma douleur apaisée,
Si je ne puis haïr la main qui l'a causée!
Et que dois-je espérer qu'un tourment éternel,
Si je poursuis un crime, aimant le criminel?

ELVIRE.
Il vous prive d'un père, et vous l'aimez encore!

CHIMÈNE.
C'est peu de dire aimer, Elvire, je l'adore;
Ma passion s'oppose à mon ressentiment;
Dedans mon ennemi je trouve mon amant;
Et je sens qu'en dépit de toute ma colère
Rodrigue dans mon cœur combat encor mon père;
Il l'attaque, il le presse, il cède, il se défend,
Tantôt fort, tantôt foible, et tantôt triomphant:
Mais, en ce dur combat de colère et de flamme,
Il déchire mon cœur sans partager mon âme;

Et, quoi que mon amour ait sur moi de pouvoir,
Je ne consulte point pour suivre mon devoir;
Je cours, sans balancer, où mon honneur m'oblige.
Rodrigue m'est bien cher, son intérêt m'afflige;
Mon cœur prend son parti : mais, contre leur effort,
Je sais que je suis fille, et que mon père est mort.

ELVIRE.

Pensez-vous le poursuivre?

CHIMÈNE.

Ah! cruelle pensée!
Et cruelle poursuite où je me vois forcée!
Je demande sa tête, et crains de l'obtenir :
Ma mort suivra la sienne, et je le veux punir!

ELVIRE.

Quittez, quittez, madame, un dessein si tragique;
Ne vous imposez point de loi si tyrannique.

CHIMÈNE.

Quoi! mon père étant mort, et presque entre mes bras,
Son sang criera vengeance, et je ne l'orrai* pas!
Mon cœur, honteusement surpris par d'autres charmes,
Croira ne lui devoir que d'impuissantes larmes!
Et je pourrai souffrir qu'un amour suborneur
Sous un lâche silence étouffe mon honneur! 3

ELVIRE.

Madame, croyez-moi, vous serez excusable
D'avoir moins de chaleur contre un objet aimable,
Contre un amant si cher : vous avez assez fait;
Vous avez vu le roi, n'en pressez point d'effet;

* Entendrai.

Ne vous obstinez point en cette humeur étrange.
CHIMÈNE.
Il y va de ma gloire ; il faut que je me venge ;
Et de quoi que nous flatte un désir amoureux,
Toute excuse est honteuse aux esprits généreux.
ELVIRE.
Mais vous aimez Rodrigue ; il ne vous peut déplaire.
CHIMÈNE.
Je l'avoue.
ELVIRE.
Après tout, que pensez-vous donc faire ?
CHIMÈNE.
Pour conserver ma gloire et finir mon ennui,
Le poursuivre, le perdre, et mourir après lui. 4

SCÈNE IV.

D. RODRIGUE, CHIMÈNE, ELVIRE.

D. RODRIGUE.
Eh bien, sans vous donner la peine de poursuivre,
Assurez-vous l'honneur de m'empêcher de vivre.
CHIMÈNE.
Elvire, où sommes-nous ? et qu'est-ce que je vois ?
Rodrigue en ma maison ! Rodrigue devant moi !
D. RODRIGUE.
N'épargnez point mon sang ; goûtez, sans résistance,
La douceur de ma perte et de votre vengeance.
CHIMÈNE.
Hélas !

D. RODRIGUE.
Écoute-moi.

CHIMÈNE.
Je me meurs.

D. RODRIGUE.
Un moment.

CHIMÈNE.
Va, laisse-moi mourir.

D. RODRIGUE.
Quatre mots seulement;
Après, ne me réponds qu'avecque cette épée.

CHIMÈNE.
Quoi! du sang de mon père encor toute trempée!

D. RODRIGUE.
Ma Chimène....

CHIMÈNE.
Ote-moi cet objet odieux,
Qui reproche ton crime et ta vie à mes yeux.

D. RODRIGUE.
Regarde-le plutôt pour exciter ta haine,
Pour croître ta colère, et pour hâter ma peine.

CHIMÈNE.
Il est teint de mon sang. ²

D. RODRIGUE.
Plonge-le dans le mien;
Et fais-lui perdre ainsi la teinture du tien.

CHIMÈNE.
Ah! quelle cruauté, qui tout en un jour tue
Le père par le fer, la fille par la vue!

ACTE III, SCÈNE IV.

Ote-moi cet objet, je ne le puis souffrir:
Tu veux que je t'écoute, et tu me fais mourir!

D. RODRIGUE.

Je fais ce que tu veux, mais sans quitter l'envie
De finir par tes mains ma déplorable vie;
Car enfin n'attends pas de mon affection
Un lâche repentir d'une bonne action.
« L'irréparable effet d'une chaleur trop prompte
« Déshonoroit mon père et me couvroit de honte. *a*
Tu sais comme un soufflet touche un homme de cœur.
J'avois part à l'affront, j'en ai cherché l'auteur;
Je l'ai vu, j'ai vengé mon honneur et mon père :
Je le ferois encor, si j'avois à le faire.
Ce n'est pas qu'en effet, contre mon père et moi,
Ma flamme assez long-temps n'ait combattu pour toi:
Juge de son pouvoir; dans une telle offense,
J'ai pu délibérer si j'en prendrois vengeance.
Réduit à te déplaire, ou souffrir un affront,
« J'ai pensé qu'à son tour mon bras étoit trop prompt, *b*
Je me suis accusé de trop de violence;
Et ta beauté, sans doute, emportoit la balance,
A moins que d'opposer à tes plus forts appas
Qu'un homme sans honneur ne te méritoit pas;
« Que malgré cette part que j'avois en ton âme, *c*
Qui m'aima généreux me haïroit infâme;

---

a De la main de ton père un coup irréparable
  Déshonoroit du mien la vieillesse honorable.

b J'ai retenu ma main, j'ai cru mon bras trop prompt,

c Qu'après m'avoir chéri quand je vivois sans blâme,

Qu'écouter ton amour, obéir à sa voix,
C'étoit m'en rendre indigne et diffamer ton choix.
« Je te le dis encore, et, quoique j'en soupire, 4
« Jusqu'au dernier soupir je veux bien le redire : *a*
Je t'ai fait une offense, et j'ai dû m'y porter
Pour effacer ma honte et pour te mériter ;
Mais quitte envers l'honneur, et quitte envers mon père
C'est maintenant à toi que je viens satisfaire ;
C'est pour t'offrir mon sang qu'en ce lieu tu me vois.
J'ai fait ce que j'ai dû, je fais ce que je dois.
Je sais qu'un père mort t'arme contre mon crime ;
Je ne t'ai pas voulu dérober ta victime :
Immole avec courage au sang qu'il a perdu
Celui qui met sa gloire à l'avoir répandu.

CHIMÈNE.

Ah, Rodrigue ! il est vrai, quoique ton ennemie,
Je ne te puis blâmer d'avoir fui l'infamie ;
Et de quelque façon qu'éclatent mes douleurs,
Je ne t'accuse point ; je pleure mes malheurs.
Je sais ce que l'honneur, après un tel outrage,
Demandoit à l'ardeur d'un généreux courage :
Tu n'as fait le devoir que d'un homme de bien ;
Mais aussi, le faisant, tu m'as appris le mien.
Ta funeste valeur m'instruit par ta victoire ;
Elle a vengé ton père et soutenu ta gloire :
Même soin me regarde ; et j'ai, pour m'affliger,
Ma gloire à soutenir, et mon père à venger.

---

a Je te le dis encore, et veux, tant que j'expire,
Sans cesse le penser, et sans cesse le dire.

« Hélas ! ton intérêt ici me désespère.
« Si quelque autre malheur m'avoit ravi mon père,
« Mon âme auroit trouvé dans le bien de te voir
« L'unique allégement qu'elle eût pu recevoir ;
« Et contre ma douleur j'aurois senti des charmes,
« Quand une main si chère eût essuyé mes larmes.
« Mais il me faut te perdre après l'avoir perdu ;
« Cet effort sur ma flamme à mon honneur est dû;
« Et cet affreux devoir, dont l'ordre m'assassine,
« Me force à travailler moi-même à ta ruine.
« Car enfin, n'attends pas de mon affection
« De lâches sentiments pour ta punition.
« De quoi qu'en ta faveur notre amour m'entretienne,
« Ma générosité doit répondre à la tienne :
« Tu t'es, en m'offensant, montré digne de moi ;
« Je me dois, par ta mort, montrer digne de toi.

D. RODRIGUE.

Ne diffère donc plus ce que l'honneur t'ordonne ;
Il demande ma tête, et je te l'abandonne ;
Fais-en un sacrifice à ce noble intérêt ;
Le coup m'en sera doux aussi bien que l'arrêt.
Attendre après mon crime une lente justice,
C'est reculer ta gloire autant que mon supplice.
Je mourrai trop heureux mourant d'un coup si beau.

CHIMÈNE.

Va, je suis ta partie, et non pas ton bourreau.
Si tu m'offres ta tête, est-ce à moi de la prendre ?
Je la dois attaquer, mais tu la dois défendre ;
C'est d'un autre que toi que je dois l'obtenir ;
Et je dois te poursuivre, et non pas te punir.

D. RODRIGUE.

De quoi qu'en ma faveur notre amour t'entretienne,
Ta générosité doit répondre à la mienne ;
Et pour venger un père emprunter d'autres bras,
Ma Chimène, crois-moi, c'est n'y répondre pas :
Ma main seule du mien a su venger l'offense,
Ta main seule du tien doit prendre la vengeance.

CHIMÈNE.

Cruel ! à quel propos sur ce point t'obstiner ?
Tu t'es vengé sans aide, et tu veux m'en donner !
Je suivrai ton exemple, et j'ai trop de courage
Pour souffrir qu'avec toi ma gloire se partage.
Mon père et mon honneur ne veulent rien devoir
Aux traits de ton amour ni de ton désespoir.

D. RODRIGUE.

Rigoureux point d'honneur ! hélas ! quoi que je fasse,
Ne pourrai-je à la fin obtenir cette grâce ?
Au nom d'un père mort, ou de notre amitié,
Punis-moi par vengeance, ou du moins par pitié.
Ton malheureux amant aura bien moins de peine
A mourir par ta main, qu'à vivre avec ta haine.

CHIMÈNE.

Va, je ne te hais point.

D. RODRIGUE.

    Tu le dois.

CHIMÈNE.

        Je ne puis.

D. RODRIGUE.

Crains-tu si peu le blâme, et si peu les faux bruits ?

ACTE III, SCÈNE IV.

Quand on saura mon crime, et que ta flamme dure,
Que ne publîront point l'envie et l'imposture !
Force-les au silence, et, sans plus discourir,
Sauve ta renommée en me faisant mourir.

CHIMÈNE.

Elle éclate bien mieux en te laissant la vie;
Et je veux que la voix de la plus noire envie
Élève au ciel ma gloire et plaigne mes ennuis,
Sachant que je t'adore et que je te poursuis.
Va-t'en; ne montre plus à ma douleur extrême
Ce qu'il faut que je perde encore que je l'aime.
Dans l'ombre de la nuit cache bien ton départ;
Si l'on te voit sortir, mon honneur court hasard.
La seule occasion qu'aura la médisance,
C'est de savoir qu'ici j'ai souffert ta présence :
Ne lui donne point lieu d'attaquer ma vertu.

D. RODRIGUE.

Que je meure !

CHIMÈNE.

Va-t'en.

D. RODRIGUE.

A quoi te résous-tu ?

CHIMÈNE.

Malgré des feux si beaux qui troublent ma colère,
Je ferai mon possible à bien venger mon père;
Mais, malgré la rigueur d'un si cruel devoir,
Mon unique souhait est de ne rien pouvoir.

D. RODRIGUE.

O miracle d'amour ! 5

LE CID.

CHIMÈNE.

O comble de misères!

D. RODRIGUE.

Que de maux et de pleurs nous coûteront nos pères!

CHIMÈNE.

Rodrigue, qui l'eût cru....

D. RODRIGUE.

Chimène, qui l'eût dit....

CHIMÈNE.

Que notre heur fût si proche, et sitôt se perdit?

D. RODRIGUE.

Et que si près du port, contre toute apparence,
Un orage si prompt brisât notre espérance?

CHIMÈNE.

Ah! mortelles douleurs!

D. RODRIGUE.

Ah! regrets superflus!

CHIMÈNE.

Va-t'en, encore un coup, je ne t'écoute plus.

D. RODRIGUE.

Adieu; je vais traîner une mourante vie,
Tant que par ta poursuite elle me soit ravie.

CHIMÈNE.

Si j'en obtiens l'effet, je t'engage ma foi
De ne respirer pas un moment après toi.
Adieu; sors, et sur-tout garde bien qu'on te voie.

ELVIRE.

Madame, quelques maux que le ciel nous envoie...

ACTE III, SCÈNE V.

CHIMÈNE.

Ne m'importune plus; laisse-moi soupirer.
Je cherche le silence et la nuit pour pleurer.

SCÈNE V.[1]

D. DIÈGUE.

JAMAIS nous ne goûtons de parfaite allégresse :
Nos plus heureux succès sont mêlés de tristesse ;
Toujours quelques soucis en ces événements
Troublent la pureté de nos contentements.
Au milieu du bonheur mon âme en sent l'atteinte ;
Je nage dans la joie, et je tremble de crainte.
J'ai vu mort l'ennemi qui m'avoit outragé ;
Et je ne saurois voir la main qui m'a vengé.
En vain je m'y travaille, et d'un soin inutile,
Tout cassé que je suis, je cours toute la ville :
Ce peu que mes vieux ans m'ont laissé de vigueur
Se consume sans fruit à chercher ce vainqueur.
A toute heure, en tous lieux, dans une nuit si sombre,
Je pense l'embrasser, et n'embrasse qu'une ombre ;
Et mon amour, déçu par cet objet trompeur,
Se forme des soupçons qui redoublent ma peur.
Je ne découvre point de marques de sa fuite ;
Je crains du comte mort les amis et la suite ;
Leur nombre m'épouvante et confond ma raison.
Rodrigue ne vit plus, ou respire en prison.
Justes cieux ! me trompé-je encore à l'apparence,
Ou si je vois enfin mon unique espérance ?

C'est lui, n'en doutons plus ; mes vœux sont exaucés,
Ma crainte est dissipée, et mes ennuis cessés.

SCÈNE VI.

D. DIÈGUE, D. RODRIGUE.

D. DIÈGUE.

Rodrigue, enfin le ciel permet que je te voie !

RODRIGUE.

Hélas !

D. DIÈGUE.

Ne mêle point de soupirs à ma joie ;
Laisse-moi prendre haleine afin de te louer.
Ma valeur n'a point lieu de te désavouer ;
Tu l'as bien imitée, et ton illustre audace
Fait bien revivre en toi les héros de ma race ;
C'est d'eux que tu descends, c'est de moi que tu viens :
Ton premier coup d'épée égale tous les miens ;
Et d'une belle ardeur ta jeunesse animée,
Par cette grande épreuve atteint ma renommée.
Appui de ma vieillesse, et comble de mon heur,
Touche ces cheveux blancs à qui tu rends l'honneur ;
Viens baiser cette joue, et reconnois la place
Où fut jadis l'affront que ton courage efface.

D. RODRIGUE.

L'honneur vous en est dû ; je ne pouvois pas moins.
Étant sorti de vous et nourri par vos soins,
Je m'en tiens trop heureux, et mon âme est ravie
Que mon coup d'essai plaise à qui je dois la vie :

ACTE III, SCÈNE VI.

Mais parmi vos plaisirs ne soyez point jaloux
« Si je m'ose, à mon tour, satisfaire après vous. »*
Souffrez qu'en liberté mon désespoir éclate;
Assez et trop long-temps votre discours le flatte.
Je ne me repens point de vous avoir servi;
Mais rendez-moi le bien que ce coup m'a ravi.
Mon bras, pour vous venger, armé contre ma flamme,
Par ce coup glorieux, m'a privé de mon âme.
Ne me dites plus rien : pour vous j'ai tout perdu;
Ce que je vous devois, je vous l'ai bien rendu.

D. DIÈGUE.

« Porte, porte plus haut le fruit de ta victoire. »[b]
Je t'ai donné la vie, et tu me rends ma gloire;
Et d'autant que l'honneur m'est plus cher que le jour,
D'autant plus maintenant je te dois de retour.
Mais d'un cœur magnanime éloigne ces foiblesses;
Nous n'avons qu'un honneur ; il est tant de maîtresses!
L'amour n'est qu'un plaisir, l'honneur est un devoir.

D. RODRIGUE.

Ah! que me dites-vous?

D. DIÈGUE.

Ce que tu dois savoir.

D. RODRIGUE.

Mon honneur offensé sur moi-même se venge;
Et vous m'osez pousser à la honte du change!
L'infamie est pareille, et suit également
Le guerrier sans courage, et le perfide amant.

---

[a] Si j'ose satisfaire à moi-même après vous.

[b] Porte encore plus haut le fruit de ta victoire.

A ma fidélité ne faites point d'injure ;
Souffrez-moi généreux sans me rendre parjure ;
Mes liens sont trop forts pour être ainsi rompus ;
Ma foi m'engage encor si je n'espère plus ;
Et, ne pouvant quitter ni posséder Chimène,
Le trépas que je cherche est ma plus douce peine.

D. DIÈGUE.

Il n'est pas temps encor de chercher le trépas ;
Ton prince et ton pays ont besoin de ton bras.
La flotte qu'on craignoit, dans le grand fleuve entrée,
Vient surprendre la ville, et piller la contrée.
Les Maures vont descendre ; et le flux et la nuit,
Dans une heure, à nos murs les amènent sans bruit.
La cour est en désordre, et le peuple en alarmes ;
On n'entend que des cris, on ne voit que des larmes.
Dans ce malheur public mon bonheur a permis
Que j'ai trouvé chez moi cinq cents de mes amis,[1]
Qui, sachant mon affront, poussés d'un même zèle,
Se venoient tous offrir à venger ma querelle.
Tu les as prévenus ; mais leurs vaillantes mains
Se tremperont bien mieux au sang des Africains.
Va marcher à leur tête, où l'honneur te demande ;
C'est toi que veut pour chef leur généreuse bande.
De ces vieux ennemis va soutenir l'abord ;
Là, si tu veux mourir, trouve une belle mort ;
Prends-en l'occasion, puisqu'elle t'est offerte :
Fais devoir à ton roi son salut à ta perte :
Mais reviens-en plutôt les palmes sur le front :
Ne borne pas ta gloire à venger un affront ;

ACTE III, SCENE VI.

Porte-la plus avant; force, par ta vaillance,
Ce monarque au pardon, et Chimène au silence :
Si tu l'aimes, apprends que revenir vainqueur
C'est l'unique moyen de regagner son cœur.
Mais le temps est trop cher pour le perdre en paroles;
Je t'arrête en discours, et je veux que tu voles.
Viens, suis-moi; va combattre, et montrer à ton roi
Que ce qu'il perd au comte il le recouvre en toi.

FIN DU TROSIÈME ACTE.

ACTE QUATRIÈME.

SCÈNE I.ère

CHIMÈNE, ELVIRE.

CHIMÈNE.

« N'est-ce point un faux bruit? le sais-tu bien, Elvire?[1]

ELVIRE.

« Vous ne croiriez jamais comme chacun l'admire,
« Et porte jusqu'au ciel, d'une commune voix,
« De ce jeune héros les glorieux exploits.
« Les Maures devant lui n'ont paru qu'à leur honte;
« Leur abord fut bien prompt, leur fuite encor plus prompte.
« Trois heures de combat laissent à nos guerriers
« Une victoire entière, et deux rois prisonniers.
« La valeur de leur chef ne trouvoit point d'obstacles.

CHIMÈNE.

« Et la main de Rodrigue a fait tous ces miracles!

ELVIRE.

« De ses nobles efforts ces deux rois sont le prix;
« Sa main les a vaincus, et sa main les a pris.

CHIMÈNE.

« De qui peux-tu savoir ces nouvelles étranges?

ELVIRE.

« Du peuple, qui par-tout fait sonner ses louanges,
« Le nomme de sa joie et l'objet et l'auteur,
« Son ange tutélaire, et son libérateur.

ACTE IV, SCÈNE I.

CHIMÈNE.

« Et le roi, de quel œil voit-il tant de vaillance ?

ELVIRE.

« Rodrigue n'ose encor paroître en sa présence ;
« Mais don Diègue ravi lui présente enchaînés,
« Au nom de ce vainqueur, ces captifs couronnés,
« Et demande pour grâce à ce généreux prince
« Qu'il daigne voir la main qui sauve la province.

CHIMÈNE.

« Mais n'est-il point blessé ?

ELVIRE.

Je n'en ai rien appris.
« Vous changez de couleur ! reprenez vos esprits.

CHIMÈNE.

« Reprenons donc aussi ma colère affoiblie :
« Pour avoir soin de lui faut-il que je m'oublie ?
« On le vante, on le loue ; et mon cœur y consent !
« Mon honneur est muet, mon devoir impuissant !
« Silence, mon amour, laisse agir ma colère.
« S'il a vaincu deux rois, il a tué mon père.
« Ces tristes vêtements, où je lis mon malheur,
« Sont les premiers effets qu'ait produits sa valeur ;
« Et quoi qu'on dise ailleurs d'un cœur si magnanime,
« Ici tous les objets me parlent de son crime.
« Vous qui rendez la force à mes ressentiments,
« Voile, crêpes, habits, lugubres ornements,
« Pompe où m'ensevelit sa première victoire,
« Contre ma passion soutenez bien ma gloire ;
« Et lorsque mon amour prendra trop de pouvoir,
« Parlez à mon esprit de mon triste devoir ;

« Attaquez sans rien craindre une main triomphante.
ELVIRE.
« Modérez ces transports ; voici venir l'infante.

SCÈNE II.
L'INFANTE, CHIMÈNE, LÉONOR, ELVIRE.
L'INFANTE.
« Je ne viens pas ici consoler tes douleurs.;
« Je viens plutôt mêler mes soupirs à tes pleurs.
CHIMÈNE.
« Prenez bien plutôt part à la commune joie,
« Et goûtez le bonheur que le ciel vous envoie,
« Madame : autre que moi n'a droit de soupirer.
« Le péril dont Rodrigue a su nous retirer,
« Et le salut public que vous rendent ses armes,
« A moi seule aujourd'hui permet encor les larmes :
« Il a sauvé la ville, il a servi son roi ;
« Et son bras valeureux n'est funeste qu'à moi.
L'INFANTE.
« Ma Chimène, il est vrai qu'il a fait des merveilles.
CHIMÈNE.
« Déjà ce bruit fâcheux a frappé mes oreilles ;
« Et je l'entends par-tout publier hautement
« Aussi brave guerrier que malheureux amant.
L'INFANTE.
« Qu'a de fâcheux pour toi ce discours populaire ?
« Ce jeune Mars qu'il loue a su jadis te plaire ;
« Il possédoit ton âme, il vivoit sous tes lois ;
« Et vanter sa valeur, c'est honorer ton choix.

ACTE IV, SCÈNE II.

CHIMÈNE.

« Chacun peut la vanter avec quelque justice,
« Mais pour moi sa louange est un nouveau supplice.
« On aigrit ma douleur en l'élevant si haut :
« Je vois ce que je perds quand je vois ce qu'il vaut.
« Ah ! cruels déplaisirs à l'esprit d'une amante !
« Plus j'apprends son mérite, et plus mon feu s'augmente :
« Cependant mon devoir est toujours le plus fort,
« Et, malgré mon amour, va poursuivre sa mort.

L'INFANTE.

« Hier, ce devoir te mit en une haute estime ; [2]
« L'effort que tu te fis parut si magnanime,
« Si digne d'un grand cœur, que chacun à la cour
« Admiroit ton courage et plaignoit ton amour.
« Mais croirois-tu l'avis d'une amitié fidèle ?

CHIMÈNE.

« Ne vous obéir pas me rendroit criminelle.

L'INFANTE.

« Ce qui fut juste alors ne l'est plus aujourd'hui.
« Rodrigue maintenant est notre unique appui,
« L'espérance et l'amour d'un peuple qui l'adore,
« Le soutien de Castille, et la terreur du Maure.
« Le roi même est d'accord de cette vérité,
« Que ton père en lui seul se voit ressuscité ; [a]
« Et si tu veux enfin qu'en deux mots je m'explique,
« Tu poursuis en sa mort la ruine publique.
« Quoi ! pour venger un père, est-il jamais permis
« De livrer sa patrie aux mains des ennemis ?

[a] Ses faits nous ont rendu ce qu'ils nous ont ôté ;
Et ton père en lui seul se voit ressuscité.

« Contre nous ta poursuite est-elle légitime ?
« Et pour être punis, avons-nous part au crime ?
« Ce n'est pas qu'après tout tu doives épouser
« Celui qu'un père mort t'obligeoit d'accuser ;
« Je te voudrois moi-même en arracher l'envie :
« Ote-lui ton amour, mais laisse-nous sa vie.

CHIMÈNE.

« Ah ! ce n'est pas à moi d'avoir tant de bonté ;
« Le devoir qui m'aigrit n'a rien de limité.
« Quoique pour ce vainqueur mon amour s'intéresse,
« Quoiqu'un peuple l'adore, et qu'un roi le caresse,
« Qu'il soit environné des plus vaillants guerriers,
« J'irai sous mes cyprès accabler ses lauriers.

L'INFANTE.

« C'est générosité quand, pour venger un père,
« Notre devoir attaque une tête si chère ;
« Mais c'en est une encor d'un plus illustre rang,
« Quand on donne au public les intérêts du sang.
« Non, crois-moi, c'est assez que d'éteindre ta flamme ;
« Il sera trop puni s'il n'est plus dans ton âme.
« Que le bien du pays t'impose cette loi.
« Aussi bien, que crois-tu que t'accorde le roi ?

CHIMÈNE.

« Il peut me refuser, mais je ne puis me taire.

L'INFANTE.

« Pense bien, ma Chimène, à ce que tu veux faire.
« Adieu : tu pourras seule y songer à loisir.

CHIMÈNE.

« Après mon père mort, je n'ai point à choisir.

SCÈNE III.[1]

LE ROI, D. DIÈGUE, D. ARIAS,
D. RODRIGUE, D. SANCHE.

LE ROI.

Généreux héritier d'une illustre famille
Qui fut toujours la gloire et l'appui de Castille,
Race de tant d'aïeux en valeur signalés,
Que l'essai de la tienne a sitôt égalés,
Pour te récompenser ma force est trop petite ;
Et j'ai moins de pouvoir que tu n'as de mérite.
Le pays délivré d'un si rude ennemi,
Mon sceptre dans ma main par la tienne affermi,
Et les Maures défaits avant qu'en ces alarmes
J'eusse pu donner ordre à repousser leurs armes, [2]
Ne sont point des exploits qui laissent à ton roi
Le moyen ni l'espoir de s'acquitter vers toi.
Mais deux rois tes captifs feront ta récompense :
Ils t'ont nommé tous deux leur Cid en ma présence. [3]
Puisque Cid en leur langue est autant que seigneur,
Je ne t'envîrai pas ce beau titre d'honneur.
Sois désormais le Cid ; qu'à ce grand nom tout cède ;
Qu'il comble d'épouvante et Grenade et Tolède ;
Et qu'il marque à tous ceux qui vivent sous mes lois
Et ce que tu me vaux et ce que je te dois.

D. RODRIGUE.

Que votre majesté, sire, épargne ma honte. [4]
D'un si foible service elle fait trop de compte,

Et me force à rougir devant un si grand roi
De mériter si peu l'honneur que j'en reçoi.
Je sais trop que je dois au bien de votre empire
Et le sang qui m'anime et l'air que je respire;
Et, quand je les perdrai pour un si digne objet,
Je ferai seulement le devoir d'un sujet.

LE ROI.

Tous ceux que ce devoir à mon service engage,
Ne s'en acquittent pas avec même courage;
Et lorsque la valeur ne va point dans l'excès,
Elle ne produit point de si rares succès.
Souffre donc qu'on te loue, et de cette victoire
Apprends-moi plus au long la véritable histoire.

D. RODRIGUE.

Sire, vous avez su qu'en ce danger pressant,
Qui jeta dans la ville un effroi si puissant,
Une troupe d'amis, chez mon père assemblée,
Sollicita mon âme encor toute troublée....
Mais, sire, pardonnez à ma témérité
Si j'osai l'employer sans votre autorité;
Le péril approchoit; leur brigade étoit prête;
Me montrant à la cour je hasardois ma tête;
Et s'il la falloit perdre, il m'étoit bien plus doux
De sortir de la vie en combattant pour vous.

LE ROI.

J'excuse ta chaleur à venger ton offense;
Et l'état défendu me parle en ta défense:
Crois que dorénavant Chimène a beau parler,
Je ne l'écoute plus que pour la consoler.
Mais poursuis.

ACTE IV, SCÈNE III.

D. RODRIGUE.

Sous moi donc cette troupe s'avance,
Et porte sur le front une mâle assurance.
Nous partîmes cinq cents; mais, par un prompt renfort,
Nous nous vîmes trois mille en arrivant au port; 5
Tant à nous voir marcher avec un tel visage
Les plus épouvantés reprenoient de courage!
J'en cache les deux tiers aussitôt qu'arrivés
Dans le fond des vaisseaux qui lors furent trouvés;
Le reste, dont le nombre augmentoit à toute heure,
Brûlant d'impatience, autour de moi demeure,
Se couche contre terre, et sans faire aucun bruit,
Passe une bonne part d'une si belle nuit.
Par mon commandement la garde en fait de même,
Et, se tenant cachée, aide à mon stratagème;
Et je feins hardiment d'avoir reçu de vous
L'ordre qu'on me voit suivre et que je donne à tous.
Cette obscure clarté qui tombe des étoiles
Enfin avec le flux nous fit voir trente voiles;
L'onde s'enfle dessous, et d'un commun effort
Les Maures et la mer montent jusques au port.
On les laisse passer; tout leur paroît tranquille;
Point de soldats au port, point aux murs de la ville.
Notre profond silence abusant leurs esprits,
Ils n'osent plus douter de nous avoir surpris;
Ils abordent sans peur; ils ancrent, ils descendent,
Et courent se livrer aux mains qui les attendent.
Nous nous levons alors, et tous en même temps
Poussons jusques au ciel mille cris éclatants.

Les nôtres à ces cris de nos vaisseaux répondent;
Ils paroissent armés : les Maures se confondent;
L'épouvante les prend à demi descendus;
Avant que de combattre ils s'estiment perdus.
Ils couroient au pillage, et rencontrent la guerre;
Nous les pressons sur l'eau, nous les pressons sur terre,
Et nous faisons courir des ruisseaux de leur sang,
Avant qu'aucun résiste, ou reprenne son rang.
Mais bientôt, malgré nous, leurs princes les rallient;
Leur courage renaît, et leurs terreurs s'oublient:
La honte de mourir sans avoir combattu
Arrête leur désordre, et leur rend leur vertu.
Contre nous de pied ferme ils tirent leurs épées;
Des plus braves soldats les trames sont coupées;
Et la terre, et le fleuve, et leur flotte, et le port,
Sont des champs de carnage où triomphe la mort.
O combien d'actions, combien d'exploits célèbres,
Furent ensevelis dans l'horreur des ténèbres,
Où chacun, seul témoin des grands coups qu'il donnoit,
Ne pouvoit discerner où le sort inclinoit!
J'allois de tous côtés encourager les nôtres,
Faire avancer les uns, et soutenir les autres,
Ranger ceux qui venoient, les pousser à leur tour;
Et ne l'ai pu savoir jusques au point du jour.
Mais enfin sa clarté montre notre avantage:
Le Maure voit sa perte, et soudain perd courage;
Et voyant un renfort qui nous vient secourir,
L'ardeur de vaincre cède à la peur de mourir.
Ils gagnent leurs vaisseaux, ils en coupent les câbles,
Nous laissent pour adieux des cris épouvantables,

ACTE IV, SCÈNE IV.

Font retraite en tumulte, et sans considérer
Si leurs rois avec eux peuvent se retirer :
« Pour souffrir ce devoir leur frayeur est trop forte.ᵃ
Le flux les apporta, le reflux les remporte ;
Cependant que leurs rois, engagés parmi nous,
Et quelque peu des leurs, tous percés de nos coups,
Disputent vaillamment et vendent bien leur vie.
A se rendre moi-même en vain je les convie ;
Le cimeterre au poing ils ne m'écoutent pas :
Mais voyant à leurs pieds tomber tous leurs soldats,
Et que seuls désormais en vain ils se défendent,
Ils demandent le chef ; je me nomme, ils se rendent.
Je vous les envoyai tous deux en même temps ;
Et le combat cessa faute de combattants.
C'est de cette manière que, pour votre service....

SCÈNE IV.

LE ROI, D. DIÈGUE, D. RODRIGUE, D. ARIAS, D. ALONSE, D. SANCHE.

D. ALONSE.

Sire, Chimène vient vous demander justice.

LE ROI.

La fâcheuse nouvelle ! et l'importun devoir ! [1]
Va, je ne la veux pas obliger à te voir.
Pour tout remercîment il faut que je te chasse :
Mais, avant que sortir, viens, que ton roi t'embrasse.
(D. Rodrigue rentre.)

ᵃ Ainsi leur devoir cède à la frayeur plus forte.

D. DIÈGUE.

Chimène le poursuit et voudroit le sauver.

LE ROI.

On m'a dit qu'elle l'aime, et je vais l'éprouver.
Montrez un œil plus triste.

SCÈNE V.

LE ROI, D. DIÈGUE, D. ARIAS, D. SANCHE, D. ALONSE, CHIMÈNE, ELVIRE.

LE ROI.

     Enfin soyez contente,
Chimène, le succès répond à votre attente. 1
Si de nos ennemis Rodrigue a le dessus,
Il est mort à nos yeux des coups qu'il a reçus;
Rendez grâces au ciel qui vous en a vengée.
 (A D. Diègue.)
Voyez comme déjà sa couleur est changée.

D. DIÈGUE.

Mais voyez qu'elle pâme, et d'un amour parfait,
Dans cette pâmoison, sire, admirez l'effet.
Sa douleur a trahi les secrets de son âme,
Et ne vous permet plus de douter de sa flamme.

CHIMÈNE.

Quoi! Rodrigue est donc mort?

LE ROI.

     Non, non, il voit le jour,
Et te conserve encore un immuable amour:

ACTE IV, SCÈNE V.

« Calme cette douleur qui pour lui s'intéresse. ^a
CHIMÈNE.
Sire, on pâme de joie, ainsi que de tristesse :
Un excès de plaisir nous rend tout languissants ;
Et, quand il surprend l'âme, il accable les sens.
LE ROI.
Tu veux qu'en ta faveur nous croyions l'impossible ;
Chimène, ta douleur a paru trop visible.
CHIMÈNE.
Eh bien, sire, ajoutez ce comble à mon malheur,
Nommez ma pâmoison l'effet de ma douleur :
Un juste déplaisir à ce point m'a réduite ;
Son trépas déroboit sa tête à ma poursuite ;
S'il meurt des coups reçus pour le bien du pays,
Ma vengeance est perdue et mes desseins trahis :
Une si belle fin m'est trop injurieuse.
Je demande sa mort, mais non pas glorieuse,
Non pas dans un éclat qui l'élève si haut,
Non pas au lit d'honneur, mais sur un échafaud ;
Qu'il meure pour mon père, et non pour la patrie ;
Que son nom soit taché, sa mémoire flétrie.
Mourir pour le pays n'est pas un triste sort ;
C'est s'immortaliser par une belle mort.
« J'aime donc sa victoire, et je le puis sans crime ;
« Elle assure l'état, et me rend ma victime,
« Mais noble, mais fameuse entre tous les guerriers,
« Le chef, au lieu de fleurs, couronné de lauriers ;
« Et, pour dire en un mot ce que j'en considère,
« Digne d'être immolée aux mânes de mon père....

---
^a Tu le possèderas ; reprends ton allégresse.

« Hélas ! à quel espoir me laissé-je emporter !
« Rodrigue de ma part n'a rien à redouter.
« Que pourroient contre lui des larmes qu'on méprise ?
« Pour lui tout votre empire est un lieu de franchise;
« Là, sous votre pouvoir, tout lui devient permis ;
« Il triomphe de moi comme des ennemis.
« Dans leur sang répandu la justice étouffée
« Au crime du vainqueur sert d'un nouveau trophée;
« Nous en croissons la pompe ; et le mépris des lois
« Nous fait suivre son char au milieu de deux rois.

LE ROI.

Ma fille, ces transports ont trop de violence.
Quand on rend la justice, on met tout en balance.
On a tué ton père; il étoit l'agresseur,
Et la même équité m'ordonne la douceur.
Avant que d'accuser ce que j'en fais paroître,
Consulte bien ton cœur; Rodrigue en est le maître;
Et ta flamme en secret rend grâces à ton roi,
Dont la faveur conserve un tel amant pour toi.

CHIMÈNE.

Pour moi ! mon ennemi ! l'objet de ma colère !
L'auteur de mes malheurs ! l'assassin de mon père ! [3]
De ma juste poursuite on fait si peu de cas,
Qu'on me croit obliger en ne m'écoutant pas !
Puisque vous refusez la justice à mes larmes,
Sire, permettez-moi de recourir aux armes ;
C'est par-là seulement qu'il a su m'outrager,
Et c'est aussi par-là que je me dois venger.
A tous vos cavaliers je demande sa tête ;
Oui, qu'un d'eux me l'apporte, et je suis sa conquête;

ACTE IV, SCENE V.

Qu'ils le combattent, sire; et, le combat fini,
J'épouse le vainqueur, si Rodrigue est puni :
Sous votre autorité souffrez qu'on le publie.

LE ROI.

Cette vieille coutume en ces lieux établie,
Sous couleur de punir un injuste attentat,
Des meilleurs combattants affoiblit un état;
Souvent de cet abus le succès déplorable
Opprime l'innocent, et soutient le coupable.
J'en dispense Rodrigue; il m'est trop précieux
Pour l'exposer aux coups d'un sort capricieux;
Et quoi qu'ait pu commettre un cœur si magnanime,
Les Maures, en fuyant, ont emporté son crime.

D. DIÈGUE.

Quoi! sire, pour lui seul vous renversez des lois
Qu'a vu toute la cour observer tant de fois!
Que croira votre peuple, et que dira l'envie
Si sous votre défense il ménage sa vie,
Et s'en fait un prétexte à ne paroître pas
Où tous les gens d'honneur cherchent un beau trépas?
De pareilles faveurs terniroient trop sa gloire;
Qu'il goûte sans rougir les fruits de sa victoire.
Le comte eut de l'audace, il l'en a su punir :
Il l'a fait en brave homme, et le doit soutenir.

LE ROI.

Puisque vous le voulez, j'accorde qu'il le fasse :
Mais d'un guerrier vaincu mille prendroient la place;
Et le prix que Chimène au vainqueur a promis
De tous mes cavaliers feroit ses ennemis :

L'opposer seul à tous seroit trop d'injustice ;
Il suffit qu'une fois il entre dans la lice.
Choisis qui tu voudras, Chimène, et choisis bien ;
Mais après ce combat ne demande plus rien.

D. DIÈGUE.

N'excusez point par-là ceux que son bras étonne ;
Laissez un champ ouvert où n'entrera personne.
Après ce que Rodrigue a fait voir aujourd'hui,
Quel courage assez vain s'oseroit prendre à lui ?
Qui se hasarderoit contre un tel adversaire ?
Qui seroit ce vaillant, ou bien ce téméraire ?

D. SANCHE.

Faites ouvrir le champ : vous voyez l'assaillant ;
Je suis ce téméraire, ou plutôt ce vaillant.
(A Chimène.)
Accordez cette grâce à l'ardeur qui me presse.
Madame, vous savez quelle est votre promesse.

LE ROI.

Chimène, remets-tu ta querelle en sa main ?

CHIMÈNE.

Sire, je l'ai promis.

LE ROI.

Soyez prêt à demain.

D. DIÈGUE.

Non, sire, il ne faut pas différer davantage ;
On est toujours tout prêt quand on a du courage.

LE ROI.

Sortir d'une bataille, et combattre à l'instant !

D. DIÈGUE.

Rodrigue a pris haleine en vous la racontant.

ACTE IV, SCÈNE V.

LE ROI.

Du moins une heure ou deux je veux qu'il se délasse.
Mais de peur qu'en exemple un tel combat ne passe,
Pour témoigner à tous qu'à regret je permets
Un sanglant procédé qui ne me plut jamais,
De moi ni de ma cour il n'aura la présence. 4
(A D. Arias.)
Vous seul des combattants jugerez la vaillance.
Ayez soin que tous deux fassent en gens de cœur,
Et, le combat fini, m'amenez le vainqueur.
Quel qu'il soit, même prix est acquis à sa peine;
Je le veux de ma main présenter à Chimène,
Et que, pour récompense, il reçoive sa foi.

CHIMÈNE.

Quoi! sire, m'imposer une si dure loi!

LE ROI.

Tu t'en plains; mais ton feu, loin d'avouer ta plainte,
Si Rodrigue est vainqueur, l'accepte sans contrainte.
Cesse de murmurer contre un arrêt si doux;
Qui que ce soit des deux, j'en ferai ton époux.

FIN DU QUATRIÈME ACTE.

ACTE CINQUIÈME.

SCÈNE I.ère

D. RODRIGUE, CHIMÈNE.

CHIMÈNE.

Quoi! Rodrigue, en plein jour! d'où te vient cette audace?
Va, tu me perds d'honneur; retire-toi, de grâce.

D. RODRIGUE.

Je vais mourir, madame, et vous viens en ce lieu,
Avant le coup mortel, dire un dernier adieu; [1]
« Cet immuable amour qui sous vos lois m'engage,
« N'ose accepter ma mort sans vous en faire hommage.[a]

CHIMÈNE.

Tu vas mourir!

D. RODRIGUE.

Je cours à ces heureux moments
Qui vont livrer ma vie à vos ressentiments.

CHIMÈNE.

Tu vas mourir! Don Sanche est-il si redoutable,
Qu'il donne l'épouvante à ce cœur indomptable?
Qui t'a rendu si foible? ou qui le rend si fort?
Rodrigue va combattre, et se croit déjà mort!
Celui qui n'a pas craint les Maures, ni mon père,
Va combattre don Sanche, et déjà désespère!

[a] Mon amour vous le doit, et mon cœur qui soupire
N'ose, sans votre aveu, sortir de votre empire.

ACTE V, SCÈNE I.

Ainsi donc au besoin ton courage s'abat !

D. RODRIGUE.

Je cours à mon supplice, et non pas au combat ;
Et ma fidèle ardeur sait bien m'ôter l'envie,
Quand vous cherchez ma mort, de défendre ma vie.
J'ai toujours même cœur, mais je n'ai point de bras
Quand il faut conserver ce qui ne vous plaît pas :
Et déjà cette nuit m'auroit été mortelle
Si j'eusse combattu pour ma seule querelle ;
Mais défendant mon roi, son peuple, et le pays,
A me défendre mal je les aurois trahis.
Mon esprit généreux ne hait pas tant la vie,
Qu'il en veuille sortir par une perfidie :
Maintenant qu'il s'agit de mon seul intérêt,
Vous demandez ma mort, j'en accepte l'arrêt.
Votre ressentiment choisit la main d'un autre :
Je ne méritois pas de mourir de la vôtre.
On ne me verra point en repousser les coups ;
Je dois plus de respect à qui combat pour vous ;
Et, ravi de penser que c'est de vous qu'ils viennent,
Puisque c'est votre honneur que ses armes soutiennent,
Je lui vais présenter mon estomac ouvert,
Adorant en sa main la vôtre qui me perd. 2

CHIMÈNE.

Si d'un triste devoir la juste violence,
Qui me fait malgré moi poursuivre ta vaillance,
Prescrit à ton amour une si forte loi
Qu'il te rend sans défense à qui combat pour moi ;
En cet aveuglement ne perds pas la mémoire
Qu'ainsi que de ta vie il y va de ta gloire,

Et que, dans quelque éclat que Rodrigue ait vécu,
Quand on le saura mort, on le croira vaincu.
Ton honneur t'est plus cher que je ne te suis chère,
Puisqu'il trempe tes mains dans le sang de mon père,
Et te fait renoncer, malgré ta passion,
A l'espoir le plus doux de ma possession;
Je t'en vois cependant faire si peu de compte,
Que sans rendre combat tu veux qu'on te surmonte.
Quelle inégalité ravale ta vertu!
Pourquoi ne l'as-tu plus? ou pourquoi l'avois-tu?
Quoi! n'es-tu généreux que pour me faire outrage?
S'il ne faut m'offenser, n'as-tu point de courage?
Et traites-tu mon père avec tant de rigueur,
Qu'après l'avoir vaincu tu souffres un vainqueur?
Non, sans vouloir mourir, laisse-moi te poursuivre;
Et défends ton honneur, si tu ne veux plus vivre.[3]

D. RODRIGUE.

Après la mort du comte, et les Maures défaits,
Faudroit-il à ma gloire encor d'autres effets?
« Elle peut dédaigner le soin de me défendre :
« On sait que mon courage ose tout entreprendre,
« Que ma valeur peut tout, et que dessous les cieux,
« Auprès de mon honneur, rien ne m'est précieux.
Non, non, en ce combat, quoi que vous veuilliez croire,
Rodrigue peut mourir sans hasarder sa gloire,
Sans qu'on l'ose accuser d'avoir manqué de cœur,
Sans passer pour vaincu, sans souffrir un vainqueur.
On dira seulement : *Il adoroit Chimène;*
Il n'a pas voulu vivre, et mériter sa haine;

ACTE V, SCÈNE II.

Il a cédé lui-même à la rigueur du sort
Qui forçoit sa maîtresse à poursuivre sa mort :
Elle vouloit sa tête ; et son cœur magnanime,
S'il l'en eût refusée, eût pensé faire un crime :
Pour venger son honneur, il perdit son amour ;
Pour venger sa maîtresse il a quitté le jour,
Préférant, quelque espoir qu'eût son âme asservie,
Son honneur à Chimène, et Chimène à sa vie.
« Ainsi donc vous verrez ma mort en ce combat,
« Loin d'obscurcir ma gloire, en rehausser l'éclat ;
« Et cet honneur suivra mon trépas volontaire, 4
« Que tout autre que moi n'eût pu vous satisfaire.

CHIMÈNE.

Puisque, pour t'empêcher de courir au trépas,
Ta vie et ton honneur sont de foibles appas,
Si jamais je t'aimai, cher Rodrigue, en revanche
Défends-toi maintenant pour m'ôter à don Sanche ;
Combats pour m'affranchir d'une condition
Qui me donne à l'objet de mon aversion.
Te dirai-je encor plus ? va, songe à ta défense,
Pour forcer mon devoir, pour m'imposer silence ;
Et, si tu sens pour moi ton cœur encore épris,
Sors vainqueur d'un combat dont Chimène est le prix.
Adieu : ce mot lâché me fait rougir de honte.

SCÈNE II.

D. RODRIGUE.

Est-il quelque ennemi qu'à présent je ne dompte ?
Paroissez, Navarrois, Maures, et Castillans, [1]
Et tout ce que l'Espagne a nourri de vaillants ;

Unissez-vous ensemble, et faites une armée,
Pour combattre une main de la sorte animée :
Joignez tous vos efforts contre un espoir si doux;
Pour en venir à bout, c'est trop peu que de vous.

SCÈNE III.

L'INFANTE, seule.

« T'écouterai-je encor, respect de ma naissance,
» Qui fais un crime de mes feux ?
« T'écouterai-je, amour, dont la douce puissance
« Contre ce fier tyran fait révolter mes vœux ?
  « Pauvre princesse ! auquel des deux
  « Dois-tu prêter obéissance ?
« Rodrigue, ta valeur te rend digne de moi;
« Mais pour être vaillant, tu n'es pas fils de roi.

« Impitoyable sort, dont la rigueur sépare
  « Ma gloire d'avec mes désirs,
« Est-il dit que le choix d'une vertu si rare
« Coûte à ma passion de si grands déplaisirs ?
  « O cieux ! à combien de soupirs
  « Faut-il que mon cœur se prépare,
« Si jamais il n'obtient sur un si long tourment
« Ni d'éteindre l'amour, ni d'accepter l'amant !

« Mais c'est trop de scrupule, et ma raison s'étonne
  « Du mépris d'un si digne choix :
« Bien qu'aux monarques seuls ma naissance me donne,
« Rodrigue, avec honneur je vivrai sous tes lois.
  « Après avoir vaincu deux rois
  « Pourrois-tu manquer de couronne ?

ACTE V, SCÈNE IV.

« Et ce grand nom de Cid que tu viens de gagner,
« Ne fait-il pas trop voir sur qui tu dois régner ?

« Il est digne de moi, mais il est à Chimène ;
  « Le don que j'en ai fait me nuit.
« Entre eux la mort d'un père a si peu mis de haine,
« Que le devoir du sang à regret le poursuit :
   « Ainsi n'espérons aucun fruit
   « De son crime, ni de ma peine,
« Puisque, pour me punir, le destin a permis
« Que l'amour dure même entre deux ennemis.

SCÈNE IV.

L'INFANTE, LÉONOR.

L'INFANTE.

« Ou viens-tu, Léonor ?

LÉONOR.

Vous applaudir, madame,
« Sur le repos qu'enfin a retrouvé votre âme.

L'INFANTE.

« D'où viendroit ce repos dans un comble d'ennui ?

LÉONOR.

« Si l'amour vit d'espoir, et s'il meurt avec lui,
« Rodrigue ne peut plus charmer votre courage.
« Vous savez le combat où Chimène l'engage ;
« Puisqu'il faut qu'il y meure, ou qu'il soit son mari,
« Votre espérance est morte, et votre esprit guéri.

L'INFANTE.

« Ah ! qu'il s'en faut encor !

LÉONOR.

Que pouvez-vous prétendre?

L'INFANTE.

« Mais plutôt quel espoir me pourrois-tu défendre?
« Si Rodrigue combat sous ces conditions,
« Pour en rompre l'effet j'ai trop d'inventions.
« L'amour, ce doux auteur de mes cruels supplices,
« Aux esprits des amants apprend trop d'artifices.

LÉONOR.

« Pourrez-vous quelque chose, après qu'un père mort
« N'a pu dans leurs esprits allumer de discord?
« Car Chimène aisément montre, par sa conduite,
« Que la haine aujourd'hui ne fait pas sa poursuite.
« Elle obtient un combat, et pour son combattant
« C'est le premier offert qu'elle accepte à l'instant :
« Elle n'a point recours à ces mains généreuses
« Que tant d'exploits fameux rendent si glorieuses ;
« Don Sanche lui suffit, et mérite son choix,
« Parce qu'il va s'armer pour la première fois ;
« Elle aime en ce duel son peu d'expérience ;
« Comme il est sans renom, elle est sans défiance ;
« Et sa facilité vous doit bien faire voir
« Qu'elle cherche un combat qui force son devoir,
« Qui livre à son Rodrigue une victoire aisée,
« Et l'autorise enfin à paroître apaisée.

L'INFANTE.

« Je le remarque assez, et toutefois mon cœur
« A l'envi de Chimène adore ce vainqueur.
« A quoi me résoudrai-je, amante infortunée?

LÉONOR.

« A vous ressouvenir de qui vous êtes née :
« Le ciel vous doit un roi, vous aimez un sujet !

L'INFANTE.

« Mon inclination a bien changé d'objet.
« Je n'aime plus Rodrigue, un simple gentilhomme ;
« Non, ce n'est plus ainsi que mon amour le nomme :
« Si j'aime, c'est l'auteur de tant de beaux exploits,
« C'est le valeureux Cid, le maître de deux rois.
« Je me vaincrai pourtant, non de peur d'aucun blâme,
« Mais pour ne troubler pas une si belle flamme ;
« Et, quand pour m'obliger on l'auroit couronné,
« Je ne veux point reprendre un bien que j'ai donné.
« Puisqu'en un tel combat sa victoire est certaine,
« Allons encore un coup le donner à Chimène.
« Et toi qui vois les traits dont mon cœur est percé,
« Viens me voir achever comme j'ai commencé.

SCÈNE V.[1]

CHIMÈNE, ELVIRE.

CHIMÈNE.

ELVIRE, que je souffre ! et que je suis à plaindre !
Je ne sais qu'espérer, et je vois tout à craindre ;
Aucun vœu ne m'échappe où j'ose consentir ;
Je ne souhaite rien sans un prompt repentir.
A deux rivaux pour moi je fais prendre les armes :
Le plus heureux succès me coûtera des larmes ;
Et quoi qu'en ma faveur en ordonne le sort,
Mon père est sans vengeance, ou mon amant est mort.

ELVIRE.

D'un et d'autre côté je vous vois soulagée : ²
Ou vous avez Rodrigue, ou vous êtes vengée ;
Et quoi que le destin puisse ordonner de vous,
Il soutient votre gloire, et vous donne un époux.

CHIMÈNE.

Quoi ! l'objet de ma haine, ou bien de ma colère !
L'assassin de Rodrigue, ou celui de mon père !
De tous les deux côtés on me donne un mari
Encor tout teint du sang que j'ai le plus chéri :
De tous les deux côtés mon âme se rebelle :
Je crains plus que la mort la fin de ma querelle.
Allez, vengeance, amour, qui troublez mes esprits,
Vous n'avez point pour moi de douceurs à ce prix.
Et toi, puissant moteur du destin qui m'outrage,
Termine ce combat sans aucun avantage,
Sans faire aucun des deux ni vaincu ni vainqueur !

ELVIRE.

Ce seroit vous traiter avec trop de rigueur.
Ce combat pour votre âme est un nouveau supplice,
S'il vous laisse obligée à demander justice,
A témoigner toujours ce haut ressentiment,
Et poursuivre toujours la mort de votre amant.
Madame, il vaut mieux que sa rare vaillance,
Lui couronnant le front, vous impose silence ;
Que la loi du combat étouffe vos soupirs,
Et que le roi vous force à suivre vos désirs.

CHIMÈNE.

Quand il sera vainqueur, crois-tu que je me rende ?
Mon devoir est trop fort, et ma perte trop grande ;

ACTE V, SCÈNE V.

Et ce n'est pas assez pour leur faire la loi,
Que celle du combat et le vouloir du roi.
Il peut vaincre don Sanche avec fort peu de peine,
Mais non pas avec lui la gloire de Chimène;
Et quoi qu'à sa victoire un monarque ait promis,
Mon honneur lui fera mille autres ennemis.

ELVIRE.

Gardez, pour vous punir de cet orgueil étrange,
Que le ciel à la fin ne souffre qu'on vous venge.
Quoi! vous voulez encor refuser le bonheur
De pouvoir maintenant vous taire avec honneur?
Que prétend ce devoir, et qu'est-ce qu'il espère?
La mort de votre amant vous rendra-t-elle un père?
Est-ce trop peu pour vous que d'un coup du malheur?
Faut-il perte sur perte, et douleur sur douleur?
Allez, dans le caprice où votre humeur s'obstine,
Vous ne méritez pas l'amant qu'on vous destine;
Et nous verrons du ciel l'équitable courroux
Vous laisser, par sa mort, don Sanche pour époux.

CHIMÈNE.

Elvire, c'est assez des peines que j'endure;
Ne les redouble point par ce funeste augure.
Je veux, si je le puis, les éviter tous deux;
Sinon, en ce combat Rodrigue a tous mes vœux:
Non qu'une folle ardeur de son côté me penche;
Mais, s'il étoit vaincu, je serois à don Sanche :
Cette appréhension fait naître mon souhait....
Que vois-je! malheureuse! Elvire, c'en est fait.

SCÈNE VI.[1]

D. SANCHE, CHIMÈNE, ELVIRE.

D. SANCHE.

Obligé d'apporter à vos pieds cette épée.... *a*

CHIMÈNE.

Quoi! du sang de Rodrigue encor toute trempée!
Perfide! oses-tu bien te montrer à mes yeux,
Après m'avoir ôté ce que j'aimois le mieux?
Éclate, mon amour, tu n'as plus rien à craindre;
Mon père est satisfait, cesse de te contraindre;
Un même coup a mis ma gloire en sûreté,
Mon âme au désespoir, ma flamme en liberté.

D. SANCHE.

D'un esprit plus rassis....

CHIMÈNE.

Tu me parles encore,
Exécrable assassin d'un héros que j'adore!
Va, tu l'as pris en traître; un guerrier si vaillant
N'eût jamais succombé sous un tel assaillant.
N'espère rien de moi, tu ne m'as point servie;
Et, croyant me venger, tu m'as ôté la vie.

D. SANCHE.

Étrange impression, qui, loin de m'écouter...

CHIMÈNE.

Veux-tu que de sa mort je t'écoute vanter,
Que j'entende à loisir avec quelle insolence
Tu peindras son malheur, mon crime, et ta vaillance?

a Madame, à vos genoux j'apporte cette épée....

SCÈNE VII.

LE ROI, D. DIÈGUE, D. ARIAS, D. SANCHE, D. ALONSE, CHIMÈNE, ELVIRE.

CHIMÈNE.

Sire, il n'est plus besoin de vous dissimuler
Ce que tous mes efforts ne vous ont pu celer.
J'aimois, vous l'avez su ; mais, pour venger mon père,
J'ai bien voulu proscrire une tête si chère :
Votre majesté, sire, elle-même a pu voir
Comme j'ai fait céder mon amour au devoir.
Enfin Rodrigue est mort, et sa mort m'a changée,
D'implacable ennemie, en amante affligée.
J'ai dû cette vengeance à qui m'a mise au jour,
Et je dois maintenant ces pleurs à mon amour.
Don Sanche m'a perdue en prenant ma défense ;
Et du bras qui me perd je suis la récompense !
Sire, si la pitié peut émouvoir un roi,
De grâce, révoquez une si dure loi ;
Pour prix d'une victoire où je perds ce que j'aime,
Je lui laisse mon bien, qu'il me laisse à moi-même ;
Qu'en un cloître sacré je pleure incessamment,
Jusqu'au dernier soupir, mon père et mon amant.

D. DIÈGUE.

Enfin elle aime, sire, et ne croit plus un crime
D'avouer par sa bouche un amour légitime.

LE ROI.

Chimène, sors d'erreur ; ton amant n'est pas mort ;
Et don Sanche vaincu t'a fait un faux rapport.

D. SANCHE.

Sire, un peu trop d'ardeur malgré moi l'a déçue :
Je venois du combat lui raconter l'issue.
Ce généreux guerrier dont son cœur est charmé,
Ne crains rien, m'a-t-il dit quand il m'a désarmé;
Je laisserois plutôt la victoire incertaine
Que de répandre un sang hasardé pour Chimène;
Mais puisque mon devoir m'appelle auprès du roi, [a]
Va de notre combat l'entretenir pour moi,
De la part du vainqueur lui porter ton épée.
Sire, j'y suis venu : cet objet l'a trompée;
Elle m'a cru vainqueur, me voyant de retour;
Et soudain sa colère a trahi son amour
Avec tant de transport et tant d'impatience,
Que je n'ai pu gagner un moment d'audience.
Pour moi, bien que vaincu, je me répute heureux;
Et, malgré l'intérêt de mon cœur amoureux,
Perdant infiniment, j'aime encor ma défaite,
Qui fait le beau succès d'une amour si parfaite.

LE ROI.

Ma fille, il ne faut point rougir d'un si beau feu,
Ni chercher les moyens d'en faire un désaveu :
Une louable honte en vain t'en sollicite;
Ta gloire est dégagée et ton devoir est quitte;
Ton père est satisfait, et c'étoit le venger
Que mettre tant de fois ton Rodrigue en danger.
Tu vois comme le ciel autrement en dispose.
Ayant tant fait pour lui, fais pour toi quelque chose;
Et ne sois point rebelle à mon commandement,
Qui te donne un époux aimé si chèrement.

SCÈNE VIII.

LE ROI, D. DIÈGUE, D. ARIAS, D. RODRIGUE, D. ALONSE, D. SANCHE, L'INFANTE, CHIMÈNE, LÉONOR, ELVIRE.

L'INFANTE.

« Sèche tes pleurs, Chimène, et reçois sans tristesse
« Ce généreux vainqueur des mains de ta princesse. »

D. RODRIGUE.

Ne vous offensez point, sire, si, devant vous,
Un respect amoureux me jette à ses genoux.
Je ne viens point ici demander ma conquête;
Je viens tout de nouveau vous apporter ma tête, [1]
Madame; mon amour n'emploîra point pour moi
Ni la loi du combat, ni le vouloir du roi.
Si tout ce qui s'est fait est trop peu pour un père,
Dites par quels moyens il vous faut satisfaire.
Faut-il combattre encor mille et mille rivaux,
Aux deux bouts de la terre étendre mes travaux,
Forcer moi seul un camp, mettre en fuite une armée,
Des héros fabuleux passer la renommée?
Si mon crime par-là se peut enfin laver,
J'ose tout entreprendre, et puis tout achever :
Mais si ce fier honneur, toujours inexorable,
Ne se peut apaiser sans la mort du coupable,

^a LE ROI.

Approche-toi, Rodrigue; et toi reçois, ma fille,
De la main de ton roi, l'appui de la Castille.

N'armez plus contre moi le pouvoir des humains :
Ma tête est à vos pieds, vengez-vous par vos mains;
Vos mains seules ont droit de vaincre un invincible;
Prenez une vengeance à tout autre impossible.
Mais du moins que ma mort suffise à me punir :
Ne me bannissez point de votre souvenir;
Et, puisque mon trépas conserve votre gloire,
Pour vous en revancher conservez ma mémoire, [2]
Et dites quelquefois, en déplorant mon sort :
S'il ne m'avoit aimée, il ne seroit pas mort.

CHIMÈNE.

Relève-toi, Rodrigue. Il faut l'avouer, sire,
Je vous en ai trop dit pour m'en pouvoir dédire.
Rodrigue a des vertus que je ne puis haïr;
Et quand un roi commande, on doit lui obéir.
Mais, à quoi que déjà vous m'ayez condamnée,
Pourrez-vous à vos yeux souffrir cet hyménée?
Et quand de mon devoir vous voulez cet effort,
Toute votre justice en est-elle d'accord?
Si Rodrigue à l'état devient si nécessaire, [3]
De ce qu'il fait pour vous dois-je être le salaire,
Et me livrer moi-même au reproche éternel
D'avoir trempé mes mains dans le sang paternel?

LE ROI.

Le temps assez souvent a rendu légitime
Ce qui sembloit d'abord ne se pouvoir sans crime.
Rodrigue t'a gagnée, et tu dois être à lui.
Mais, quoique sa valeur t'ait conquise aujourd'hui,
Il faudroit que je fusse ennemi de ta gloire
Pour lui donner sitôt le prix de sa victoire.

Cet hymen différé ne rompt point une loi
Qui, sans marquer de temps, lui destine ta foi.
Prends un an, si tu veux, pour essuyer tes larmes.
Rodrigue, cependant, il faut prendre les armes.
Après avoir vaincu les Maures sur nos bords,
Renversé leurs desseins, repoussé leurs efforts,
Va jusqu'en leur pays leur reporter la guerre,
Commander mon armée, et ravager leur terre.
A ce seul nom de Cid ils trembleront d'effroi;
Ils t'ont nommé seigneur, et te voudront pour roi.
Mais, parmi tes hauts faits, sois-lui toujours fidèle :
Reviens-en, s'il se peut, encor plus digne d'elle;
Et par tes grands exploits fais-toi si bien priser,
Qu'il lui soit glorieux alors de t'épouser.

D. RODRIGUE.

Pour posséder Chimène, et pour votre service,
Que peut-on m'ordonner que mon bras n'accomplisse ?
Quoi qu'absent de ses yeux il me faille endurer,
Sire, ce m'est trop d'heur de pouvoir espérer.

LE ROI.

Espère en ton courage, espère en ma promesse;
Et possédant déjà le cœur de ta maîtresse,
Pour vaincre un point d'honneur qui combat contre toi,
Laisse faire le temps, ta vaillance et ton roi. 4

FIN DU CID.

EXAMEN DU CID.

Ce poëme a tant d'avantages du côté du sujet et des pensées brillantes dont il est semé, que la plupart de ses auditeurs n'ont pas voulu voir les défauts de sa conduite, et ont laissé enlever leurs suffrages au plaisir que leur a donné sa représentation. Bien que ce soit celui de tous mes ouvrages réguliers où je me sois permis le plus de licences, il passe encore pour le plus beau auprès de ceux qui ne s'attachent pas à la dernière sévérité des règles; et depuis cinquante ans qu'il tient sa place sur nos théâtres, l'histoire ni l'effort de l'imagination n'y ont rien fait voir qui en ait effacé l'éclat : aussi a-t-il les deux grandes conditions que demande Aristote aux tragédies parfaites, et dont l'assemblage se rencontre si rarement chez les anciens et chez les modernes. Il les assemble même plus fortement et plus noblement que les espèces que pose ce philosophe. Une maîtresse que son devoir force à poursuivre la mort de son amant, qu'elle tremble d'obtenir, a les passions plus vives et plus animées que tout ce qui peut se passer entre un mari et sa femme, une mère et son fils, un frère et sa sœur; et la haute vertu dans un naturel sensible à ces passions qu'elle dompte sans les affoiblir, et à qui elle laisse toute leur force pour en triompher plus glorieusement, a quelque chose de plus touchant, de plus élevé et de plus aimable que cette médiocre bonté, capable d'une foiblesse et même d'un crime où nos anciens étoient contraints d'arrêter le caractère du plus parfait des rois et des princes, dont ils faisoient leurs héros, afin que ces taches et ces succès défigurant ce qu'ils leur laissoient de vertu, s'accommodassent au goût et aux souhaits de leurs spectateurs, et fortifiassent l'horreur qu'ils avoient conçue de leur domination et de la monarchie.

Rodrigue suit ici son devoir sans rien relâcher de sa passion. Chimène fait la même chose, à son tour, sans laisser ébranler son dessein par la douleur où elle se voit abîmée par-là; et si la présence de son amant lui fait faire quelque faux pas, c'est une glissade dont elle se retire à l'heure même; et non-seulement elle connoît si bien sa faute, qu'elle nous en avertit, mais elle fait un prompt désaveu de tout ce qu'une vue si chère a pu lui arracher. Il n'est pas besoin qu'on lui reproche qu'il lui est honteux de souffrir l'entretien de son amant après qu'il a tué son père; elle avoue que c'est la seule prise que la médisance aura sur elle. Si elle s'emporte jusqu'à lui dire qu'elle veut bien qu'on sache qu'elle l'adore et le poursuit, ce n'est point une résolution si ferme qu'elle l'empêche de cacher son amour de tout son possible lorsqu'elle est en la présence du roi. S'il lui échappe de l'encourager au combat contre don Sanche, par ces paroles: *Sors vainqueur d'un combat dont Chimène est le prix;* elle ne se contente pas de s'enfuir de honte au même moment; mais sitôt qu'elle est avec Elvire, à qui elle ne déguise rien de ce qui se passe dans son âme, et que la vue de ce cher objet ne lui fait plus de violence, elle forme un souhait plus raisonnable, qui satisfait sa vertu et son amour tout ensemble, et demande au ciel que le combat se termine sans faire aucun des deux ni vaincu ni vainqueur. Si elle ne dissimule point qu'elle penche du côté de Rodrigue, de peur d'être à don Sanche, pour qui elle a de l'aversion, cela ne détruit point la protestation qu'elle a faite un peu auparavant, que, malgré la loi de ce combat et les promesses que le roi a faites à Rodrigue, elle lui fera mille autres ennemis s'il en sort victorieux. Ce grand éclat même qu'elle laisse faire à son amour après qu'elle le croit mort, est suivi d'une opposition vigoureuse à l'exécution de cette loi qui la donne à son amant, et elle ne se tait qu'après que le roi l'a différée, et lui a donné lieu d'espérer qu'avec le temps il y pourra subvenir quelque obstacle. Je sais bien que le silence passe d'ordinaire pour une marque de consentement; mais, quand les rois parlent, c'en est une de contradiction. On ne manque jamais à leur applaudir quand on entre dans leurs sentiments; et le seul moyen de leur contredire avec le respect qui leur est dû, c'est de se taire quand leurs ordres ne sont pas si pressants, qu'on ne puisse remettre à s'excuser de leur obéir lorsque le temps en sera venu, et conserver cependant une espérance légitime d'un empêchement qu'on ne peut encore déterminément prévoir.

Il est vrai que dans ce sujet il faut se contenter de tirer Rodrigue de péril sans le pousser jusqu'à son mariage avec Chimène. Il est historique et a plu en son temps, mais bien sûrement il déplairoit au nôtre, et j'ai peine à croire que Chimène y consente chez l'auteur espagnol, bien qu'il donne plus de trois ans de durée à la comédie qu'il en a faite. Pour ne pas contredire l'histoire, j'ai cru ne me pouvoir dispenser d'en jeter quelque idée, mais avec incertitude de l'effet. Ce n'étoit que par-là que je pouvois accorder la bienséance du théâtre avec la vérité de l'événement.

Les deux visites que Rodrigue fait à sa maîtresse ont quelque chose qui choque cette bienséance de la part de celle qui les souffre. La rigueur du devoir vouloit qu'elle refusât de lui parler, et s'enfermât dans son cabinet au lieu de l'écouter; mais permettez-moi de dire, avec un des premiers esprits de notre siècle, que leur conversation est remplie de si beaux sentiments, que plusieurs n'ont pas connu ce défaut, et que ceux qui l'ont connu l'ont toléré. J'irai plus outre, et dirai que tous, presque, ont souhaité que ces entretiens se fissent ; et j'ai remarqué, aux premières représentations, qu'alors que ce malheureux amant se présentoit devant elle, il s'élevoit un certain frémissement dans l'assemblée, qui marquoit une curiosité merveilleuse, et un redoublement d'attention pour ce qu'ils avoient à se dire dans un état si pitoyable.

Aristote dit qu'il y a des absurdités qu'il faut laisser dans un poëme, quand on peut espérer qu'elles seront bien reçues ; et il est du devoir du poëte, en ce cas, de les couvrir de tant de brillants, qu'elles puissent éblouir. Je laisse au jugement de mes auditeurs si je me suis assez bien acquitté de ce devoir pour justifier par-là ces deux scènes. Les pensées de la première des deux sont quelquefois trop spirituelles pour partir de personnes fort affligées ; mais outre que je n'ai fait que les paraphraser de l'espagnol, si nous ne nous permettions quelque chose de plus ingénieux que le cours ordinaire de la passion, nos poëmes ramperoient souvent, et les grandes douleurs ne mettroient dans la bouche de nos acteurs que des exclamations et des hélas. Pour ne déguiser rien, cette offre que fait Rodrigue de son épée à Chimène, et cette protestation de se laisser tuer par don Sanche, ne me plairoient pas maintenant. Ces beautés étoient de mise en ce temps-là, et ne le seroient plus en celui-ci. La première est dans l'original espagnol, et l'autre est tirée sur ce modèle. Toutes les deux ont fait leur effet en ma faveur ; mais je ferois scrupule d'en étaler de pareilles à l'avenir sur notre théâtre.

J'ai dit ailleurs ma pensée touchant l'infante et le roi ; il reste néanmoins quelque chose à examiner sur la manière dont ce dernier agit, qui ne paroît pas assez rigoureuse, en ce qu'il ne fait pas arrêter le comte après le soufflet donné, et n'envoie point des gardes à don Diègue et à son fils. Sur quoi on peut considérer que don Fernand étant le premier roi de Castille, et ceux qui en avoient été maîtres auparavant lui n'ayant eu titre que de comte, il n'étoit peut-être pas assez absolu sur les grands de son royaume pour le faire. Chez don Guilain de Castro, qui avoit traité ce sujet avant moi, et qui devoit mieux connoître que moi quelle étoit l'autorité de ce premier monarque de son pays, le soufflet se donne en sa présence et en celle de deux ministres d'état, qui lui conseillent, après que le roi s'est retiré fièrement et avec bravade, et que don Diègue a fait la même chose en soupirant, de ne le pousser point à bout, parce qu'il a quantité d'amis dans les Asturies qui se pourroient révolter et prendre parti avec les Maures dont son état est environné. Ainsi il se résout d'accommoder l'affaire sans bruit, et recommande le secret à ces deux ministres qui ont été seuls témoins de l'action. C'est sur cet exemple que je me suis cru bien fondé à le faire agir plus mollement qu'on ne feroit en ce temps-ci, où l'autorité royale est plus absolue. Je ne pense pas non plus qu'il fasse une faute bien grande de ne jeter point l'alarme de nuit dans sa ville, sur l'avis incertain qu'il a du dessein des Maures, puisqu'on faisoit bonne garde sur les murs et sur le port. Mais il est inexcusable de n'y donner aucun ordre après leur arrivée, et de laisser tout faire à Rodrigue. La loi du combat qu'il propose à Chimène avant que de la permettre à don Sanche contre Rodrigue, n'est pas si injuste que quelques-uns ont voulu le dire, parce qu'elle est plutôt une menace pour la faire dédire de la demande de ce combat, qu'un arrêt qu'il lui veuille faire exécuter. Cela paroît en ce que, après la victoire de Rodrigue, il n'en exige pas précisément l'effet de sa parole, et la laisse en état d'espérer que cette condition n'aura point de lieu.

Je ne puis dénier que la règle des vingt-quatre heures ne presse trop les incidents de cette pièce ; la mort du comte et l'arrivée des Maures s'y pouvoient entre-suivre d'aussi près qu'elles font, parce que cette arrivée est une surprise qui n'a point de communication ni de mesure à prendre avec le reste ; mais il n'en va pas ainsi du combat de don Sanche, dont le roi étoit le maître, et pouvoit lui choisir un autre temps que deux heures après la fuite des Maures. Leur défaite avoit assez fatigué Rodrigue toute la nuit pour mériter deux ou trois jours de repos, et même il y a quelque apparence qu'il n'en étoit pas échappé sans blessure, quoique je n'en aie rien dit, parce qu'elles n'auroient fait que mener à la conclusion de l'acte.

Cette même règle presse aussi trop Chimène de demander justice au roi la seconde fois ; elle l'avoit fait le soir d'auparavant, et n'avoit aucun sujet d'y retourner le lendemain matin pour en importuner le roi, dont elle n'avoit encore aucun lieu de se plaindre, puisqu'elle ne pouvoit dire qu'il lui eût manqué de promesse. Le roman lui auroit donné sept ou huit jours de patience avant que de l'en presser de nouveau ; mais les vingt-quatre heures ne l'ont pas permis : c'est l'incommodité de la règle. Passons à celle de l'unité de lieu, qui ne m'a pas donné moins de gêne en cette pièce.

Je l'ai placée dans Séville, bien que don Fernand n'en ait jamais été le maître, et j'ai été obligé à cette falsification pour former quelque vraisemblance à la descente des Maures, dont l'armée ne pouvoit venir si vite par terre que par eau. Je ne voudrois pas assurer toutefois que le flux de la mer monte effectivement jusque-là. Mais comme dans notre scène il fait encore plus de chemin qu'il ne lui en faut faire sur le Guadalquivir pour battre les murailles de cette ville, cela peut suffire à fonder quelque probabilité parmi nous, pour ceux qui n'ont point été sur le lieu même.

Cette arrivée des Maures ne laisse pas d'avoir ce défaut que j'ai marqué ailleurs, qu'ils se présentent d'eux-mêmes sans être appelés dans la pièce directement ni indirectement par aucun acteur du premier acte. Ils ont plus de justesse dans l'irrégularité de l'auteur espagnol. Rodrigue n'osant plus se montrer à la cour, les va combattre sur la frontière, et ainsi le premier acteur les va chercher et leur donne place dans le poëme, au contraire de ce qui arrive ici, où ils semblent se venir faire de fête exprès pour en être battus et lui donner moyen de rendre à son roi un service d'importance qui lui fasse obtenir sa grâce. C'est une seconde incommodité de la règle dans cette tragédie.

Tout s'y passe donc dans Séville, et garde ainsi quelque espèce d'unité de lieu en général; mais le lieu particulier change de scène en scène; et tantôt c'est le palais du roi, tantôt l'appartement de l'infante, tantôt la maison de Chimène, et tantôt une rue ou place publique. On le détermine aisément pour les scènes détachées; mais pour celles qui ont leur liaison ensemble, comme les quatre dernières du premier acte, il est malaisé d'en trouver un qui convienne à toutes. Le comte et don Diègue se querellent au sortir du palais, cela peut se passer dans une rue; mais, après le soufflet reçu, don Diègue ne peut pas demeurer dans cette rue à faire ses plaintes, attendant que son fils survienne, qu'il ne soit tout aussitôt environné du peuple et ne reçoive l'offre de quelques amis. Ainsi, il seroit plus à propos qu'il se plaignît dans sa maison, où le met l'Espagnol, pour laisser aller ses sentiments en liberté; mais, en ce cas, il faudroit délier les scènes comme il a fait. En l'état où elles sont ici, on peut dire qu'il faut quelquefois aider au théâtre et suppléer favorablement ce qui peut s'y représenter. Deux personnes s'y arrêtent pour parler, et quelquefois il faut présumer qu'elles marchent, ce qu'on ne peut exposer sensiblement à la vue, parce qu'elles échapperoient aux yeux avant que d'avoir pu dire ce qu'il est nécessaire qu'elles fassent savoir à l'auditeur. Ainsi, par une fiction de théâtre, on peut s'imaginer que don Diègue et le comte, sortant du palais du roi, avancent toujours en se querellant, et sont arrivés devant la maison de ce premier lorsqu'il reçoit le soufflet qui l'oblige à y entrer pour y chercher du secours. Si cette fiction poétique ne vous satisfait pas, laissons-le dans la place publique, et disons que le concours du peuple autour de lui après cette offense, et les offres de service que lui font les premiers amis qui s'y rencontrent, sont des circonstances que le roman ne doit pas oublier, mais que ces menues actions ne servant de rien à la principale, il n'est pas besoin que le poëte s'en embarrasse sur la scène. Horace l'en dispense par ces vers :

> Hoc amet, hoc spernat promissi carminis author,
> Pleraque negligat.

et ailleurs,

> Semper ad eventum festinet.

C'est ce qui m'a fait négliger au troisième acte de donner à don Diègue pour aide à chercher son fils, aucun des cinq cents amis qu'il avoit chez lui. Il y a grande apparence que quelques-uns d'eux l'y accompagnoient, et même que quelques autres le cherchoient pour lui d'un autre côté. Mais ces accompagnements inutiles de personnes qui n'ont rien à dire, puisque celui qu'elles accompagnent a seul tout l'intérêt à l'action; ces sortes d'accompagnements, dis-je, ont toujours mauvaise grâce au théâtre, d'autant plus que les comédiens n'emploient à ces personnages muets que leurs moucheurs de chandelles et leurs valets, qui ne savent quelle posture tenir. Les funérailles du comte étoient encore une chose fort embarrassante, soit qu'elles se soient faites avant la fin de la pièce, soit que le corps ait demeuré en présence, dans son hôtel, attendant qu'on y donnât ordre. Le moindre mot que j'en eusse laissé dire, pour en prendre soin, eût rompu toute la chaleur de l'attention et rempli l'auditeur d'une fâcheuse idée. J'ai cru plus à propos de les dérober à son imagination par mon silence, aussi bien que le lieu précis de ces quatre scènes du premier acte dont je viens de parler; et je m'assure que cet artifice m'a si bien réussi, que peu de personnes ont pris garde à l'un ni à l'autre, et que la plupart des spectateurs, laissant emporter leurs esprits à ce qu'ils ont vu et entendu de pathétique en ce poëme, ne se sont point avisés de réfléchir sur ces deux considérations.

J'achève par une remarque sur ce que dit Horace, que ce qu'on expose à la vue touche bien plus que ce qu'on n'apprend que par un récit.

C'est sur quoi je me suis fondé pour faire voir le soufflet que reçoit don Diègue et cacher aux yeux la mort du comte, afin d'acquérir et conserver à mon premier acteur l'amitié des auditeurs, si nécessaire pour réussir au théâtre. L'indignité d'un affront fait à un vieillard chargé d'années et de victoires, les jette aisément dans le parti de l'offensé, et cette mort qu'on vient dire au roi tout simplement, sans aucune narration touchante, n'excite point en eux la commisération qu'y eût fait naître le spectacle de son sang, et ne leur donne aucune aversion pour ce malheureux amant, qu'ils ont vu forcé, par ce qu'il devoit à son honneur, d'en venir à cette extrémité, malgré l'intérêt et la tendresse de son amour.

REMARQUES
DE VOLTAIRE
SUR
LE CID.

REMARQUES
SUR LE CID.*

ACTE PREMIER.
SCÈNE I.ère

¹ Entre tous ces amants dont la jeune ferveur....

Scudéri dit que c'est parler français en allemand, de donner de la jeunesse à la *ferveur*. L'académie réprouve le mot de *ferveur*, qui n'est admis que dans le langage de la dévotion ; mais elle approuve l'épithète *jeune*.

S'il est permis d'ajouter quelque chose à la décision de l'académie, je dirai que le mot *jeune* convient très-bien aux passions de la jeunesse. On dira bien *leurs jeunes amours*, mais non pas *leur jeune colère, ma jeune haine* ; pourquoi ? parce que la colère, la haine, appartiennent autant à l'âge mûr, et que l'amour est plus le partage de la jeunesse.

² Au contraire, pour tous dedans l'indifférence....

Dedans n'est ni censuré par Scudéri, ni remarqué par l'académie ; la langue n'était pas alors en-

---

* Voltaire n'ayant pas suivi la dernière édition de Corneille, il s'ensuit que plusieurs remarques du commentateur n'ont pu être indiquées dans le texte : de ce nombre sont les 1.re, 2.e et 5.e de cette scène. La même observation s'applique à toutes les remarques dont on n'aura point trouvé l'indication.

tièrement épurée. On n'avait pas songé que *dedans* est un adverbe : *Il est dans la chambre, il est hors de la chambre. Etes-vous dedans ? êtes-vous dehors ?* ᵃ

3 Tant qu'a duré sa force, a passé pour merveille.

A passé pour merveille a été excusé par l'académie : aujourd'hui cette expression ne passerait point ; elle est commune, froide et lâche. Les premiers qui écrivirent purement, Racine et Boileau, ont proscrit tous ces termes de *merveille*, de *sans pareille, sans seconde, miracle de nos jours, soleil*, etc.; et plus la poésie est devenue difficile, plus elle est belle. ᵇ

4 Ses rides sur son front ont gravé ses exploits.

Voyez le jugement de l'académie, auquel nous renvoyons pour la plupart des vers qu'elle a censurés ou justifiés.

Racine se moqua de ce vers dans la farce des Plaideurs ; il y dit d'un vieux huissier :

Ses rides sur son front gravoient tous ses exploits.

ᵃ De l'aveu du commentateur, cette faute ne doit pas être attribuée à Corneille, mais à son siècle. Il est important de le faire observer, parce que la même faute se trouve souvent dans les pièces de Corneille, et que Voltaire ne manque jamais de la relever.

ᵇ L'académie ne s'est pas contentée d'excuser ces expressions *a passé pour merveille;* elle a dit : *Cette façon de parler a été mal reprise par l'observateur;* ce qui est bien différent. Cependant Scudéri, beaucoup plus poli dans sa satire, que Voltaire dans son commentaire, avoit écrit : *Il falloit dire a passé pour merveille.*

Cette plaisanterie ne plut point du tout à l'auteur du Cid. *a*

⁵ Ce que pour lui mon bras chaque jour exécute,
Me défend de penser qu'aucun me le dispute.

Vous voyez que ces deux derniers vers sont le fondement de la querelle qui doit suivre, et qu'ainsi on fait très-mal de commencer aujourd'hui la pièce par la querelle imprévue du comte et de don Diègue. *b*

SCÈNE II.

¹ Eh bien, Elvire, enfin que faut-il que j'espère ?
Que dois-je devenir ? et que t'a dit mon père ?

Corneille, fatigué de toutes les critiques qu'on faisait du Cid, et ne sachant plus à qui entendre, changea tout ce commencement en 1664. La pièce commençait ainsi :

Elvire, m'as-tu fait un rapport bien sincère ?
Ne me déguise rien de ce qu'a dit mon père.

Il me semble que, dans les deux premières scènes, la pièce est beaucoup mieux annoncée, l'amour de

---

a L'académie a seulement dit : *Les rides marquent les années et ne gravent point les exploits*. Il n'est pas certain que Racine ait voulu se moquer du vers de Corneille ; mais on doit être surpris d'entendre Voltaire traiter de farce la charmante comédie des *Plaideurs*.

b Cette remarque seroit très-juste si le sujet de la querelle entre don Diègue et le comte ne s'expliquoit pas naturellement dès les premiers mots qu'ils disent. C'est un retranchement fort heureux que celui des six premières scènes, dont quatre devoient nécessairement disparoître, du moment que l'on supprimoit le rôle de l'infante, reconnu inutile par Voltaire lui-même.

Chimène plus développé, le caractère du comte de Gormas déjà annoncé; et qu'enfin, malgré tous les défauts qu'on reprochait à Corneille, il eût encore mieux valu laisser la tragédie comme elle était, que d'y faire ces faibles changemens : c'était l'amour de l'infante qu'il devait retrancher; c'étaient les fautes dans le détail qu'il eût fallu corriger. *a*

2 Au sortir du conseil doit proposer l'affaire.

Proposer l'affaire est encore du style comique; mais observons que le Cid fut donné d'abord sous le titre de tragi-comédie.

3 Un moment donne au sort des visages divers.

Ces pressentimens réussissent presque toujours. On craint avec le personnage auquel on commence à s'intéresser. Mais il faudrait peut-être une autre cause à ce pressentiment que le lieu commun des changements du sort, et une autre expression que les *visages divers*.

SCÈNE III.

1 C'est ici un défaut intolérable pour nous. La scène reste vide. Les scènes ne sont point liées, l'action est interrompue. Pourquoi les acteurs précédents s'en vont-ils? pourquoi ces nouveaux acteurs viennent-ils? Comment Chimène peut-elle voir l'infante sans la saluer? Ce grand défaut était commun à toute l'Europe, et les Français seuls s'en

a Puisque Corneille avoit changé les deux premières scènes de sa tragédie, on ne devoit pas se permettre de les reproduire.

sont corrigés. Plus il est difficile de lier toutes les scènes, plus cette difficulté vaincue a de mérite : mais il ne faut pas la surmonter aux dépens de la vraisemblance et de l'intérêt. C'est un des secrets de ce grand art de la tragédie, inconnu encore à la plupart de ceux qui l'exercent. Non-seulement on a retranché cette scène de l'infante, mais on a supprimé tout son rôle ; et Corneille ne s'était permis cette faute insupportable que pour remplir l'étendue malheureusement prescrite à une tragédie. Il vaut mieux la faire beaucoup trop courte : un rôle superflu la rend toujours trop longue.

SCÈNE IV.

[1] Et je vous vois, pensive et triste chaque jour,
Demander avec soin comme va son amour.

Voilà une nouvelle excuse du titre de tragi-comédie ; *comme va son amour!* Qu'auraient dit les Grecs, du temps de Sophocle, à une telle demande ? Nous ne ferons point de remarques sur les défauts de ce rôle, qu'on a retranché entièrement. [a]

---

[a] Le titre de *tragi-comédie* n'a pas besoin d'excuse ; c'étoit celui de toutes les tragédies de cette époque. Voltaire paroît n'avoir pas rendu sa pensée ; il vouloit probablement dire : voilà une nouvelle faute que le titre de tragi-comédie rend excusable.

SCÈNE VII.

1 Enfin vous l'emportez, et la faveur du roi
Vous élève en un rang qui n'étoit dû qu'à moi.

La dureté, l'impolitesse, les rodomontades du comte sont, à la vérité, intolérables; mais songez qu'il est puni.

N. B. Aujourd'hui, quand les comédiens représentent cette pièce, ils commencent par cette scène. Il paraît qu'ils ont très-grand tort; car peut-on s'intéresser à la querelle du comte et de don Diègue, si on n'est pas instruit des amours de leurs enfants? L'affront que Gormas fait à don Diègue est un coup de théâtre, quand on espère qu'ils vont conclure le mariage de Chimène et de Rodrigue. Ce n'est point jouer le Cid; c'est insulter son auteur, que de le tronquer ainsi. On ne devrait pas permettre aux comédiens d'altérer ainsi les ouvrages qu'ils représentent.

☞ Dans le Cid de Diamante, le roi donne la place de gouverneur de son fils en présence du comte; et cela est encore plus théâtral. Le théâtre ne reste point vide. Il semble que Corneille aurait dû plutôt imiter Diamante que Castro dans cette intelligence du théâtre.

Au reste, dans les deux pièces espagnoles, le comte de Gormas donne un soufflet à don Diègue; ce soufflet était essentiel.

ACTE I, SCÈNE VII.

Les deux pères disent à-peu-près les mêmes choses dans ces deux scènes et dans les suivantes. Castro, qui vint après Diamante, ne fit point difficulté de prendre plusieurs pensées chez son prédécesseur, dont la pièce était presque oubliée. A plus forte raison Corneille fut en droit d'imiter les deux poëtes espagnols, et d'enrichir sa langue des beautés d'une langue étrangère. [a]

[2] Pour grands que soient les rois, ils sont ce que nous sommes.

Cette phrase a vieilli ; elle était fort bonne alors : il est honteux pour l'esprit humain que la même expression soit bonne en un temps et mauvaise en un autre. On dirait aujourd'hui : *Tout grands que sont les rois, Quelque grands que soient les rois.*

[3] . . . . . . Ce digne sujet. . . .

Ce digne sujet ne se dirait pas aujourd'hui, mais alors c'était une expression très-reçue. *Monsieur* ne se dirait pas non plus dans une tragédie. *Mettre une vanité au cœur* serait une mauvaise façon de parler.

[4] A de plus hauts partis Rodrigue doit prétendre.

Dans l'édition de 1637, il y a : *A de plus hauts partis ce beau fils doit prétendre.* Vous pouvez juger

---

[a] Depuis le retranchement du rôle de l'infante, la pièce ne commence qu'à cette scène. Ce ne sont pas les comédiens qui ont ôté ce rôle, c'est Jean-Baptiste Rousseau. Aussi n'est-ce que par suite d'une haine implacable contre notre plus grand poëte, si Voltaire a blâmé ce changement généralement approuvé.

par ce seul trait de l'état où était alors notre langue : un mélange de termes familiers et nobles défigurait tous les ouvrages sérieux. C'est Boileau qui le premier enseigna l'art de parler toujours convenablement ; et Racine est le premier qui ait employé cet art sur la scène.

☛ 4 *bis*. Vous me parlez en vain de ce que je connoi.

On prononçait alors *connoi* comme on l'écrivait, et on le faisait rimer avec *moi*, *toi*. Aujourd'hui on prononce *connais*, et cependant l'usage a prévalu d'écrire *connois*. C'est une inconséquence, ou je suis fort trompé, d'écrire d'une façon et de prononcer d'une autre. Quel étranger pourra deviner qu'on écrit *Caen* la ville de *Can*, que l'on écrit *paon*, et que l'on prononce *pan*? Il serait à souhaiter qu'on nous délivrât de cette contradiction, autant que l'étymologie des mots pourra le permettre. On s'est déjà aperçu combien il est ridicule d'écrire de la même manière les *François*, qu'on prononce *Français*, et saint *François*, qu'on prononce *François*. Comment un étranger, en lisant *Anglois* et *Danois*, devinera-t-il qu'on prononce Danois avec un *o*, et Anglais avec un *a*? Mais il faut du temps pour corriger un abus introduit par le temps. *a*

a C'est sans doute un inconvénient d'écrire autrement que l'on prononce ; mais cet inconvénient est commun à toutes les langues : il est d'ailleurs inévitable dans beaucoup de mots français. Comment en effet distinguer les mots *poids*, *poix* et *pois*, qui se pro-

ACTE I, SCÈNE VII.

5 . . . . Ton impudence,
Téméraire vieillard, aura sa récompense.

On ne donnerait pas aujourd'hui un soufflet sur la joue d'un héros. Les acteurs même sont très-em-

noncent tous trois de même, si l'orthographe n'en indiquoit pas la différence ?

Si notre langue étoit telle que dans le XV.ᵉ siècle, on feroit bien de chercher, en la perfectionnant, à éviter l'inconvénient que présente la différence entre l'orthographe et la prononciation de quelques mots. Mais comme la langue des Boileau, des Racine, des Bossuet, des Fénélon, des Massillon, des J. B. Rousseau, des Buffon est très-probablement parvenue à son plus haut degré de perfection, il y auroit de l'imprudence à vouloir ôter de légères disparates entre la manière d'écrire et celle de prononcer, aux risques de ne plus entendre les maîtres que nous avons en tous genres.

On a bien fait d'adopter l'usage d'écrire français avec un *a* et saint François avec un *o*, d'abord parce que ces mots ont une signification tout-à-fait différente, ensuite parce que cette innovation n'entraîne aucun inconvénient. Mais en est-il de même de tous nos imparfaits et conditionnels des verbes ? J'*avois*, je *danserois* ont-ils deux manières d'être prononcés qui puissent leur donner des sens différents ? Non sans doute. Par conséquent il n'y a nul avantage à changer la manière de les écrire ; mais il y a un inconvénient à le faire. Si en effet vous écrivez les mots comme vous les prononcez, il faudra aussi les prononcer tels qu'ils seront écrits. Ainsi du moment que vous adopterez d'écrire avec un *a* il *devenait*, il *jugerait*, lorsque vous trouverez les mêmes mots dans Bossuet, dans Fénélon, dans Buffon, qui les ont écrits avec un *o*, il faudra les prononcer en *oi*; dès-lors vous n'entendrez plus l'*Histoire Universelle*, *Télémaque*, l'*Histoire Naturelle*. Boileau, Racine, J. B. Rousseau, deviendront aussi inintelligibles que mauvais poëtes ; car une grande partie de leurs vers ne rimeront plus. Je demande maintenant s'il y a lieu de balancer entre l'ancienne et la nouvelle orthographe, et quelles sont les raisons qui pourroient faire préférer cette dernière ?

barrassés à donner ce soufflet; ils font le semblant. Cela n'est plus même souffert dans la comédie ; et c'est le seul exemple qu'on en ait sur le théâtre tragique. Il est à croire que c'est une des raisons qui firent intituler le Cid *tragi-comédie*. Presque toutes les pièces de Scudéri et de Boisrobert avaient été des tragi-comédies. On avait cru long-temps en France qu'on ne pouvait supporter le tragique continu sans mélange d'aucune familiarité. Le mot de *tragi-comédie* est très-ancien : Plaute l'emploie pour désigner son Amphitryon, parce que si l'aventure de Sosie est comique, Amphitryon est très-sérieusement affligé. [a]

[6] Épargnes-tu mon sang? — Mon âme est satisfaite,
Et mes yeux à ma main reprochent ta défaite. —
Tu dédaignes ma vie ! — En arrêter le cours
Ne seroit que hâter la parque de trois jours.

On a retranché ces quatre vers dans les éditions suivantes. Dans la pièce de Diamante, le comte dit à don Diègue, *Vale*.

SCÈNE VIII.

[1] Si Rodrigue est mon fils, etc.

On a retranché ces quatre vers comme superflus.
Une ardeur plus haute était mal. Une ardeur n'est point haute. Il eût fallu peut-être une ardeur

---

[a] Le soufflet donné par le comte de Gormas à don Diègue n'est point ce qui a fait intituler *le Cid* tragi-comédie; presque toutes les pièces du temps avoient ce titre; on le trouve même au *Venceslas* de Rotrou, joué douze ans après *le Cid*.

ACTE I, SCÈNE IX.

plus noble, plus digne. L'académie ne reprit aucune de ces fautes, qui échappèrent à la critique de Scudéri; elle se contenta de juger des choses que Scudéri avait critiquées, et souvent il critiqua mal parce qu'il était plus jaloux qu'éclairé; l'académie, au contraire, était plus éclairée que jalouse.

SCÈNE IX.

[1] Rodrigue, as-tu du cœur?

Dans le Cid de Diamante, Rodrigue arrive avec le *garçon gracieux* qui a peint le portrait de Chimène. Rodrigue trouve le portrait ressemblant, et dit au *garçon gracieux* qu'il est un grand peintre, *grande pintor;* puis, regardant son père affligé, qui tient d'une main son épée et de l'autre un mouchoir, il lui en demande la raison: don Diègue lui répond: *Aïe, aïe, l'honneur!* RODRIGUE: *Qu'est-ce qui vous déplaît?* DON DIÈGUE: *Aïe, aïe, l'honneur! te dis-je.* RODRIGUE: *Parlez; espérez; j'écoute.* DON DIÈGUE: *Aïe, aïe! as-tu du courage?* Rodrigue répond à-peu-près comme dans Castro et dans Corneille.

[2] Je l'ai vu tout sanglant au milieu des batailles
Se faire un beau rempart de mille funérailles.

Dans les éditions suivantes Corneille a mis:

Je l'ai vu, tout couvert de sang et de poussière,
Porter par-tout la mort dans une armée entière.

L'académie avait condamné *funérailles*. Je ne sais si ce mot, tout impropre qu'il est, n'eût pas mieux valu que le pléonasme languissant *par-tout* et *entière*. *a*

SCÈNE X.

¹ Percé jusques au fond du cœur. . . . . .

On mettait alors des stances dans la plupart des tragédies, et on en voit dans Médée. On les a bannies du théâtre. On a pensé que les personnages qui parlent en vers d'une mesure déterminée ne devaient jamais changer cette mesure, parce que, s'ils s'expliquaient en prose, ils devraient toujours continuer à parler en prose. Or, les vers de six pieds étant substitués à la prose, le personnage ne doit pas s'écarter de ce langage convenu. Les stances donnent trop l'idée que c'est le poëte qui parle. Cela n'empêche pas que ces stances du Cid ne soient fort belles, et ne soient encore écoutées avec beaucoup de plaisir.

² — Allons, mon bras, sauvons du moins l'honneur.

L'académie avait approuvé *allons, mon âme;* et cependant Corneille le changea, et mit, *allons, mon bras*. On ne dirait aujourd'hui ni l'un ni l'autre. Ce n'est point un effet du caprice de la langue; c'est qu'on s'est accoutumé à mettre plus de vérité dans le langage. *Allons* signifie *marchons;* et ni un bras ni une âme ne marche : d'ailleurs,

---

a Les expressions *par-tout* et *entière* offrent-elles un pléonasme languissant dans ce vers? n'y servent-elles pas à donner une plus grande idée du courage de don Gormas, portant la mort dans tous les rangs d'une armée entière?

ACTE II, SCÈNE I.

nous ne sommes plus dans un temps où l'on parle à son bras et à son âme. *a*

ACTE DEUXIÈME.
SCÈNE I.ère

1. Je l'avoue entre nous ; quand je lui fis l'affront,
J'eus le sang un peu chaud et le bras un peu prompt.

CORNEILLE aurait dû corriger *je lui fis l'affront,* que l'académie condamna comme une faute contre la langue : de plus, il fallait dire cet *affront*. Il mit à la place :

Je l'avoue entre nous ; mon sang un peu trop chaud
S'est trop ému d'un mot, et l'a porté trop haut.

Un sang trop chaud qui le porte trop haut, est bien pis qu'une faute contre la grammaire. *b*

a Voltaire s'est trompé en disant que Corneille changea *allons, mon âme* : il n'avoit sûrement pas mis ces mots dans deux stances de suite, et ils se trouvent dans la précédente. Si par hasard le mot *allons* étoit ici pour *courage*, que deviendroit toute la remarque de Voltaire ? A-t-il pu supposer que Corneille eût voulu dire *marchons, mon bras* ? Le commentateur décide positivement que *allons* signifie *marchons*. Je n'opposerai à son avis que des exemples pris dans ses propres pièces. *Allons* veut-il dire *marchons* dans les vers suivants :

Allons, rassure-toi, malheureuse Zaïre !
Allons, rassurons-nous : suis-je en tout obéi ?
AMÉNAÏDE, *dans Tancrède.*

Ne peut-on pas regarder l'assertion du commentateur comme propre à induire en erreur les jeunes gens et les étrangers ?

b Puisque les deux premiers vers ne se trouvent point dans la dernière édition que Corneille a donnée, ni même dans celle qui avoit paru en 1664, près de vingt ans auparavant, Voltaire n'auroit pas dû les rétablir, mais y substituer les deux nouveaux, qu'il

2 Désobéir un peu n'est pas un si grand crime,
Et, quelque grand qu'il fût, mes services présents,
Pour le faire abolir, sont plus que suffisants.

C'est ici qu'il y avait :

Les satisfactions n'appaisent point une âme :
Qui les reçoit a tort, qui les fait se diffame;
Et de pareils accords l'effet le plus commun
Est de déshonorer deux hommes au lieu d'un.

Ces vers parurent trop dangereux dans un temps où l'on punissait les duels qu'on ne pouvait arrêter, et Corneille les supprima.

SCÈNE II.

1 Je suis jeune, il est vrai; mais aux âmes bien nées
La valeur n'attend pas le nombre des années.

Dans la pièce de Diamante, Rodrigue propose au comte de se battre à la campagne ou dans la ville, de nuit ou de jour, au soleil ou à l'ombre, avec plastron ou sans plastron, à pied ou à cheval, à l'épée ou à la lance. Ah! le plaisant bouffon! répond le comte.

2 Mes pareils à deux fois ne se font pas connoître,
Et pour leurs coups d'essai veulent des coups de maître.

Coups d'essai, coups de maître, termes familiers qu'on ne doit jamais employer dans le tragique; de plus, ce n'est qu'une répétition froide de ce beau vers :

La valeur n'attend pas le nombre des années.

cite dans sa remarque. Il y dit que l'académie ayant condamné *je lui fis l'affront,* Corneille auroit dû corriger cette faute; c'est aussi pour la faire disparoître qu'il a mis les deux vers nouveaux. Le reproche de Voltaire paroît donc n'être pas fondé.

ACTE II, SCÈNE VII.

Scudéri censurait des beautés, et ne vit pas ce défaut.

³ Ton bras est invaincu, mais non pas invicible.

Ce mot *invaincu* n'a point été employé par les autres écrivains ; je n'en vois aucune raison : il signifie autre chose qu'*indomté* ; un pays est *indomté*, un guerrier est *invaincu*. Corneille l'a encore employé dans les Horaces. Il y a un dictionnaire d'orthographe où il est dit qu'*invaincu* est un barbarisme. Non ; c'est un terme hasardé et nécessaire. Il y a deux sortes de barbarisme, celui des mots et celui des phrases. *Egaliser les fortunes*, pour *égaler les fortunes* ; *au parfait*, au lieu de *parfaitement* ; *éduquer*, pour *donner de l'éducation*, *élever* : voilà des barbarismes de mots. *Je crois de bien faire*, au lieu de *je crois bien faire* ; *encenser aux dieux*, pour *encenser les dieux* ; *je vous aime tout ce qu'on peut aimer* : voilà des barbarismes de phrases.

SCÈNE VII.

¹ Don Sanche, taisez-vous, et soyez averti
Qu'on se rend criminel à prendre son parti.

Cette scène paraît presque aussi inutile que celle de l'infante ; elle avilit d'ailleurs le roi, qui n'est point obéi. Après que le roi a dit *taisez-vous*, pourquoi dit-il, le moment d'après, *parlez* ? et il ne résulte rien de cette scène. ᵃ

ᵃ Le roi ne dit pas à don Sanche *parlez* ; ce mot n'est point

² . . . Au reste, on a vu dix vaisseaux
De nos vieux ennemis arborer les drapeaux.

N'est-ce pas une grande faute de parler avec tant d'indifférence du danger de l'état? N'aurait-il pas été plus intéressant et plus noble de commencer par montrer une grande inquiétude de l'approche des Maures, et un embarras non moins grand d'être obligé de punir dans le comte le seul homme dont il espérait des services utiles dans cette conjoncture? N'eût-ce pas même été un coup de théâtre que dans le temps où le roi eût dit, *je n'ai d'espérance que dans le comte*, on lui fût venu dire, *le comte est mort*? Cette idée même n'eût-elle pas donné un nouveau prix au service que rend ensuite Rodrigue en faisant plus qu'on n'espérait du comte?

Il faut observer encore *qu'au reste* signifie *quant à ce qui reste* : il ne s'emploie que pour les choses dont on a déjà parlé, et dont on a omis quelque point dont on veut traiter. Je veux que le comte fasse satisfaction : au reste, je souhaite que cette querelle puisse ne pas rendre les deux maisons éternel-

---

dans le texte de Corneille; on ne le trouve même pas dans celui qu'a donné Voltaire. Il l'a substitué, dans sa remarque, à ceux-ci: *Et que pourrez-vous dire ?* lesquels répondent parfaitement à la *nouvelle supplication* du jeune Espagnol amoureux de Chimène, et qui excuse le père de sa maîtresse.

Cette scène n'est pas aussi inutile que le prétend le commentateur, puisqu'elle prépare à la descente des Maures, qu'on apprend au troisième acte.

La flotte *qu'on craignoit*, dans le grand fleuve entrée,
Vient surprendre la ville et piller la contrée.

ACTE II, SCÈNE IX.

lement ennemies. Mais quand on passe d'un sujet à un autre, il faut *cependant*, ou quelque autre transition. *a*

3 Puisqu'on fait bonne garde aux murs et sur le port,
   C'est assez pour ce soir.

Le roi a grand tort de dire *C'est assez pour ce soir*, puisqu'en effet les Maures font leur descente le soir même, et que sans le Cid la ville était prise. On demande s'il est permis de mettre sur la scène un prince qui prend si mal ses mesures. Je ne le crois pas; la raison en est qu'un personnage avili ne peut jamais plaire. *b*

SCÈNE IX.

1 Sire, sire, justice!

Voyez comme dès ce moment les défauts précédents disparaissent. Quelle beauté dans le poëte espagnol et dans son imitateur! Le premier mot de Chimène est de demander justice contre un homme qu'elle adore : c'est peut-être la plus belle des situa-

---

a Au reste est une mauvaise transition. C'est la seule faute à reprendre dans ces vers. Si le roi eût dit, comme l'eût préféré Voltaire, *Je n'ai d'espérance que dans le comte*, et qu'on fût venu aussitôt lui dire *le comte est mort*, c'eût été, il est vrai, un coup de théâtre, mais acheté aux dépens de la convenance. Comment en effet le roi, obligé de punir le comte, auroit-il pu se permettre de dire : *Je n'ai d'espérance que dans le comte?*

b Peut-être est-il un peu sévère de ne vouloir pas qu'on mette sur la scène un prince qui prend mal ses mesures, lorsqu'il n'est pas le héros principal, et qu'il n'est, pour ainsi dire, qu'accessoire dans l'ouvrage.

tions. Quand, dans l'amour, il ne s'agit que de l'amour, cette passion n'est pas tragique. Monime aimera-t-elle Xipharès ou Pharnace? Antiochus épousera-t-il Bérénice? Bien des gens répondent: Que m'importe? Mais Chimène fera-t-elle couler le sang du Cid? Qui l'emportera d'elle ou de don Diègue? tous les esprits sont en suspens, tous les cœurs sont émus.

> Ce sang qui tout sorti fume encor de courroux
> De se voir répandu pour d'autres que pour vous, etc.

Scudéri ne reprit point ces hyperboles poétiques qui, n'étant point dans la nature, affaiblissent le pathétique de ce discours. C'est le poëte qui dit que *ce sang fume de courroux*; ce n'est pas assurément Chimène; on ne parle pas ainsi d'un père mourant. Scudéri, beaucoup plus accoutumé que Corneille à ces figures outrées et puériles, ne remarqua pas même en autrui, tout éclairé qu'il était par l'envie, une faute qu'il ne sentait pas dans lui-même.

☞ 2 bis. Il ne me parla point.

Puisqu'il était mort, il n'est pas bien surprenant qu'il n'ait point parlé. Ce sont là de ces inadvertances qui échappent dans la chaleur de la composition, et auxquelles les ennemis de l'auteur, et même les indifférents, ne manquent pas de donner du ridicule. Corneille substitua depuis, *son flanc étoit ouvert.*

3 . . . . Et pour mieux m'émouvoir. . . .

Les connaisseurs sentent qu'il ne fallait pas même

ACTE II, SCÈNE IX.

que Chimène dît *pour mieux m'émouvoir*. Elle doit être si émue, qu'il ne faut pas qu'elle prête aux choses inanimées le dessein de la toucher.

4 Son sang sur la poussière écrivoit mon devoir.

L'espagnol dit, *parlait par sa plaie* : ces figures recherchées sont dans l'original espagnol. C'était l'esprit du temps ; c'était le faux brillant du Marini et de tous les auteurs.

☞ 4 *bis*. Sacrifiez don Diègue, etc.

Il n'était pas naturel que Chimène demandât la mort de don Diègue, offensé si cruellement par son père. De plus, cette fureur atroce de demander le sang de toute la famille, n'était point convenable à une fille qui accusait son amant malgré elle. Corneille substitua depuis :

Immolez, non à moi, mais à votre courroux,
Mais à votre grandeur, mais à votre personne;
Immolez, sire, dis-je, au bien de tout l'état,
Tout ce qu'enorgueillit un si grand attentat.

5 Du crime si glorieux qui cause nos débats,
Sire, j'en suis la tête, etc.

Corneille substitua :

Qu'on nomme crime ou non ce qui fait nos débats, etc.

Mais ce changement est vicieux. *Ce qui fait nos débats* est très-faible. Il semble que don Diègue parle ici d'un procès de famille. *a*

a Si l'expression *ce qui fait nos débats* est foible, du moins le nouveau vers

Qu'on nomme crime ou non ce qui fait nos débats,

vaut mieux que l'ancien, et Voltaire a eu grand tort de rétablir un mauvais vers que Corneille avoit ôté.

[6] M'ordonner du repos, c'est croître mes malheurs.

Croître aujourd'hui n'est plus actif ; on dit *accroître* : mais il me semble qu'il est permis en vers de dire, *croître mes tourments, mes ennuis, mes douleurs, mes peines.*

ACTE TROISIÈME.

SCÈNE I.ère

[1] Non, non, ce cher objet à qui j'ai pu déplaire
Ne peut, pour mon supplice, avoir trop de colère ;
Et j'évite cent morts qui me vont accabler,
Si pour mourir plus tôt je la puis redoubler.

Cette faute tant reprochée à Corneille d'avoir violé l'unité de lieu pour violer les lois de la bienséance, et d'avoir fait aller Rodrigue dans la maison même de Chimène, qu'il pouvait si aisément rencontrer au palais ; cette faute, dis-je, est de l'auteur espagnol : quelque répugnance qu'on ait à voir Rodrigue chez Chimène, on oublie presque où il est ; on n'est occupé que de la situation. Le mal est qu'il ne parle qu'à une confidente.

On n'a point de *colère pour un supplice :* c'est un barbarisme.

L'idée d'éviter tant de morts ne doit pas se présenter à un homme qui la cherche. Ces *cent morts* sont une expression vague, un vers fait à la hâte ; il ne se donnait ni le temps ni la peine de chercher le mot propre et un tour élégant. On ne connaissait pas encore cette pureté de diction, et cette élo-

ACTE III, SCÈNE III.

quence sage et vraie que Racine trouva par un travail assidu, et par une méditation profonde sur le génie de notre langue. *a*

SCÈNE II.

¹ Sous vos commandements, mon bras sera trop fort. — Malheureuse!

Quelque insipidité qu'on ait trouvée dans le personnage de don Sanche, il me semble qu'il fait là un effet très-heureux, en augmentant la douleur de Chimène ; et ce mot *malheureuse!* qu'elle prononce sans presque l'écouter, est sublime. Lorsqu'un personnage, qui n'est rien par lui-même, sert à faire valoir le caractère principal, il n'est point de trop.

SCÈNE III.

¹ La moitié de ma vie a mis l'autre au tombeau.

Scudéri trouvait là trois moitiés. Cette affectation, cette apostrophe à ses yeux, ont paru à tous les critiques une puérilité dont on ne trouve aucun exemple dans le théâtre grec :

Et ce n'est point ainsi que parle la nature.

Par quel art cependant ces vers touchent-ils ? N'est-ce point que *la moitié de ma vie a mis l'autre au tombeau* porte dans l'âme une idée attendrissante, qui subsiste encore malgré les vers qui suivent?

---

a L'expression n'est pas bonne ; mais on entend que *pour mon supplice* veut dire ici *pour me punir*.

² Reposez-vous, madame.

Le mot de *reposer* est un peu de la comédie, et ne peut guère être adressé qu'à une personne fatiguée. Dans la tragédie on peut proposer le repos à un conquérant, pourvu que cette idée soit ennoblie. *a*

3 Dans un lâche silence étouffe mon honneur.

Corneille corrigea depuis, *sous un lâche silence :* mais un honneur n'est point étouffé *sous un lâche silence ;* il semble qu'un *silence* soit un poids qu'on mette sur l'honneur.

4 Le poursuivre, le perdre, et mourir après lui.

Ce vers excellent renferme toute la pièce, et répond à toutes les critiques qu'on a faites sur le caractère de Chimène. Puisque ce vers est dans l'espagnol, l'original contenait les vraies beautés qui firent la fortune du *Cid* français.

SCÈNE IV.

¹ Eh bien, sans vous donner la peine de poursuivre,
Assurez-vous l'honneur de m'empêcher de vivre.

Il fallait dire, *de me poursuivre. M'empêcher de vivre* est languissant, et n'exprime pas *donnez-moi la mort.*

² Il est teint de mon sang. — Plonge-le dans le mien,
Et fais-lui perdre ainsi la teinture du tien.

Cela n'a point été repris par l'académie ; mais je doute que cette teinture réussît aujourd'hui. Le désespoir n'a pas de réflexions si fines, et j'oserais

---

a Il semble que Chimène, dans sa position, peut avoir besoin de repos.

ACTE III, SCÈNE IV.

ajouter si fausses : une épée est également rougie de quelque sang que ce soit; ce n'est point du tout une teinture différente. Tout ce qui n'est pas exactement vrai, révolte les bons esprits. Il faut qu'une métaphore soit naturelle, vraie, lumineuse, qu'elle échappe à la passion.

3 J'ai retenu ma main; j'ai cru mon bras trop prompt.

La main et le bras faisaient un mauvais effet; l'auteur a substitué,

J'ai pensé qu'à son tour mon bras étoit trop prompt.

Peut-être *à son tour* est-il plus mal. C'est là changer un vers plutôt que le corriger. *a*

4 Je te le dis encore, et, quoique j'en soupire,
Jusqu'au dernier soupir je veux bien le redire.

Corneille avait mis :

. . . . . . Et veux, tant que j'expire,
Sans cesse le penser et sans cesse le dire.

Tant que j'expire était une faute de langue; mais ces deux mots *soupire* et *soupir*, et ces désinences en *ir*, sont encore plus répréhensibles que les deux vers anciens.

5 O miracle d'amour!

semble affaiblir cette touchante scène, et n'est pas dans l'espagnol. *b*

a On ne trouve point cette remarque ni la suivante dans le texte, par les raisons précédemment dites.

b En admettant que cette expression soit déplacée, c'est traiter sévèrement l'auteur, de prétendre qu'elle affoiblit la scène. Croyons plutôt qu'une tache si légère ne doit pas être aperçue dans une scène aussi touchante et aussi animée.

SCÈNE V.[1]

Quoique chez les étrangers, pour qui principalement ces remarques sont faites, on ne soit pas encore parvenu à l'art de lier toutes les scènes, cependant y a-t-il un lecteur qui ne soit choqué de voir Chimène s'en aller d'un côté, Rodrigue de l'autre, et don Diègue arriver sans les voir?

Observez que quand le cœur a été ému par les passions des deux premiers personnages, et qu'un troisième vient parler de lui-même, il touche peu, sur-tout quand il rompt le fil du discours.

Nous venons d'entendre Chimène dans sa maison : mais où est maintenant don Diègue? Ce n'est pas assurément dans cette maison. Le spectateur ne peut se figurer ce qu'il voit ; et c'est là un très-grand défaut pour notre nation, qui veut par-tout de la vraisemblance, de la suite, de la liaison, qui exige que toutes les scènes soient naturellement amenées les unes par les autres; mérite inconnu sur tous les autres théâtres, et mérite absolument nécessaire pour la perfection de l'art.

SCÈNE VI.

[2] . . . . J'ai trouvé chez moi cinq cents de mes amis, etc.

Vous verrez dans la critique de Scudéri, qu'il condamne l'assemblée de ces cinq cents gentilshommes, et que l'académie l'approuve. C'est un trait fort ingénieux, inventé par l'auteur espagnol, de faire venir cette troupe pour une chose, et de l'employer pour une autre. *a*

ACTE QUATRIÈME.

SCÈNE I.ère

N'est-ce point un faux bruit? le sais-tu bien, Elvire?

Ce combat n'est point étranger à la pièce; il fait, au contraire, une partie du nœud, et prépare le dénouement en affaiblissant nécessairement la poursuite de Chimène, et rendant Rodrigue digne d'elle. Il fait, si je ne me trompe, souhaiter au spectateur que Chimène oublie la mort de son père en faveur de sa patrie, et qu'elle puisse enfin se donner un jour à Rodrigue.

SCÈNE II. [1]

Pour toutes ces scènes de l'infante, on convient unanimement de leur inutilité insipide; et celle-ci est d'autant plus superflue, que Chimène y répète avec faiblesse ce qu'elle vient de dire avec force à sa confidente. *b*

[2] Hier, ce devoir te mit en une haute estime....

Cet *hier* fait voir que la pièce dure deux jours dans Corneille : l'unité de temps n'était pas une règle bien reconnue. Cependant, si la querelle du

---

a Si l'on veut faire attention aux remarques dans lesquelles Voltaire s'est cru obligé de louer Corneille, on verra que c'est à l'auteur espagnol qu'il attribue toujours le mérite.

b Le commentateur avoit annoncé, en commençant, qu'il ne feroit pas de remarques sur les défauts du rôle de l'infante.

comte et sa mort arrivent la veille au soir, et si le lendemain tout est fini à la même heure, l'unité de temps est observée. Les événements ne sont point aussi pressés qu'on l'a reproché à Corneille, et tout est assez vraisemblable. *a*

SCÈNE III.¹

Toujours la scène vide, et nulle liaison; c'est encore un des défauts du siècle. Cette négligence rend la tragédie bien plus facile à faire, mais bien plus défectueuse.

² J'eusse pu donner ordre à repousser leurs armes.

Le roi ne joue pas là un personnage bien respectable; il avoue qu'il n'a donné ordre à rien. *b*

³ Ils t'ont nommé tous deux leur Cid en ma présence.

Corneille, en se bornant à employer aussi heureusement qu'il le fait ici ce vers imité de Guilain de Castro, au lieu d'introduire, comme lui, sur la

a Voltaire convient que l'unité de temps est observée si la querelle de don Diègue et de don Gormas est arrivée la veille au soir; mais il sait bien qu'elle a eu lieu le matin, à la sortie du conseil. Cela ne peut échapper au lecteur. Celui-ci croira donc que la règle des vingt-quatre heures est violée, tandis qu'elle est exactement suivie, puisque l'action commence le matin, et qu'elle finit le lendemain dans la matinée. Je laisse au lecteur à qualifier cette remarque du commentateur.

b En lisant le vers qui précède, on verra que le commentateur se trompe. Le roi *n'avoue pas* qu'il n'a donné ordre à rien : il dit que les Maures ont été défaits avant qu'il eût pu donner ordre à les repousser. Ce n'est pas avouer une faute qui puisse le rendre peu respectable, mais c'est payer un juste tribut d'éloges au vainqueur.

scène trois rois Maures, uniquement pour donner à Rodrigue ce nom de Cid en présence du roi de Castille, prouve en cela sa supériorité sur le poëte espagnol. Que font en effet, dans la pièce de Guilain de Castro, ces trois inutiles personnages? Rien autre chose que de former un vain spectacle. C'est le principal défaut de toutes les pièces espagnoles et anglaises de ces temps-là. L'appareil, la pompe du spectacle, sont une beauté sans doute; mais il faut que cette beauté soit nécessaire. La tragédie ne consiste pas dans un vain amusement des yeux. On représente sur le théâtre de Londres des enterrements, des exécutions, des couronnements; il n'y manque que des combats de taureaux.

☞ 4 Que votre majesté, sire, épargne ma honte.

Le mot de *honte* n'est pas le mot propre. Une valeur qui *ne va point dans l'excès,* est plus impropre encore.

⁵ Nous partîmes cinq cents; mais, par un prompt renfort,
Nous nous vîmes trois mille en arrivant au port.

L'académie n'a point repris cet endroit, qui consiste à substituer l'aoriste au simple passé. *Je vis, je fis, j'allai, je partis,* ne peut se dire d'une chose faite le jour où l'on parle. Plût à Dieu que cette licence fût permise en poésie! car *nous nous sommes vus cinq cents, nous sommes partis,* est bien languissant; on eût pu dire :

Nous n'étions que cinq cents; mais, par un prompt renfort,
Nous nous voyons trois mille en arrivant au port.

L'académie ne prononça point sur cette faute, uniquement par la raison que Scudéri ne l'avait pas relevée, et qu'elle se borna, comme je l'ai déjà dit, à juger entre Corneille et Scudéri. *a*

SCÈNE IV.

¹ La fâcheuse nouvelle ! et l'importun devoir !

Dès ce moment Rodrigue ne peut plus être puni ; toutes les poursuites de Chimène paraissent surabondantes. Elle est donc si loin de manquer aux bienséances, comme on le lui a reproché, qu'au contraire elle va au-delà de son devoir, en demandant la mort d'un homme devenu si nécessaire à l'état.

SCÈNE V.

¹ . . . . . Enfin soyez contente,
Chimène, le succès répond à votre attente.

Cette petite ruse du roi est prise de l'auteur espa-

---

a L'académie n'a point repris ces deux vers, parce qu'ils sont tels qu'ils doivent être. Le fait dont Rodrigue rend compte, a eu lieu la veille, et non pas le jour où il parle. Pour s'en convaincre, il suffit de lire le récit dans lequel, après avoir dit : *Nous nous vîmes trois mille en arrivant au port,* Rodrigue ajoute : *J'en cachai les deux tiers ; le reste se couche contre terre et passe une bonne part d'une si belle nuit.* L'ennemi arrive, on combat, et ce n'est qu'au point du jour qu'on reconnoît de quel côté est l'avantage. Voltaire a donc eu tort de prétendre que les vers de Corneille étoient défectueux, en ce que Rodrigue y rendoit compte d'un fait passé le jour où il parloit.

L'académie, quoi qu'en dise le commentateur, ne s'est pas bornée à juger entre Corneille et Scudéri ; elle a repris plusieurs fautes que l'observateur n'avoit point remarquées ; et Voltaire, qui semble l'ignorer, en a cité une, dans la deuxième scène du premier acte.

ACTE IV, SCÈNE V.

gnol : l'académie ne la condamne pas. C'est apparemment le titre de *tragi-comédie* qui la disposait à cette indulgence : car ce moyen paraît aujourd'hui peu digne de la noblesse du tragique.

² Sire, on pâme de joie ainsi que de tristesse.

On ne dit pas *pâmer, évanouir;* on dit *se pâmer, s'évanouir.* Cette défaite de Chimène est comique, et fait rire. Voyez les remarques de l'académie. La faute est de l'original; mais ses termes sont plus convenables. *a*

³ L'auteur de mes malheurs! l'assassin de mon père!

On fait peu de remarques sur cette pièce : on renvoie le lecteur à celles de l'académie. Cependant il faut observer que Chimène a tort d'appeler Rodrigue assassin ; il ne l'est pas : elle l'a appelé elle-même *brave homme, homme de bien.*

⁴ De moi ni de ma cour il n'aura la présence.

Ce tour est très-adroit; il donne lieu à la scène dans laquelle don Sanche apporte son épée à Chimène.

---

a Voltaire renvoie ici aux remarques de l'académie; nous y avons vainement cherché; elle n'a point parlé de ce vers; mais ce qu'il y a de plus étonnant, c'est que le dictionnaire de l'académie est absolument opposé au sentiment du commentateur. On y trouve *pâmer* ou *se pâmer.* On y lit notamment cette phrase : *Il pâmoit de rire.*

ACTE CINQUIÈME.
SCÈNE I.ère

> 1 Je vais mourir, madame, et vous viens en ce lieu,
> Avant le coup mortel, dire un dernier adieu.

En quel lieu? Il est triste que ce mot *adieu* n'ait que *lieu* pour rime. C'est un des grands inconvénients de notre langue. *a*

> ☞ 2 Je vais lui présenter mon estomac ouvert,
> Adorant en sa main la vôtre qui me perd.

C'est dommage que ces sentiments ne soient point du tout naturels. Il paraît assez ridicule de dire qu'il doit du respect à don Sanche, et qu'il va lui présenter son estomac ouvert. Ces idées sont prises dans ces misérables romans qui n'ont rien de vraisemblable, ni dans les aventures, ni dans les sentiments, ni dans les expressions : tout était hors de la nature dans ces impertinents ouvrages qui gâtèrent si long-temps le goût de la nation. Un héros n'osait ni vivre ni mourir sans le congé de sa dame. Scudéri n'avait garde de condamner ces idées romanesques dans Corneille, lui qui en avait rempli ses ridicules ouvrages. *b*

a En quel lieu, dit Voltaire? Chez Chimène. Le reproche qu'elle vient d'adresser à Rodrigue l'indique assez.

b Rodrigue explique trop clairement le motif qui l'engage à céder à don Sanche, pour qu'on taxe de ridicule un respect qui ne s'adresse pas à son rival. Son amour peut paroître outré ; mais quel amour ne l'est pas ?

3 Et défends ton honneur si tu ne veux plus vivre.

Ce vers est également adroit et passionné; il est plein d'art, mais de cet art que la nature inspire. Il me paraît admirable; mais le discours de Chimène est un peu trop long.

☞ 4 Et cet honneur suivra mon trépas volontaire,
Que tout autre que moi n'eût pu vous satisfaire.

Cette réponse de Rodrigue paraît aussi alambiquée et alongée : cette dispute sur un sentiment très-peu naturel a quelque chose des conversations de l'hôtel Rambouillet, où l'on quintessenciait des idées sophistiquées.

5 Sors vainqueur d'un combat dont Chimène est le prix,

est repris par Scudéri. C'est peut-être le plus beau vers de la pièce, et il obtient grâce pour tous les sentiments un peu hors de la nature qu'on trouve dans cette scène, traitée d'ailleurs avec une grande supériorité de génie.

☞ Comment, après ce beau vers, peut-on ramener encore sur la scène notre pitoyable infante?

SCÈNE II.

1 Paroissez, Navarrois, Maures et Castillans.

Je ne sais pourquoi on supprime ce morceau dans les représentations. *Paroissez, Navarrois,* était passé en proverbe, et c'est pour cela même qu'il faut réciter ces vers. Cet enthousiasme de valeur messied-il au Cid, encouragé par sa maîtresse? *a*

a Ce morceau se dit maintenant.

SCÈNE V.[1]

Chimène, qui arrive à la place de l'infante sans la voir, et qui pourrait aussi bien ne pas paraître sur le théâtre que s'y montrer, ne fait ici que renouveler ce défaut dont nous avons tant parlé, qui consiste dans l'interruption des scènes ; défaut, encore une fois, qui n'était pas reconnu dans le chaos dont Corneille a tiré le théâtre. [a]

[1] D'un et d'autre côté je vous vois soulagée.

Les raisonnements d'Elvire, dans cette scène, semblent un peu se contredire. D'abord, elle dit à Chimène *qu'elle sera soulagée des deux côtés;* ensuite :

Et nous verrons du ciel l'équitable courroux
Vous laisser, par sa mort, don Sanche pour époux.

Il est probable que ces raisonnements d'Elvire contribuent un peu à refroidir cette scène ; mais aussi ils contribuent beaucoup à laver Chimène de l'affront que les critiques injustes lui ont fait de se conduire en fille dénaturée : car le spectateur est du parti d'Elvire contre Chimène ; il trouve, comme Elvire, que Chimène en a fait assez, et qu'elle doit s'en remettre à l'événement du combat.

[a] Il est facile de reconnoître que cette remarque de Voltaire a été mal rédigée. Par la construction, il sembleroit que c'est Chimène qui pourroit aussi bien ne pas paroître sur le théâtre que s'y montrer, tandis que c'est de l'infante que le commentateur a voulu parler.

SCÈNE VI.[1]

L'académie a condamné cette scène, et on peut voir les raisons qu'elle en rapporte; mais il n'y a point de lecteur sensé qui ne prévienne ce jugement, et qui ne voie qu'il n'est pas naturel que l'erreur de Chimène dure si long-temps. Ce qui n'est pas dans la nature, ne peut toucher. Ce vain artifice affaiblit l'intérêt qu'on pourrait prendre à la scène suivante. Il ne reste que l'impression que Chimène a faite pendant toute la pièce : cette impression est si forte, qu'elle remue encore les cœurs, malgré toutes ces fautes. [a]

SCÈNE VII.

[1] Mais puisque mon devoir m'appelle auprès du roi, etc.

Quel devoir l'appelle auprès du roi, au temps de ce combat? [b]

---

[a] Cette scène est fort courte; mais en admettant que l'erreur de Chimène dure trop long-temps, quelles sont donc *toutes ces fautes* dont parle Voltaire?

[b] L'ordre du roi lui-même. Il a dit à don Arias, scène 5 du 4.ᵉ acte :

Vous seul des combattants jugerez la vaillance.
Ayez soin que tous deux fassent en gens de cœur;
Et, le combat fini, *m'amenez* le vainqueur.

Sans cet ordre, Rodrigue n'auroit pas eu de motif suffisant pour envoyer don Sanche auprès de Chimène. C'est ainsi que les auteurs habiles savent se ménager les moyens de faire agir les personnages.

SCÈNE VIII.

¹ Je viens tout de nouveau vous apporter ma tête.

Rodrigue a offert sa tête si souvent, que cette nouvelle offre ne peut plus produire le même effet. Les personnages doivent toujours conserver leur caractère, mais non pas dire toujours les mêmes choses. L'unité de caractère n'est belle que par la variété des idées.

² Pour vous en revancher conservez ma mémoire.

Le mot de *revancher* est devenu bas; on dirait aujourd'hui *pour m'en récompenser*.

³ Si Rodrigue à l'état devient si nécessaire,
De ce qu'il fait pour vous dois-je être le salaire,
Et me livrer moi-même au reproche éternel
D'avoir trempé mes mains dans le sang paternel?

Il semble que ces derniers beaux vers que dit Chimène, la justifient entièrement. Elle n'épouse point le Cid; elle fait même des remontrances au roi. J'avoue que je ne conçois pas comment on a pu l'accuser d'indécence, au lieu de la plaindre et de l'admirer. Elle dit, à la vérité, au roi : *C'est à moi d'obéir;* mais elle ne dit point, *j'obéirai*. Le spectateur sent bien pourtant qu'elle obéira; et c'est en cela, ce me semble, que consiste la beauté du dénouement.

4 Laisse faire le temps, ta vaillance et ton roi.

Ce dernier vers, à mon avis, sert à justifier Corneille. Comment pouvait-on dire que Chimène était

ACTE V, SCÈNE VIII.

une fille dénaturée, quand le roi lui-même n'espère rien pour Rodrigue que du temps, de sa protection et de la valeur de ce héros ?

RÉCAPITULATION.

Les principales remarques du commentateur sur cette tragédie ont pour objet : 1.º de blâmer l'avilissement du roi dans la scène 7.ᵉ du second acte ; 2.º de reprocher l'inobservation de la règle des vingt-quatre heures ; 3.º d'accuser don Sanche de n'avoir donné ordre à rien ; 4.º d'attaquer les vers que dit le Cid dans son récit ; 5.º et enfin de supposer qu'aucun devoir n'appeloit Rodrigue auprès du roi, à l'issue du combat. Je crois avoir répondu sur tous ces points, de manière à convaincre le lecteur qu'il n'en est aucun sur lequel Voltaire ne se soit trompé.

FIN DES REMARQUES SUR LE CID.

OBSERVATIONS
DE
M. DE SCUDÉRI
SUR
LE CID.

OBSERVATIONS

SUR

LE CID.

Il est de certaines pièces comme de certains animaux qui sont en la nature, qui de loin semblent des étoiles, et qui de près ne sont que des vermisseaux. Tout ce qui brille n'est pas toujours précieux. On voit des beautés d'illusion, comme des beautés effectives; et souvent l'apparence du bien se fait prendre pour le bien même. Aussi ne m'étonné-je pas beaucoup que le peuple, qui porte le jugement dans les yeux, se laisse tromper par celui de tous les sens le plus facile à décevoir : mais que cette vapeur grossière qui se forme dans le parterre, ait pu s'élever jusqu'aux galeries, et qu'un fantôme ait abusé le savoir comme l'ignorance, et la cour aussi bien que le bourgeois, j'avoue que ce prodige m'étonne, et que ce n'est qu'en ce bizarre événement que je trouve *le Cid* merveilleux. Mais, comme autrefois un Macédonien appela de *Philippe* préoccupé à *Philippe* mieux informé, je conjure les honnêtes gens de suspendre un peu leur jugement, et de ne pas condamner sans les ouïr, les *Sophonisbe*, les *César*, les *Cléopâtre*, les *Hercule*, les *Mariamne*, les *Cléomédon*, et tant d'autres illustres héros qui les ont charmés sur le théâtre. Pour moi, quelque éclatante que me parût la gloire du Cid, je la regardois comme ces belles couleurs qui s'effacent en l'air presque aussitôt que le soleil en a fait la riche et trompeuse impression sur la nue : je n'avois garde de concevoir aucune envie pour ce qui me faisoit pitié, ni de faire voir à personne les taches que j'apercevois en cet ouvrage : au contraire, comme, sans vanité, je suis bon et généreux, je donnois des sentiments à tout le monde que je n'avois pas moi-même : je faisois croire aux autres ce que je ne croyois point du tout, et je me contentois de connoître l'erreur sans la réfuter, et la vérité sans m'en rendre l'évangéliste. Mais quand j'ai vu que cet ancien qui nous a dit, que la prospérité trouve moins de personnes qui la sachent souffrir que les infortunes, et que la modération est plus rare que la patience, sembloit avoir fait le portrait de l'auteur du Cid; quand j'ai vu, dis-je, qu'il se déifioit d'autorité privée, qu'il parloit de lui comme nous avons accoutumé de parler des autres; qu'il faisoit même imprimer les sentiments avantageux qu'il a de soi, et qu'il semble croire qu'il fait trop d'honneur aux plus grands esprits de son siècle de leur présenter la main gauche, j'ai cru que je ne pouvois, sans injustice et sans lâcheté, abandonner la cause commune, et qu'il étoit à propos de lui faire lire cette inscription tant utile, qu'on voyoit autrefois gravée sur la porte de l'un des temples de la Grèce :

CONNOIS-TOI TOI-MÊME.

Ce n'est pas que je veuille combattre ses mépris par des outrages : cette espèce d'armes ne doit être employée que par ceux qui n'en ont point d'autres ; et quelque nécessité que nous ayons de nous défendre, je ne tiens pas qu'il soit glorieux d'en user. J'attaque le Cid, et non pas son auteur ; j'en veux à son ouvrage, et non pas à sa personne. Et comme les combats et la civilité ne sont point incompatibles, je veux baiser le fleuret dont je prétends lui porter une botte franche. Je ne fais ni une satire, ni un libelle diffamatoire, mais de simples *observations*, et hors les paroles qui seront de l'essence de mon sujet, il ne m'en échappera pas une où l'on remarque de l'aigreur. Je le prie d'en user avec la même retenue, s'il me répond, parce que je ne saurois dire ni souffrir d'injures. Je prétends prouver contre cette pièce du *Cid* :

Que le sujet n'en vaut rien du tout ;

Qu'il choque les principales règles du poëme dramatique ;

Qu'il manque de jugement en sa conduite ;

Qu'il a beaucoup de méchants vers ;

Que presque tout ce qu'il a de beautés sont dérobées ;

Et qu'ainsi l'estime qu'on en fait est injuste.

Mais après avoir avancé cette proposition, étant obligé de la soutenir, voici par où j'entreprends de le faire avec honneur.

Ceux qui veulent abattre quelqu'un de ces superbes édifices que la vanité des hommes élève si haut, ne s'amusent point à briser des colonnes ou rompre des balustrades ; mais ils vont droit en saper les fondements, afin que toute la masse du bâtiment croule et tombe en une même heure : comme j'ai le même dessein, je veux les imiter en cette occasion, et, pour en venir à bout, je veux dire que le sentiment d'Aristote et celui de tous les savants qui l'ont suivi, établit pour maxime indubitable, que l'invention est la principale partie et du poëte et du poëme. Cette vérité est si assurée, que le nom même de l'un et de l'autre tire son étymologie d'un verbe grec, qui ne veut rien dire que *fiction* : de sorte que le sujet du Cid étant d'un auteur espagnol, si l'invention en étoit bonne, la gloire en appartiendroit à Guilain de Castro, et non pas à son traducteur françois. Mais tant s'en faut que j'en demeure d'accord, que je soutiens qu'elle ne vaut rien du tout. La tragédie composée selon les règles de l'art, ne doit avoir qu'une action principale, à laquelle tendent et viennent aboutir toutes les autres, ainsi que les lignes se vont rendre de la circonférence d'un cercle à son centre ; et l'argument en devant être tiré de l'histoire ou des fables connues (selon les préceptes qu'on nous a laissés), on n'a pas dessein de surprendre le spectateur, puisqu'il sait déjà ce que l'on doit représenter : mais il n'en va pas ainsi de la tragi-comédie ; car bien qu'elle n'ait pas été connue de l'antiquité, néanmoins, puisqu'elle est comme un composé de la tragédie et de la comédie, et qu'à cause de sa fin elle semble même pencher plus vers la dernière, il faut que le premier acte, dans cette espèce de poëme, embrouille une intrigue qui tienne toujours l'esprit en suspens, et qui ne se démêle qu'à la fin de l'ouvrage. Ce nœud gordien n'a pas besoin d'avoir un Alexandre dans le Cid pour le dénouer. Le père de Chimène y meurt presque dès le commencement. Dans toute la pièce, elle ni Rodrigue ne poussent et ne peuvent pousser qu'un seul mouvement : on n'y voit aucune diversité, aucune intrigue, aucun nœud ; et le moins clairvoyant des spectateurs devine, ou plutôt voit la fin de cette aventure aussitôt qu'elle est commencée. Et par ainsi je pense avoir montré bien clairement que le sujet n'en vaut rien du tout, puisque j'ai fait connoître qu'il manque de ce qui pouvoit le rendre bon, et qu'il a tout ce qui pouvoit le rendre mauvais. Je n'aurai pas plus de peine à prouver qu'il choque les principales règles dramatiques, et j'espère le faire avouer à tous ceux qui voudront se souvenir après moi, qu'entre toutes les règles dont je parle, celle qui sans doute est la plus importante, et comme la fondamentale de tout l'ouvrage, est celle de la vraisemblance. Sans elle on ne peut être surpris par cette agréable tromperie qui fait que nous semblons nous intéresser aux bons ou mauvais succès de ces héros imaginaires. Le poëte qui se propose pour sa fin d'émouvoir les passions de l'auditeur par celles des personnages, quelque vives, fortes et bien poussées qu'elles puissent être, n'en peut jamais venir à bout (s'il est judicieux) lorsque ce qu'il veut imprimer en l'âme n'est pas vraisemblable. Aussi ces grands maîtres anciens, qui m'ont appris ce que je montre ici à ceux qui l'ignorent, nous ont toujours enseigné que le poëte et l'historien ne doivent pas suivre la même route, et qu'il vaut mieux que le premier traite un sujet vraisemblable qui ne soit pas vrai, qu'un vrai qui ne soit pas vraisemblable. Je ne pense pas qu'on puisse choquer une maxime que ces grands hommes ont établie, et qui satisfait si bien le jugement : c'est pourquoi j'ajoute, après l'avoir fondée en l'esprit de ceux qui la lisent, qu'il est vrai que Chimène épousa le Cid, mais qu'il n'est point vraisemblable qu'une fille d'honneur épouse le meurtrier de son père. Cet événement étoit bon pour l'historien, mais il ne valoit rien pour le poëte; et je ne crois pas qu'il suffise de donner des répugnances à Chimène; de faire combattre le devoir contre l'amour; de lui mettre en la bouche mille antithèses sur ce sujet, ni de faire intervenir l'autorité d'un roi; car enfin tout cela n'empêche pas qu'elle ne se rende parricide, en se résolvant d'épouser le meurtrier de son père; et bien que cela ne s'achève pas sur l'heure, la volonté (qui seule fait le mariage) y paroît tellement portée, qu'enfin Chimène est une parricide. Ce sujet ne peut être vraisemblable, et par conséquent il choque une des principales règles du poëme. Mais pour appuyer ce raisonnement des anciens, je me souviens encore que le mot de la fable dont Aristote s'est servi pour nommer le sujet de la tragédie, quoiqu'il ne signifie dans Homère qu'un simple discours, par-tout ailleurs est pris pour le récit de quelque chose fausse, et qui pourtant conserve une espèce de vérité : telles sont les fables des poëtes, dont, au temps d'Aristote, et même devant lui, les tragiques se servoient souvent pour le sujet de leurs poëmes, n'ayant nul égard à ce qu'elles n'étoient pas vraies, mais les considérant seulement comme vraisemblables. C'est pourquoi ce philosophe remarque que les premiers tragiques ayant accoutumé de prendre des sujets par-tout, sur la fin ils s'étoient retranchés à certains, qui étoient ou pouvoient être rendus vraisemblables, et qui, presque pour cette raison, ont été tous traités, et même par divers auteurs, comme Médée, Alcméon, OEdipe, Oreste, Méléagre, Thyeste et Télèphe; si bien qu'on voit qu'ils pouvoient changer ces fables comme ils vouloient, et les accommoder à la vraisemblance. Ainsi Sophocle, Eschile et Euripide ont traité la fable de Philoctète bien diversement; ainsi celle de Médée, chez Sénèque, Ovide et Euripide, n'étoit pas la même. Mais il étoit quasi de la religion, et ne leur étoit pas permis de changer l'histoire quand ils la traitoient, ni d'aller contre la vérité; tellement que, ne trouvant pas toutes les histoires vraisemblables (quoique vraies) et ne pouvant pas les rendre telles, ni changer leur nature, ils s'attachoient fort peu à les traiter à cause de cette difficulté, et prenoient, pour la plupart, des choses fabuleuses, afin de les pouvoir disposer vraisemblablement. De là ce philosophe montre que le métier du poëte est bien plus difficile que celui de l'historien, parce que celui-ci raconte simplement les choses comme en effet elles sont arrivées ; au lieu que l'autre les représente, non pas comme elles sont, mais bien comme elles ont dû être. C'est en quoi l'auteur du Cid a failli, qui trouvant dans l'histoire d'Espagne que cette fille avoit épousé le meurtrier de son père, devoit considérer que ce n'étoit pas un sujet d'un poëme accompli, parce qu'étant historique, et par conséquent vrai, mais non pas vraisemblable, d'autant qu'il choque la raison et les bonnes mœurs, il ne pouvoit pas le changer, ni le rendre propre au poëme dramatique. Mais comme une erreur en appelle une autre, pour observer celle des vingt-quatre heures (excellente quand elle est bien entendue) l'auteur françois bronche plus lourdement que l'espagnol, et fait mal en pensant bien faire. Ce dernier donne au moins quelque couleur à sa faute, parce que son poëme étant irrégulier, la longueur du temps, qui rend les douleurs toujours moins vives, semble en quelque façon rendre la chose plus vraisemblable. Mais faire arriver en vingt-quatre heures la mort d'un père et les promesses de mariage de sa fille avec celui qui l'a tué, et non pas encore sans le connoître, non pas dans une rencontre inopinée, mais dans un duel dont il étoit l'appelant, c'est (comme a dit bien agréablement un de mes amis) ce qui loin d'être bon dans les vingt-quatre heures, ne seroit pas supportable dans les vingt-quatre ans. Et par conséquent, je le redis encore une fois, la règle de la vraisemblance n'est point observée, quoiqu'elle soit absolument nécessaire. Et véritablement toutes ces belles actions que fit le Cid en plusieurs années, sont tellement assemblées par force en cette pièce, pour la mettre dans les vingt-quatre heures, que les personnages y semblent des dieux de machine qui tombent du ciel en terre; car enfin, dans le court espace d'un jour naturel, on élit un gouverneur au prince de Castille; il se fait une querelle et un combat entre don Diègue et le comte; autre combat de Rodrigue et du comte, un autre de Rodrigue contre les Maures, un autre contre don Sanche, et le mariage se conclut entre Rodrigue et Chimène : je vous laisse à juger si ne voilà pas un jour bien employé, et si l'on n'auroit pas grand tort d'accuser tous ces personnages de paresse? Il est du sujet du poëme dramatique comme de tous les corps physiques, qui, pour être parfaits, demandent une certaine grandeur qui ne soit ni trop vaste ni trop resserrée. Ainsi lorsque nous observons un ouvrage de cette nature, il arrive ordinairement à la mémoire ce qui arrive aux yeux qui regardent un objet : celui qui voit un corps d'une diffuse grandeur, s'attachant à en remarquer les parties, ne peut pas regarder à la fois ce grand tout qu'elles composent : de même si l'action du poëme est trop grande, celui qui la contemple ne sauroit la mettre tout ensemble dans sa mémoire : comme au contraire, si un corps est trop petit, les yeux qui n'ont pas loisir de le considérer, parce que presque en même temps l'aspect se forme et s'évanouit, n'y trouvent point de volupté. Ainsi dans le poëme qui est l'objet de la mémoire, comme tous les corps le sont des yeux, cette partie de l'âme ne se plaît non plus à remarquer ce qui n'admet pas son office, que ce qui l'excède. Et certainement, comme les corps, pour être beaux, ont besoin de deux choses, à savoir de l'ordre et de la grandeur, et que pour cette raison Aristote nie qu'on puisse appeler les petits hommes beaux, mais oui bien agréables, parce que, quoiqu'ils soient bien proportionnés, ils n'ont pas néanmoins cette taille avantageuse nécessaire à la beauté; de même ce n'est pas assez que le poëme ait toutes ses parties disposées avec soin, s'il n'a encore une grandeur si juste que la mémoire la puisse comprendre sans peine. Or, quelle doit être cette grandeur ? Aristote, dont nous suivons autant le jugement que nous nous moquons de ceux qui ne le suivent point, l'a déterminée dans cet espace de temps qu'on voit qu'enferment deux soleils; en sorte que l'action qui se présente ne doit ni excéder ni être moindre que ce temps qu'il nous prescrit. Voilà pourquoi autrefois Aristophane, comique grec, se moquoit d'Eschile, poëte tragique, qui, dans la tragédie de Niobé, pour conserver la gravité de cette héroïne, l'introduisit assise au sépulcre de ses enfans l'espace de trois jours sans dire une seule parole. Et voilà pourquoi le docte Heinsius a trouvé que Buchanan avoit fait une faute dans sa tragédie de Jephté, où, dans le période des vingt-quatre heures, il renferme une action qui dans l'histoire demandoit deux mois; ce temps ayant été donné à la fille pour pleurer sa virginité (dit l'Écriture). Mais l'auteur du Cid porte bien son erreur plus avant, puisqu'il enferme plusieurs années dans ses vingt-quatre heures, et que le mariage de Chimène et la prise de ces rois Maures, qui, dans l'histoire d'Espagne, ne se fait que deux ou trois ans après la mort de son père, se fait ici le même jour : car quoique ce mariage ne se consomme pas sitôt, Chimène et Rodrigue y consentent, et dès-là ils sont mariés, puisque, selon les jurisconsultes, il n'est requis que le consentement pour les noces; et qu'outre cela, Chimène est à lui par la victoire qu'il obtient sur don Sanche, et par l'arrêt qu'en donne le roi. Mais ce n'est pas la seule loi qu'on voit enfreinte en cet endroit de ce poëme : il en omet une autre bien plus importante, puisqu'elle choque les bonnes mœurs comme les règles de la poésie dramatique. Et pour connoître cette vérité, il faut savoir que le poëme de théâtre fut inventé pour instruire en divertissant, et que c'est sous cet agréable habit que se déguise la philosophie, de peur de paroître trop austère aux yeux du monde; et par lui, s'il faut ainsi dire, qu'elle semble dorer les pilules, afin qu'on les prenne sans répugnance, et qu'on se trouve guéri presque sans avoir connu le remède. Aussi ne manque-t-elle jamais de nous montrer sur la scène la vertu récompensée, et le vice toujours puni. Que si quelquefois l'on y voit les méchants prospérer, et les gens de bien persécutés, la face des choses ne manquant point de changer à la fin de la représentation, ne manque point aussi de faire voir le triomphe des innocents et le supplice des coupables ; et c'est ainsi qu'insensiblement on nous imprime en l'âme l'horreur du vice et l'amour de la vertu. Mais tant s'en faut que la pièce du Cid soit faite sur ce modèle, qu'elle est de très-mauvais exemple. L'on y voit une fille dénaturée ne parler que de ses folies, lorsqu'elle ne doit parler que de son malheur ; plaindre la perte de son amant, lorsqu'elle ne doit songer qu'à celle de son père ; aimer encore ce qu'elle doit abhorrer ; souffrir en même temps et en même maison ce meurtrier et ce pauvre corps, et, pour achever son impiété, joindre sa main à celle qui dégoutte encore du sang de son père. Après ce crime, qui fait horreur, le spectateur n'a-t-il pas raison de penser qu'il va partir un coup de foudre du ciel représenté sur la scène, pour châtier cette Danaïde ? Ou s'il sait cette autre règle, qui défend d'ensanglanter le théâtre, n'a-t-il pas sujet de croire qu'aussitôt qu'elle en sera partie, un messager viendra pour le moins lui apprendre ce châtiment ? Mais cependant ni l'un ni l'autre n'arrive ; au contraire, un roi caresse cette impudique, son vice y paroît récompensé ; la vertu semble bannie de la conclusion de ce poëme : il est une instruction au mal, un aiguillon pour nous y pousser, et par ces fautes remarquables et dangereuses, directement opposé aux principales règles dramatiques. C'étoit pour de semblables ouvrages que Platon n'admettoit point dans sa république toute la poésie; mais principalement il en bannissoit cette partie, laquelle imite en agissant, et par représentation, d'autant qu'elle offroit à l'esprit toutes sortes de mœurs, les vices et les vertus, les crimes et les actions généreuses, et qu'elle introduisoit aussi bien Atrée comme Nestor. Or, ne donnant pas plus de plaisir en l'expression des bonnes actions que des mauvaises, puisque, dans la poésie comme dans la peinture, on ne regarde que la ressemblance, et que l'image de Thersite bien faite, plaît autant que celle de Narcisse, il arrivoit de là que les esprits des spectateurs étoient débauchés par cette volupté; qu'ils trouvoient autant de plaisir à imiter les mauvaises actions qu'ils voyoient représentées avec grâce, et où notre nature s'incline, que les bonnes, qui nous semblent difficiles, et que le théâtre étoit aussi bien l'école des vices que des vertus. Cela, dis-je, l'avoit obligé d'exiler les poëtes de sa république; et quoiqu'il couronnât Homère de fleurs, il n'avoit pas laissé de le bannir. Mais pour modérer sa rigueur, Aristote, qui connoissoit l'utilité de la poésie, et principalement de la dramatique, d'autant qu'elle nous imprime beaucoup mieux les bons sentiments que les deux autres espèces, et que ce que nous voyons touche bien davantage l'âme, que ce que nous entendons simplement, comme depuis l'a dit Horace; Aristote, dis-je, veut en sa poétique, que les mœurs représentées dans l'action de théâtre, soient la plupart bonnes, et que s'il faut y introduire des personnes pleines de vices, le nombre en soit moindre que des vertueuses. Cela fait que les critiques des derniers temps ont blâmé quelques anciennes tragédies, où les bonnes mœurs étoient moindres que les mauvaises ; ainsi qu'on peut voir, par exemple, dans l'Oreste d'Euripide, où tous les personnages, excepté Pylade, ont de méchantes inclinations. Si l'auteur que nous examinons n'eût pas ignoré ces préceptes, comme les autres, dont nous l'avons déjà repris, il se fût bien empêché de faire triompher le vice sur son théâtre, et ses personnages auroient eu de meilleures intentions que celles qui les font agir. Fernand y auroit été plus grand politique, Urraque d'inclination moins basse, don Gomès moins ambitieux et moins insolent, don Sanche plus généreux, Elvire de meilleur exemple pour les suivantes ; et cet auteur n'auroit pas enseigné la vengeance par la bouche même de la fille de celui dont on se venge ; Chimène n'auroit pas dit :

> Les accommodements ne font rien en ce point :
> Les affronts à l'honneur ne se réparent point.
> En vain on fait agir la force ou la prudence ;
> Si l'on guérit le mal, ce n'est qu'en apparence.

Et le reste de la troisième scène du second acte, où par-tout elle conclut à la confusion de son amant, s'il n'attente à la vie de son père. Comme quoi peut-il excuser le vers où cette dénaturée s'écrie, parlant de Rodrigue :

> Souffrir un tel affront, étant né gentilhomme ?

Et ceux-ci, où elle avoue qu'elle auroit de la honte pour lui, si, après lui avoir commandé de ne pas tuer son père, il lui pouvoit obéir :

> Et s'il peut m'obéir, que dira-t-on de lui?
> Soit qu'il cède ou résiste au feu qui le consume,
> Mon esprit ne peut qu'être ou honteux ou confus,
> De son trop de respect, ou d'un juste refus.

Mais je découvre encore des sentiments plus cruels et plus barbares dans la quatrième scène du troisième acte, qui me font horreur. C'est où cette fille, mais plutôt ce monstre, ayant devant ses yeux Rodrigue encore tout couvert d'un sang qui la devoit si fort toucher, et entendant qu'au lieu de s'excuser et de reconnoître sa faute, il l'autorise par ces vers :

> Car enfin n'attends pas de mon affection
> Un lâche repentir d'une bonne action.

Elle répond, ô bonnes mœurs!

> Tu n'as fait le devoir que d'un homme de bien.

Si autrefois quelques-uns, comme Marcellin au livre vingt-septième, ont mis entre les corruptions des républiques la lecture de Juvénal, parce qu'il enseigne le vice, quoiqu'il le reprenne, et que, pour flageller l'impureté, il la montre toute nue ; que dirons-nous de ce poëme, où le vice est si puissamment appuyé, où l'on en fait l'apologie, où l'on le pare des ornements de la vertu, et enfin où il foule aux pieds les sentiments de la nature et les préceptes de la morale ? De ces deux preuves assez claires, je passe à la troisième, qui regarde le jugement, la conduite et la bienséance des choses, et dès la première scène je trouve de quoi m'occuper. Il faut que j'avoue que je ne vis jamais un si mauvais physionome que le père de Chimène, lorsqu'il dit à la suivante de sa fille, parlant de don Sanche, aussi bien que de don Rodrigue :

> Jeunes, mais qui font lire aisément dans leurs yeux
> L'éclatante vertu de leurs braves aïeux.

Il n'étoit point nécessaire d'une si fausse conjecture, puisque ce malheureux don Sanche devoit être battu sans blesser ni sans être blessé, désarmé, et, pour sauver sa vie, contraint d'accepter cette honteuse condition, qui l'oblige à porter lui-même son épée à sa maîtresse, de la part de son ennemi : cette procédure trop romanesque dément ce premier discours, étant certain que jamais un homme de cœur ne voudra vivre par cette voie. Mais ce n'est pas la seule faute de jugement que je remarque en cette scène, et ces vers qui suivent m'en découvrent encore une autre :

> L'heure à présent m'appelle au conseil qui s'assemble.
> Le roi doit à son fils choisir un gouverneur,
> Ou plutôt m'élever à ce haut rang d'honneur.
> Ce que pour lui mon bras chaque jour exécute,
> Me défend de penser qu'aucun me le dispute.

Il falloit avec plus d'adresse faire savoir à l'auditeur le sujet de la querelle qui va naître, et non pas le faire dire hors de propos à cette suivante, qui sert dans la maison du comte. Cette familiarité n'a point de rapport avec l'orgueil qu'il donne par-tout à ce personnage : mais il seroit à souhaiter pour lui qu'il eût corrigé de cette sorte tout ce qu'il fait dire à ce comte de Gormas, afin que d'un capitan ridicule il eût fait un honnête homme, tout ce qu'il dit étant plus digne d'un fanfaron, que d'une personne de valeur et de qualité. Et pour ne vous donner pas la peine d'aller vous en éclaircir dans son livre, voyez en quels termes il fait parler ce capitaine Fracasse :

>Enfin vous l'emportez, et la faveur du roi
>Vous élève en un rang qui n'étoit dû qu'à moi.
>Les exemples vivants ont bien plus de pouvoir :
>Un prince, dans un livre, apprend mal son devoir.
>Et qu'a fait après tout ce grand nombre d'années,
>Que ne puisse égaler une de mes journées ?
>Si vous fûtes vaillant, je le suis aujourd'hui,
>Et ce bras du royaume est le plus ferme appui.
>Grenade et l'Aragon tremblent quand ce fer brille :
>Mon nom sert de rempart à toute la Castille.
>Sans moi vous passeriez bientôt sous d'autres lois,
>Et si vous ne m'aviez, vous n'auriez plus de rois.
>Chaque jour, chaque instant entasse, pour ma gloire,
>Lauriers dessus lauriers, victoire sur victoire.
>Le prince, pour essai de générosité,
>Gagneroit des combats marchant à mon côté.
>Loin des froides leçons qu'à mon bras on préfère,
>Il apprendroit à vaincre en me regardant faire.
>Et par-là cet honneur n'étoit dû qu'à mon bras.
>Un jour seul ne perd pas un homme tel que moi :
>Que toute sa grandeur s'arme pour mon supplice,
>Tout l'état périra s'il faut que je périsse.
>D'un sceptre qui sans moi tomberoit de sa main.
>Il a trop d'intérêt lui-même en ma personne,
>Et ma tête en tombant feroit choir sa couronne.
>Mais t'attaquer à moi ! qui t'a rendu si vain ?

Sais-tu bien qui je suis?
Mais je sens que pour toi ma pitié s'intéresse :
J'admire ton courage, et je plains ta jeunesse.
Ne cherche point à faire un coup d'essai fatal ;
Dispense ma valeur d'un combat inégal ;
Trop peu d'honneur pour moi suivroit cette victoire.
A vaincre sans péril on triomphe sans gloire.
On te croiroit toujours abattu sans effort,
Et j'aurois seulement le regret de ta mort.
Retire-toi d'ici ; . . . . . es-tu si las de vivre ?

Je croirois assurément qu'en faisant ce rôle, l'auteur auroit cru faire parler Matamore et non pas le comte, si je ne voyois que presque tous ses personnages ont le même style, et qu'il n'est pas jusqu'aux femmes qui ne s'y piquent de bravoure. Il s'est, à mon avis, fondé sur l'opinion commune, qui donne de la vanité aux Espagnols ; mais il l'a fait avec assez peu de raison, ce me semble, puisque par-tout il se trouve d'honnêtes gens. Et ce seroit une chose bien plaisante, si parce que les Allemands et les Gascons ont la réputation d'aimer à boire et à dérober, il alloit un jour, avec une égale injustice, nous faire voir sur la scène un seigneur de l'une de ces nations qui fût ivre, et l'autre coupeur de bourses. Les Espagnols sont nos ennemis, il est vrai, mais on n'est pas moins bon François pour ne les croire pas tous hypocondriaques. Et nous avons parmi nous un exemple si illustre, et qui nous fait si bien voir que la profonde sagesse et la haute vertu peuvent naître en Espagne, qu'on n'en sauroit douter sans crime. Je parlerois plus clairement de cette divine personne, si je ne craignois de profaner son nom sacré, et si je n'avois peur de commettre un sacrilége, en pensant faire un acte d'adoration. Mais étant encore si éloigné des dernières fautes de jugement, que je connois et que je dois montrer en cet ouvrage, je m'arrête trop à ces premières, que vous verrez suivies de beaucoup d'autres plus grandes. La seconde scène du Cid n'est pas plus judicieuse que celle qui la précède, car cette suivante n'y fait que redire ce que l'auditeur vient à l'heure même d'apprendre. C'est manquer d'adresse, et faire une faute, que les préceptes de l'art nous enseignent d'éviter toujours, parce que ce n'est qu'ennuyer le spectateur, et qu'il est inutile de raconter ce qu'il a vu. Si bien que le poëte doit prendre des temps derrière les rideaux, pour en instruire les personnages, sans persécuter ainsi ceux qui les écoutent. La troisième scène est encore plus défectueuse, en ce qu'elle attire en son erreur toutes celles où parlent l'infante et don Sanche : je veux dire, qu'outre la bienséance mal observée en un amour si peu digne d'une fille de roi, et l'une et l'autre tiennent si peu dans le corps de la pièce, et sont si peu nécessaires à la représentation, qu'on voit clairement que doña Urraque n'y est que pour faire jouer la *Beauchâteau*, et le pauvre don Sanche, pour s'y faire battre par don Rodrigue. Et cependant il nous est enjoint par les maîtres de ne rien mettre de superflu dans la scène. Ce n'est pas que j'ignore que les épisodes font une partie de la beauté d'un poëme; mais il faut, pour être bons, qu'ils soient plus attachés au sujet. Celui qu'on prend pour un poëme dramatique est de deux façons, car il est ou simple, ou mixte : nous appelons simple, celui qui, étant un et continué, s'achève en un manifeste changement, au contraire de ce qu'on attendoit, et sans aucune reconnoissance. Nous en avons un exemple dans l'Ajax de Sophocle, où le spectateur voit arriver tout ce qu'il s'étoit proposé. Ajax plein de courage, ne pouvant endurer d'être méprisé, se met en furie, et après qu'il est revenu à soi, rougissant des actions que la rage lui a fait faire, et vaincu de honte, il se tue. En cela il n'y a rien d'admirable ni de nouveau. Le sujet mêlé, ou non simple, s'achemine à sa fin avec quelque changement opposé à ce qu'on attendoit, ou quelque reconnoissance, ou tous les deux ensemble. Celui-ci étant assez intrigué de soi, ne recherche presque aucun embellissement; au lieu que l'autre étant trop nu, a besoin d'ornements étrangers. Ces amplifications, qui ne sont pas tout-à-fait nécessaires, mais qui ne sont pas aussi hors de la chose, s'appellent épisodes chez Aristote; et l'on donne ce nom à tout ce que l'on peut insérer dans l'argument même. Ces épisodes, qui sont aujourd'hui fort en usage, sont trouvés bons lorsqu'ils aident à faire quelque effet dans le poëme; comme anciennement le discours d'Agamemnon, de Teucer, de Ménélaüs, et d'Ulysse dans l'Ajax de Sophocle, servoit pour empêcher qu'on ne privât ce héros de sépulture; ou bien lorsqu'ils sont nécessaires, ou vraisemblablement attachés au poëme, qu'Aristote appelle épisodique, quand il pèche contre cette dernière règle. Notre auteur, sans doute, ne savoit pas cette doctrine, puisqu'il se fût bien empêché de mettre tant d'épisodes dans son poëme, qui, étant mixte, n'en avoit pas besoin; ou si sa stérilité ne lui permettoit pas de le traiter sans cette aide, il y en devoit mettre qui ne fussent pas irréguliers. Il auroit sans doute banni dona Urraque, don Sanche et don Arias, et n'auroit pas eu tant de feu à leur faire dire des pointes, ni tant d'ardeur à la déclamation, qu'il ne se fût souvenu que pas un de ces personnages ne servoit aux incidents de son poëme, et n'y avoit aucun attachement nécessaire. Je vois bien, pour parler aussi des modernes, que, dans la belle Mariamne, ce discours des songes, que M. Tristan a mis en la bouche de Phérore, n'étoit pas absolument nécessaire : mais étant si bien lié avec la vision que vient d'avoir Hérodes, il y ajoute une beauté merveilleuse; vision, dis-je, qui fait elle-même une partie du sujet, et dont les présages qu'on en tire sont fondés sur une que ce prince avoit eue autrefois au bord du Jourdain. Il n'en est pas ainsi de nos bouches inutiles; ce qu'elles disent n'est pas seulement superflu, mais les personnages le sont eux-mêmes. Depuis cette dernière cascade, le jugement de l'auteur ne bronche point, jusqu'à l'ouverture du second acte : mais en cet endroit, s'il m'est permis d'user de ce mot, il fait encore une disparate. Il vient un certain don Arias de la part du roi, qui, à vrai dire, n'y vient que pour faire des pointes sur les lauriers et sur la foudre, et pour donner sujet au comte de Gormas de pousser une partie des rodomontades que je vous ai montrées. On ne sait ce qui l'amène; il n'explique point quelle est sa commission, et pour conclusion de ce beau discours, il s'en retourne comme il est venu. L'auteur me permettra de lui dire, qu'on voit bien qu'il n'est pas homme d'éclaircissement ni de procédé. Quand deux grands ont querelle, et que l'un est offensé à l'honneur, ce sont des oiseaux qu'on ne laisse point aller sur leur foi : le prince leur donne des gardes à tous deux, qui lui répondent de leurs personnes, et qui ne souffriroient pas que le fils de l'un vînt faire un appel à l'autre : aussi voyons-nous bien la dangereuse conséquence dont cette erreur est suivie; et par les maximes de la conscience, le roi ou l'auteur sont coupables de la mort du comte, s'ils ne s'excusent en disant qu'ils n'y pensoient pas, puisque le commandement que fait après le roi de l'arrêter, n'est plus de saison. Dans la troisième scène de ce même acte, les délicats trouveront encore que le jugement pèche lorsque Chimène dit que Rodrigue n'est pas gentilhomme, s'il ne se venge de son père. Ce discours est plus extravagant que généreux dans la bouche d'une fille, et jamais aucune ne le diroit, quand même elle en auroit la pensée. Les plus critiques trouveroient peut-être aussi que la bienséance voudroit que Chimène pleurât enfermée chez elle, et non pas aux pieds du roi, sitôt après cette mort : mais donnons ce transport à la grandeur de ses ressentiments, et à l'ardent désir de se venger, que nous savons pourtant bien qu'elle n'a point, quoiqu'elle le dût avoir. Insensiblement nous voici arrivés au troisième acte, qui est celui qui a fait battre des mains à tant de monde, crier miracle à tous ceux qui ne savent pas discerner le bon or d'avec l'alchimie, et qui seul a fait la fausse réputation du Cid. Rodrigue y paroît d'abord chez Chimène avec une épée qui fume encore du sang tout chaud qu'il vient de faire répandre à son père ; et par cette extravagance si peu attendue, il donne de l'horreur à tous les judicieux qui le voient, et qui savent que ce corps est encore dans la maison. Cette épouvantable procédure choque directement le sens commun : et quand Rodrigue prit la résolution de tuer le comte, il devoit prendre celle de ne revoir jamais sa fille. Car de nous dire qu'il vient pour se faire tuer par Chimène, c'est nous apprendre qu'il ne vient que pour faire des pointes : les filles bien nées n'usurpent jamais l'office des bourreaux : c'est une chose qui n'a point d'exemple, et qui seroit supportable dans une élégie à Philis, où le poëte peut dire qu'il veut mourir d'une belle main, mais non pas dans le grave poëme dramatique, qui représente sérieusement les choses comme elles doivent être. Je remarque dans la troisième scène que notre nouvel Homère s'endort encore, et qu'il est hors d'apparence qu'une fille de la condition de Chimène n'ait pas une de ses amies chez elle, après un si grand malheur que celui qui vient de lui arriver, et qui les obligeroit toutes de s'y rendre, pour adoucir sa douleur par quelques consolations. Il eût évité cette faute de jugement, s'il n'eût pas manqué de mémoire pour ces deux vers qu'Elvire dit peu auparavant :

> Chimène est au palais, de pleurs toute baignée,
> Et n'en reviendra point que bien accompagnée.

Mais sans nous amuser davantage à cette contradiction, voyons à quoi sa solitude est employée : à faire des pointes exécrables, des antithèses parricides, à dire effrontément qu'elle aime, ou plutôt qu'elle adore (ce sont ses mots) ce qu'elle doit tant haïr, et par un galimatias qui ne conclut rien, dire qu'elle veut perdre Rodrigue, et qu'elle souhaite ne le pouvoir pas. Ce méchant combat de l'honneur et de l'amour auroit au moins quelque prétexte, si le temps, par son pouvoir ordinaire, avoit comme assoupi les choses ; mais dans l'instant qu'elles viennent d'arriver, que son père n'est pas encore dans le tombeau, qu'elle a ce funeste objet non-seulement dans l'imagination, mais devant les yeux, la faire balancer entre ces deux mouvements, ou plutôt pencher tout-à-fait vers celui qui la perd et la déshonore, c'est se rendre digne de cette épitaphe d'un homme en vie, mais endormi, qui dit :

> Sous cette casaque noire
> Repose paisiblement
> L'auteur, d'heureuse mémoire,
> Attendant le jugement.

SUR LE CID.

Ensuite de cette conversation de Chimène avec Elvire, Rodrigue sort de derrière une tapisserie, et se présente effrontément à celle qu'il vient de faire orpheline : en cet endroit l'un et l'autre se piquent de beaux mots, de dire des douceurs, et semblent disputer la vivacité d'esprit en leurs réparties, avec aussi peu de jugement qu'en auroit un homme qui se plaindroit en musique dans une affliction, ou qui, se voyant boiteux, voudroit clocher en cadence. Mais tout-à-coup ce beau discoureur, Rodrigue, devient impudent, et dit à Chimène, parlant de ce qu'il a tué celui dont elle tenoit la vie,

Qu'il le feroit encor s'il avoit à le faire.

A quoi cette bonne fille répond, qu'elle ne le blâme point, qu'elle ne l'accuse point, et qu'enfin il a fort bien fait de tuer son père. O jugement de l'auteur, à quoi songez-vous ? O raison de l'auditeur, qu'êtes-vous devenue ? Toute cette scène est d'égale force. Mais comme les géographes par un point marquent toute une province, le peu que j'en ai dit suffira pour la faire concevoir entière. Celle qui suit nous fait voir le père de Rodrigue qui parle seul comme un fou ; qui s'en va de nuit courir les rues ; qui embrasse je ne sais quelle ombre fantastique, et qui, le plus incivil de tous les mortels, a laissé cinq cents gentilshommes chez lui, qui venoient lui offrir leur épée. Mais outre que la bienséance est mal observée, j'y remarque une faute de jugement assez grande. Et pour la voir avec moi, il faut se souvenir que Fernand étoit le premier roi de Castille, c'est-à-dire roi de deux ou trois petites provinces : de sorte qu'outre qu'il est assez étrange que cinq cents gentilhommes se trouvent à la fois chez un de leurs amis qui a querelle, la coutume étant, en ces occasions, qu'après avoir offert leur service et leur épée, les uns sortent à mesure que les autres entrent, il est encore plus hors d'apparence qu'une aussi petite cour que celle de Castille étoit alors, pût fournir cinq cents gentilshommes à don Diègue, et pour le moins autant au comte de Gormas, si grand seigneur, et tant en réputation, sans ceux qui demeuroient neutres, et ceux qui restoient auprès de la personne du roi. C'est une chose entièrement éloignée du vraisemblable, et qu'à peine pourroit faire la cour d'Espagne, en l'état où sont les choses maintenant. Aussi voit-on bien que cette grande troupe est moins pour la querelle de Rodrigue, que pour lui aider à chasser les Maures; et quoique les bons seigneurs n'y songeassent pas, l'auteur, qui fait leur destinée, les a bien su forcer, malgré qu'ils en eussent, à s'assembler, et sait lui seul à quel usage on les doit mettre.

Le quatrième acte commence par une scène où Chimène aimant son père à l'accoutumée, s'informe soigneusement du succès des armes de Rodrigue, et demande s'il n'est point blessé. Cette scène est suivie d'une autre, qu'il suffit de dire que fait l'infante, pour dire qu'elle est inutile. Mais en cet endroit il faut que je dise que jamais roi ne fut si mal obéi que don Fernand, puisqu'il se trouve que, malgré l'ordre qu'il avoit donné, dès le second acte, de munir le port, sur l'avis qu'il avoit que les Maures venoient l'attaquer, il se trouve, dis-je, que Séville étoit prise, son trône renversé, et sa personne et celles de ses enfans perdues, si le hasard n'eût assemblé ces bienheureux amis de don Diègue, qui aident Rodrigue à le sauver. Et certes le roi qui témoigne qu'il n'ignore point ce désordre, a grand tort de ne punir pas ces coupables, puisque c'est par leur seule négligence que l'auteur fait

Que d'un commun effort
Les Maures et la mer entrent dedans le port.

Mais il me permettra de lui dire que cela n'a pas grande apparence, vu que la nuit on ferme les havres d'une chaîne, principalement ayant la guerre, et de plus des avis certains que les ennemis approchent. Ensuite il dit, parlant encore des Maures :

Ils ancrent, ils descendent.

Ce n'est pas savoir le métier dont il parle ; car en ces occasions, où l'événement est douteux, on ne mouille point l'ancre, afin d'être plus en état de faire retraite si l'on s'y voit forcé. Mais je ne suis pas encore à la fin de ses fautes ; car pour découvrir le crime de Chimène, le roi s'y sert de la plus méchante finesse du monde ; et malgré ce que le théâtre demande de sérieux en cette occasion, il fait agir ce prince comme un enfant qui seroit bien enjoué, en la quatrième scène du quatrième acte. Là, dans une action de telle importance, où sa justice devoit être balancée avec la victoire de Rodrigue, au lieu de la rendre à Chimène, qui feint de la lui demander, il s'amuse à lui faire pièce ; veut éprouver si elle aime son amant ; et en un mot, le poëte lui ôte sa couronne de dessus la tête pour le coiffer d'une marotte. Il devoit traiter avec plus de respect la personne des rois, que l'on nous apprend être sacrée, et considérer celui-ci dans le trône de Castille, et non pas comme sur le théâtre de Mondori. Mais toute grossière qu'est cette fourbe, elle fait pourtant donner cette criminelle dans le piége qu'on lui tend, et découvrir aux yeux de toute la cour, par un évanouissement, l'infâme passion qui la possède. Il ne lui sert de rien de vouloir cacher sa honte par une finesse aussi mauvaise que la première, étant certain que malgré ce quolibet qui dit,

Qu'on se pâme de joie, ainsi que de tristesse,

la cause de la sienne est si visible, que tous ceux qui ont l'âme grande, désireroient qu'elle fût morte, et non pas seulement évanouie. Ainsi le quatrième acte s'achève, après que Fernand a fait la plus injuste ordonnance que prince imagina jamais. Le dernier n'est pas plus judicieux que ceux qui l'ont devancé. Dès l'ouverture du théâtre, Rodrigue vient, en plein jour, revoir Chimène, avec autant d'effronterie que s'il n'en avoit pas tué le père, et la perd d'honneur absolument dans l'esprit de tout un peuple qui le voit entrer chez elle. Mais si je ne craignois de faire le plaisant mal-à-propos, je lui demanderois volontiers s'il a donné de l'eau bénite, en passant, à ce pauvre mort, qui vraisemblablement étoit dans la salle. Leur seconde conversation est de même style que la première; elle lui dit cent choses dignes d'une prostituée, pour l'obliger à battre ce pauvre sot de don Sanche; et, pour conclusion, elle ajoute avec une impudence épouvantable :

> Te dirai-je encor plus? va, songe à ta défense,
> Pour forcer mon devoir, pour m'imposer silence ;
> Et si jamais l'amour échauffa tes esprits,
> Sois vainqueur d'un combat dont Chimène est le prix.
> Adieu : ce mot lâché me fait mourir de honte.

Elle a bien raison de rougir et de se cacher, après une action qui la couvre d'infamie, et qui la rend indigne de voir la lumière. La seconde et troisième scène n'est qu'une continuelle extravagance de notre infante superflue. La quatrième, qui se passe entre Elvire et Chimène, ne sert non plus au sujet. La cinquième, qui fait arriver don Sanche, me fait aussi vous avertir que vous preniez garde que dans le petit espace de temps qui s'écoule à réciter cent quarante vers, l'auteur fait aller Rodrigue s'armer chez lui, se rendre au lieu du combat, se battre, être vainqueur, désarmer don Sanche, lui rendre son épée, lui ordonner de l'aller porter à Chimène, et le temps qu'il faut à don Sanche pour venir de la place chez elle; tout cela se fait pendant qu'on récite cent quarante vers; ce qui est absolument impossible, et qui doit passer pour une grande faute de conduite. Quand nous voulons prendre ainsi des temps au théâtre, il faut que la musique ou les chœurs qui font la distinction des actes, nous en donnent le moyen dans cet intervalle; car autrement les choses ne doivent être représentées que de la même façon qu'elles peuvent arriver naturellement. Dans toute cette scène dont je parle, Chimène joue le personnage d'une furie, sur l'opinion qu'elle a que Rodrigue est mort, et dit au misérable don Sanche tout ce qu'elle devoit raisonnablement dire à l'autre quand il eut tué son père. Ce n'est pas qu'il n'y ait quelque chose d'agréable en cette. erreur, mais elle n'est pas judicieusement traitée; il en falloit moins pour être bonne; parce qu'il est hors d'apparence qu'au milieu de ce grand flux de paroles, don Sanche, pour la désabuser, ne puisse pas prendre le temps de lui crier : Il n'est pas mort. Comme ils en sont là, le roi et toute la cour arrivent; et c'est devant cette grande assemblée que dame Chimène lève le masque, qu'elle confesse ingénument ses folies dénaturées, et que, pour les achever, voyant que Rodrigue est en vie, elle prononce enfin un *oui* si criminel, qu'à l'instant même le remords de sa conscience la force de dire :

> Sire, quelle apparence à ce triste hyménée ?
> Qu'un même jour commence et finisse mon deuil,
> Mette en mon lit Rodrigue, et mon père au cercueil ?
> C'est trop d'intelligence avec son homicide;
> Vers ses mânes sacrés c'est me rendre perfide,
> Et souiller mon honneur d'un reproche éternel,
> D'avoir trempé mes mains dans le sang paternel.

Demeurons-en d'accord avec elle, puisque c'est la seule chose raisonnable qu'elle a dite. Et avant

SUR LE CID.

que de passer de la conduite de ce poëme à la censure des vers, disons encore que le théâtre en est si mal entendu, qu'un même lieu représentant l'appartement du roi, celui de l'infante, la maison de Chimène, et la rue, presque sans changer de face, le spectateur ne sait le plus souvent où sont les acteurs.

Maintenant, pour la versification, j'avoue qu'elle est la meilleure de cet auteur; mais elle n'est point assez parfaite pour avoir dit lui-même qu'il quitte la terre; que son vol le cache dans les cieux; qu'il y rit du désespoir de tous ceux qui l'envient, et qu'il n'a point de rivaux qui ne soient fort honorés quand il daigne les traiter d'égal. Si le Malherbe en avoit dit autant, je doute même si ce ne seroit point de trop. Mais voyons un peu si ce soleil qui croit être aux cieux est sans taches, ou si, malgré son éclat prétendu, nous aurons la vue assez forte pour le regarder fixement, et pour les apercevoir. Je commence par le premier vers de la pièce...

Entre tous ces amants, dont la jeune ferveur.

C'est parler françois en allemand, que de donner de la jeunesse à la *ferveur*: cette épithète n'est pas en son lieu; et fort improprement nous dirions, ma *jeune peine*, ma *jeune douleur*, ma *jeune inquiétude*, ma *jeune crainte*, et mille autres semblables termes impropres.

Ce n'est pas que Chimène écoute leurs soupirs,
Ou d'un regard propice anime leurs désirs.

Cela manque de construction; et pour qu'elle y

fût, il falloit dire, à mon avis : *Ce n'est pas que Chimène écoute de leurs soupirs, ni que d'un regard propice elle anime leurs désirs.*

Tant qu'a duré sa force, a passé pour merveille.

Ici tout de même ; il falloit dire, *a passé pour une merveille.*

L'heure à présent m'appelle au conseil qui s'assemble.

Ce mot d'*à présent* est trop bas pour les vers, et *qui s'assemble* est superflu ; il suffisoit de dire, *l'heure m'appelle au conseil.*

Deux mots dont tous vos sens doivent être charmés.

Il n'est point vrai qu'une bonne nouvelle charme tous les sens, puisque la vue, l'odorat, le goût, ni l'attouchement, n'y peuvent avoir aucune part. Cette figure, qui fait prendre une partie pour le tout, et qui chez les savants s'appelle *synecdoche,* est ici trop hyperbolique.

Et je vous vois, pensive et triste chaque jour,
L'informer avec soin comme va son amour.

Cela n'est pas bien dit ; il doit y avoir, *et je vous vois pensive et triste chaque jour, vous informer,* et non pas *l'informer, comme quoi va son amour,* et non pas *comme va son amour.*

Que je meurs s'il s'achève, et ne s'achève pas.

Pour la construction, il falloit dire, *que je meure s'il s'achève, et s'il ne s'achève pas.*

Elle rendra le calme à vos esprits flottants.

Je ne tiens pas que cette façon de faire flotter les esprits soit bonne ; joint qu'il falloit dire *l'esprit,*

SUR LE CID.

parce que *les esprits*, en pluriel, s'entendent des vitaux et des animaux, et non pas de cette haute partie de l'âme où réside la volonté.

<small>Ma plus douce espérance est de perdre l'espoir.</small>

Ce vers, si je ne me trompe, n'est pas loin du galimatias.

<small>Le prince, pour essai de générosité.</small>

Ce mot d'*essai* et celui de *générosité* étant si près l'un de l'autre, font une fausse rime dans le vers, bien désagréable, et que l'on doit toujours éviter.

<small>Gagneroit des combats, marchant à mon côté.</small>

On dit bien *gagner une bataille*, mais on ne dit point *gagner un combat*.

<small>Parlons-en mieux : le roi fait honneur à votre âge.</small>

La césure manque à ce vers.

<small>Le premier dont ma race ait vu rougir son front.</small>

Je trouve que *le front d'une race* est une assez étrange chose : il ne falloit plus que dire, *les bras de ma lignée*, et *les cuisses de ma postérité*.

<small>Qui tombe sur son chef, rejaillit sur mon front.</small>

Cette façon de dire *le chef* pour *la tête* est hors de mode, et l'auteur du Cid a tort d'en user si souvent.

<small>Au surplus, pour ne te point flatter. . . . . .</small>

Ce mot de *surplus* est de chicane, et non de poésie, ni de la cour.

<small>Se faire un beau rempart de mille funérailles.</small>

J'aurois bâti ce rempart de corps morts et d'armes

brisées, et non pas de funérailles : cette phrase est extravagante, et ne veut rien dire.

<small>Plus l'offenseur est cher......</small>

Ce mot d'*offenseur* n'est point françois ; et quoique son auteur se croie assez grand homme pour enrichir la langue, et qu'il use souvent de ce terme nouveau, je pense qu'on le renverra avec Isnel.

<small>A mon aveuglement rendez un peu de jour.</small>

On ne peut rendre le jour à l'aveuglement, mais oui bien à l'aveugle.

<small>Allons, mon âme ; et puisqu'il faut mourir.</small>

J'aimerois autant dire, *allons moi-même ; et puisqu'il faut mourir*. Cette exclamation n'a point de sens.

<small>Respecter un amour dont mon âme égarée
.... Voit la perte assurée.</small>

Ce mot d'*égarée* n'est mis que pour rimer, et n'a nulle signification en cet endroit.

<small>Je rendrai mon sang pur comme je l'ai reçu.</small>

Je ne sais dans quel aphorisme d'Hippocrate l'auteur a remarqué qu'une mauvaise action corrompt le sang ; mais, contre ce qu'il dit, je crois plus raisonnablement que Rodrigue l'a tout brûlé par cette noire mélancolie qui le possède.

<small>Ce grand courage cède.
Il y prend grande part.
Un si grand crime.
Et quelque grand qu'il fût.</small>

Pour un grand poëte, voilà bien des grandeurs qui se touchent.

> Pour le faire abolir sont plus que suffisants.

Sont plus que suffisants est une façon de parler basse et populaire, qui ne veut rien dire; non plus qu'une autre dont il se sert quand il dit,

> Faire l'impossible.

A le bien prendre, c'est ne vouloir rien faire, que de vouloir faire ce qu'on ne peut faire. On pardonne ces fautes aux petites gens qui s'en servent, mais non pas aux grands auteurs, tel que le croit être celui du Cid. Il dit, en parlant de la querelle de don Diègue :

> Elle a fait trop de bruit pour ne pas s'accorder.

Il faut dire, *pour n'être pas accordée;* car elle ne s'accorde point elle-même.

> Les hommes valeureux le sont du premier coup.

Ce premier coup est une phrase trop basse pour la poésie.

> Vous laissez choir ainsi ce glorieux courage.

Faire choir un courage, n'est pas proprement parler.

> Si dessous sa valeur ce grand guerrier s'abat.

Outre que cette parole de *s'abat* a le son trop approchant de celui de *sabbat,* il falloit dire *est abattu,* et non pas *s'abat.*

> Le Portugal se rendre, et ses nobles journées
> Porter delà les mers ses hautes destinées.

Il falloit dire *ses grands exploits;* car *ses nobles journées* ne disent rien qui vaille.

> Au milieu de l'Afrique arborer ses lauriers.

Le mot d'*arborer,* fort bon pour les étendards, ne vaut rien pour les arbres ; il falloit y mettre *planter.*

> Pleurez, pleurez, mes yeux, et fondez-vous en eau.
> La moitié de ma vie a mis l'autre au tombeau,
> Et m'oblige à venger, après ce coup funeste,
> Celle que je n'ai plus, sur celle qui me reste.

Ces quatre vers, que l'on a trouvés si beaux, ne sont pourtant qu'une happelourde ; car, premièrement, *ces yeux fondus* donnent une vilaine idée à tous les esprits délicats. On dit bien *fondre en larmes,* mais on ne dit point *fondre les yeux.* De plus, on appelle bien une maîtresse *la moitié de sa vie,* mais on ne nomme point un père ainsi. Et puis, dire que la moitié d'une vie a tué l'autre moitié, et qu'on doit venger cette moitié sur l'autre moitié, et parler et marcher avec une troisième vie, après avoir perdu ces deux moitiés, tout cela n'est qu'une fausse lumière, qui éblouit l'esprit de ceux qui se plaisent à la voir briller.

> Il déchire mon cœur, sans partager mon âme.

Ce vers n'est encore, à mon avis, qu'un galimatias pompeux ; car le cœur et l'âme sont tous deux pris en ce sens pour la partie où résident les passions.

> Quoi ! du sang de mon père encor toute trempée !

Ce vers me fait souvenir qu'il y en a un autre tout pareil qui dit :

> Quoi ! du sang de Rodrigue encor toute trempée !

Cette conformité de mots, de rime et de pensée montre une grande stérilité.

Mais sans quitter l'envie.

Il falloit dire, *sans perdre l'envie* : ce mot de *quitter* n'est pas en son lieu.

Aux traits de ton amour, ni de ton désespoir.

Ce mot de *trait*, en cette signification, est populaire, et s'il eût dit *aux effets*, la phrase eût été bien plus noble.

Vigueur, vainqueur, trompeur, peur.

Ce sont quatre fausses rimes qui se touchent, et qu'un esprit exact ne doit pas mettre si près.

Ma crainte est dissipée, et mes ennuis cessés.

Ce n'est point parler françois : on dit *finis*, ou *terminés*; et le mot de *cessés* ne se met jamais comme il est là.

Où fut jadis l'affront que ton courage efface.

Ce *jadis* ne vaut rien du tout en cet endroit, parce qu'il marque une chose faite il y a long-temps, et nous savons qu'il n'y a que quatre ou cinq heures que don Diègue a reçu le soufflet dont il entend parler.

. . . . . Et le sang qui m'anime.

L'auteur n'est pas bon anatomiste : ce n'est point le sang qui anime, car il a besoin lui-même d'être animé par les esprits vitaux qui se forment au cœur, et dont il n'est (pour user du terme de l'art) que le véhicule.

. . . . . Leur brigade étoit prête.

Cinq cents hommes est un trop grand nombre pour ne l'appeler que *brigade* : il y a des régiments entiers qui n'en ont pas davantage : et quand on se pique de vouloir parler des choses selon les termes de l'art, il en faut savoir la véritable signification; autrement on paroît ridicule en voulant paroître savant.

<blockquote>Tant à nous voir marcher en si bon équipage.</blockquote>

C'est encore parler de la guerre en bon bourgeois qui va à la garde : au lieu de ce vilain mot d'*équipage*, qui ne vaut rien là, il falloit dire *en si bon ordre*.

<blockquote>Sortir d'une bataille, et combattre à l'instant.</blockquote>

Tout de même ce combat des Maures fait de nuit n'étoit point une bataille.

<blockquote>Que ce jeune seigneur endosse le harnois.</blockquote>

Ce jeune seigneur qui *endosse le harnois* est du temps de *moult*, de *piéça* et d'*ainçois*.

<blockquote>..... Et leurs terreurs s'oublient.</blockquote>

Cela ne vaut rien : on doit dire *finissent, cessent*, ou *se dissipent*; car ces *terreurs qui s'oublient* elles-mêmes, ne sont qu'un pur galimatias.

<blockquote>Contrefaites le triste......</blockquote>

Ce mot de *contrefaites* est trop bas pour la poésie ; on doit dire, *feignez d'être triste*. Il y a encore cent fautes pareilles dans cette pièce, soit pour la phrase, ou pour la construction : mais sans m'arrêter davantage, je veux passer de l'examen des vers à la preuve des larcins, aussitôt que, pour montrer comme cet auteur est stérile, j'aurai fait remarquer combien de fois dans son poëme il a mis

SUR LE CID.

les pauvres lauriers, si communs; voyez-le, je vous en supplie.

> Ils y prennent naissance au milieu des lauriers.
> Lauriers dessus lauriers, victoire sur victoire.
> Que pour voir en un jour flétrir tant de lauriers.
> Tout couvert de lauriers, craignez encor la foudre.
> Mille et mille lauriers dont sa tête est couverte.
> Au milieu de l'Afrique arborer ses lauriers.
> J'irai sous mes cyprès accabler ses lauriers.
> Le chef, au lieu de fleurs, couronné de lauriers.
> Lui gagnant un laurier, vous impose silence.

La dernière partie de mon ouvrage ne me donne pas plus de peine que les autres. Le Cid est une comédie espagnole, dont presque tout l'ordre, scène pour scène, et toutes les pensées de la françoise sont tirées; et cependant ni Mondori, ni les affiches, ni l'impression, n'ont appelé ce poëme ni traduction, ni paraphrase, ni seulement imitation; mais bien en ont-ils parlé comme d'une chose qui seroit purement à celui qui n'en est que le traducteur; et lui-même a dit (comme un autre a déjà remarqué)

> Qu'il ne doit qu'à lui seul toute sa renommée.

Mais sans perdre une chose si précieuse que le temps, trouvez bon que je m'acquitte de ma promesse, et que je fasse voir que j'entends aussi l'espagnol.

> *De mis hasagnas escritas,*
> *Dare al prencipe un translado,*
> *Y a prendera en lo que hise*
> *Sino aprende en lo que hago.*

Pour s'instruire d'exemple, en dépit de l'envie,
Il lira seulement l'histoire de ma vie.

OBSERVATIONS

Esse sentimiento adoro,
Essa colera me agrada!

Agréable colère,
Digne ressentiment à ma douleur bien doux!

Lava, lava con sangre,
Porque el honor que se lava,
Con sangre se ha de lavar.

Ce n'est que dans le sang qu'on lave un tel outrage.

Poderoso es el contrario.

Je te donne à combattre un homme à redouter.

A qui offensa, y a ili espada.

Enfin, tu sais l'affront, et tu tiens la vengeance.

No tengo mas que de zirte.

Je ne te dis plus rien.

Y voy allorar affrentas.

Accablé de malheurs où le besoin me range,
Je m'en vais les pleurer.

Mi padre el offendido (estragna pena)
Y el offensor, el padre de Ximena.

O Dieu, l'étrange peine!
En cet affront mon père est l'offensé,
Et l'offenseur le père de Chimène.

Confieso que fua locura,
Ma no la quiero emendar.

Je l'avoue entre nous; quand je lui fis l'affront,
J'eus le sang un peu chaud, et le bras un peu prompt;
Mais puisque c'en est fait, le mal est sans remède.

Que los hombres como yo,
Tienne mucho que perder.

Un jour seul ne perd pas un homme tel que moi.

Y ha de perderse Castilla
Antesque yo.

Tout l'état périra s'il faut que je périsse.

SUR LE CID.

Conde. { RODRIGUE.

GOMÈS.
Quien es?

RODRIGUE.
A esta parte,
Quiero dezirte quien soy.

GOMÈS.
Que me quieres?

RODRIGUE.
Quiero hablarte.
A quel vicio que esta a parte,
Sabes quien es?

GOMÈS.
Y a lo se.
Porque lo dises?

RODRIGUE.
Porque?
Habla baxo, escucha.

GOMÈS.
Di.

RODRIGUE.
No sabes que fue despoio
De horra, y vallon?

GOMÈS.
Si seria.

RODRIGUE.
Y que es sangre suya, y mia,
La que yo tengo en el oio,
Sabes.

GOMÈS.
Y elsabellos,
Que ha de importar.

RODRIGUE.
Si vamos a otro lugar,
Sabras lo mucho que importa.

RODRIGUE.

A moi, comte ; deux mots.

GOMÈS.

Parle.

RODRIGUE.

Ote-moi d'un doute.
Connois-tu bien don Diègue ?

GOMÈS.

Oui.

RODRIGUE.

Parlons bas ; écoute.
Sais-tu que ce vieillard fut la même vertu,
La vaillance et l'honneur de son temps ; le sais-tu ?

GOMÈS.

Peut-être.

RODRIGUE.

Cette ardeur que dans les yeux je porte,
Sais-tu que c'est son sang ? le sais-tu ?

GOMÈS.

Que m'importe ?

RODRIGUE.

A quatre pas d'ici je te le fais savoir.

Como la offensa sabia,
Luogo cay en la venganca.

Dès que j'ai su l'affront, j'ai prévu la vengeance.

Justicia, justicia pido.

Sire, sire, justice !

Seignor, mi padre he perdido.

Il a tué mon père.

Seignor mi honor he cobrado.

Il a vengé le sien.

Que me hablo,
Por la boca de la herida.

SUR LE CID.

Me parloit par sa plaie ;
Par cette triste bouche il empruntoit ma voix.

*Y escrivio,
Con sangre my obligacion.*

Son sang sur la poussière écrivoit mon devoir.

*Castigar en la Cabeca,
Los delitos de la mano.*

Quand le bras a failli, l'on en punit la tête.

Que mi sangre saldra limpio.

Je rendrai mon sang pur.

Sossiegate Ximena.

Prends du repos, ma fille.

My llanto crece.

C'est croître mes malheurs.

Que has hecho, Rodriguo?

Rodrigue, qu'as-tu fait?

No mataste al conde?

Quoi! viens-tu jusqu'ici braver l'ombre du comte?
Ne l'as-tu pas tué?

Importavale a my honor.

Mon honneur de ma main a voulu cet effort.

*Quando fue casa del muerto,
Sagrado del matador?*

Mais chercher ton asile en la maison du mort?
Jamais un meurtrier en fit-il son refuge?

*Ximena esta
Cerca palatio, y vendra
Acompagnada.*

..... Chimène est au palais,
Et n'en reviendra point que bien accompagnée.

*Hay affligida,
Que la mitad de my vida,*

> *Ha muérto la otra mitad.*
> *Al vengar,*
> *De my vida la una parte,*
> *Sin las dos he de quedar.*

Pleurez, pleurez, mes yeux, et fondez-vous en eau.
La moitié de ma vie a mis l'autre au tombeau,
Et m'oblige à venger, après ce coup funeste,
Celle que je n'ai plus, sur celle qui me reste.

> *Te de el gusto de matarme,*
> *Sin la pena del seguirme.*

Eh bien, sans vous donner la peine de poursuivre,
Soûlez-vous du plaisir de m'empêcher de vivre.

> *Rodriguo, Rodriguo, en my casa!*

Rodrigue en ma maison! Rodrigue devant moi!

> *Escucha.*

Ecoute-moi.

> *Muero.*

Je me meurs.

> *Solo quiero,*
> *Que en oyendo lo que digo*
> *Respondans con este azero.*

..... Quatre mots seulement;
Après, ne me réponds qu'avecque cette épée.

> *Con tal fuerca que tu amor,*
> *Puso en duda my venganca,*
> *Mas en tan gran desventura,*
> *Lucharon à my depescho,*
> *Contra puestos en my pecho,*
> *My affrenta con tu germosura:*
> *Y tu segnora vencieras.*
> *A no haver imaginado,*
> *Que affrentado,*
> *Por infame aborrecieras,*
> *Quien quisiste por honrado.*

Ma flamme assez long-temps n'ait combattu pour toi :
Juge de son pouvoir dans une telle offense;
J'ai pu douter encor si j'en prendrois vengeance.

SUR LE CID.

Réduit à te déplaire ou souffrir un affront,
J'ai retenu ma main, j'ai cru mon bras trop prompt;
Je me suis accusé de trop de violence;
Et ta beauté sans doute emportoit la balance,
Si je n'eusse opposé, contre tous tes appas,
Qu'un homme sans honneur ne te méritoit pas ;
Qu'après m'avoir chéri quand je vivois sans blâme,
Qui m'aima généreux, me haïroit infâme.

> *Ne te doy la culpa a ti,*
> *De que desdichada soy.*

Je ne t'accuse point ; je pleure mes malheurs.

> *Que en venganca a tu affrenta,*
> *Como cavallero hisiste.*

Tu n'as fait le devoir que d'un homme de bien.

> *Disculpara my decoro.*
> *Con quien piensa que te adoro,*
> *El saberque te persigo.*

Et je veux que la voix de la plus noire envie
Elève au ciel ma gloire, et plaigne mes ennuis,
Sachant que je t'adore, et que je te poursuis.

> *Mas soy parte,*
> *Para solo perseguirte,*
> *Pero no para matarte.*

Va, je suis ta partie, et non pas ton bourreau.

> *Pues tu rigor que hazer quiere ?*

A quoi te résous-tu ?

> *Por my honor he de hazer,*
> *Contra ti quanto pudiere ;*
> *Deseando no poder.*

Malgré des feux si beaux qui rompent ma colère,
Je ferai mon possible à bien venger mon père ;
Mais, malgré la rigueur d'un si cruel devoir,
Mon unique souhait est de ne rien pouvoir.

> *Hay Rodrigo quien pensara !*

Rodrigue, qui l'eût cru !......

OBSERVATIONS

Hay Ximena quien dixera!
    Chimène, qui l'eût dit !....
Que my dicha se acabara.
Que notre heur fût si proche, et sitôt se perdît.
Vete, y mira a la salida
No te vean.
Adieu ; sors, et sur-tout garde bien qu'on te voie.
Que date y veme muriendo.
Adieu ; je vais traîner une mourante vie.
Aliento tomo.
Para entus alabanças ample allo.
Laisse-moi prendre haleine, afin de te louer.
Bravament provaste, bien lo hisiste.
Bien mis passados brios imitaste.
Ma valeur n'a point lieu de te désavouer ;
Tu l'as bien imitée.
Toca las blancas canas que me honraste,
Lega la tierna boca a la mexilla,
Donde la mancha de my honor quitaste.
Touche ces cheveux blancs à qui tu rends l'honneur ;
Viens baiser cette joue, et reconnois la place
Où fut jadis l'affront que ton courage efface.
A quien como la causa se attribuya,
Si hay en my algun valor y fortalleza.
L'honneur vous en est dû : les cieux me sont témoins
Qu'étant sorti de vous, je ne pouvois pas moins.
Tanto a tribulo un plazer,
Como congoxo un pesar.
On se pâme de joie, ainsi que de tristesse.

Après ce que vous venez de voir, jugez, lecteur, si un ouvrage dont le sujet ne vaut rien, qui choque les principales règles du poëme dramatique, qui manque de jugement en sa conduite, qui a beaucoup de méchants vers, et dont presque toutes les beautés sont dérobées, peut légitimement prétendre à la gloire de n'avoir point été surpassé, que lui attribue son auteur avec si peu de raison! Peut-être sera-t-il assez vain pour penser que l'envie m'aura fait écrire; mais je vous conjure de croire qu'un vice si bas n'est point entré dans mon âme, et qu'étant ce que je suis, si j'avois de l'ambition, elle auroit un plus haut objet que la renommée de cet auteur. Au reste, on dit qu'il prétend en ses réponses examiner les œuvres des autres, au lieu de tâcher de justifier les siennes : mais outre que cette procédure n'est pas bonne, nos erreurs ne le pouvant pas rendre innocent, je veux le relever de cette peine pour ce qui me regarde, en avouant ingénument que je crois qu'il y a beaucoup de fautes dans mes ouvrages que je ne vois point, et confessant même à ma honte, qu'il y en a beaucoup que je vois, et que ma négligence y laisse. Aussi ne prétends-je pas faire croire que je suis parfait, et je ne me propose autre fin que de montrer qu'il ne l'est pas tant qu'il le croit être. Et certainement, comme je n'aime point cette guerre de plume, j'aurois caché ses fautes, comme je cache son nom et le mien, si, pour la réputation de tous ceux qui font des vers, je n'avois cru que j'étois obligé de faire voir à l'auteur du *Cid* qu'il se doit contenter de l'honneur d'être citoyen d'une si belle république, sans s'imaginer mal à propos qu'il en peut devenir le tyran.

NOTE DE L'ÉDITEUR.

CORNEILLE ayant cru devoir répondre à ces observations de Scudéri, celui-ci adressa à l'Académie d'abord un écrit ayant pour titre : *Preuves des passages allégués dans les observations sur* le Cid, *par M. de Scudéri;* ensuite une lettre, qu'il termine en priant l'illustre compagnie d'émettre son opinion sur cette tragédie. Ce fut à cette occasion que parurent les *Sentiments de l'Académie françoise* sur le *Cid*.

FIN DES OBSERVATIONS SUR LE CID.

LES SENTIMENTS

DE

L'ACADÉMIE FRANÇOISE

SUR

LA TRAGI-COMÉDIE

DU CID.

LES SENTIMENTS

DE

L'ACADÉMIE FRANÇOISE

SUR

LA TRAGI-COMÉDIE

DU CID.

Ceux qui, par quelque désir de gloire, donnent leurs ouvrages au public, ne doivent pas trouver étrange que le public s'en fasse le juge. Comme le présent qu'ils lui font ne procède pas d'une volonté tout-à-fait désintéressée, et qu'il n'est pas tant un effet de leur libéralité que de leur ambition, il n'est pas aussi de ceux que la bienséance veut qu'on reçoive sans en considérer le prix. Puisqu'ils font une espèce de commerce de leur travail, il est bien raisonnable que celui auquel ils l'exposent ait la liberté de le prendre ou de le rebuter selon qu'il le reconnoît bon ou mauvais. Ils ne peuvent avec justice désirer de lui qu'il fasse même estime des fausses beautés que des vraies, ni qu'il paie de louange ce qui sera digne de blâme : ce n'est pas qu'il ne paroisse plus de bonté à louer ce qui est bon, qu'à reprendre ce qui est mauvais; mais il n'y a pas moins de justice en l'un qu'en l'autre. On peut même mériter de la louange en donnant du blâme, pourvu que les répréhensions partent du zèle de l'utilité commune, et qu'on ne prétende pas élever sa réputation sur les ruines de celle d'autrui. Il faut que les remarques des défauts d'un auteur ne soient pas des reproches de sa foiblesse, mais des avertissements qui lui donnent de nouvelles forces, et que si l'on coupe quelques branches de ses lauriers, ce ne soit que pour les faire pousser davantage en une autre saison. Si la censure demeuroit dans ces bornes, on pourroit dire qu'elle ne seroit pas moins utile dans la république des lettres, qu'elle ne le fut autrefois dans celle de Rome, et qu'elle ne feroit pas moins de bons écrivains dans l'une, qu'elle a fait de bons citoyens dans l'autre. Car c'est une vérité reconnue, que la louange a moins de force pour nous faire avancer dans le chemin de la vertu, que le blâme pour nous retirer de celui du vice ; et il y a beaucoup de personnes qui ne se laissent point emporter à l'ambition ; mais il y en a peu qui ne craignent de tomber dans la honte. D'ailleurs, la louange nous fait souvent demeurer au-dessous de nous-mêmes, en nous persuadant que nous sommes déjà au-dessus des autres, et nous retient dans une médiocrité vicieuse qui nous empêche d'arriver à la perfection. Au contraire, le blâme qui ne passe point les termes de l'équité, dessille les yeux de l'homme que l'amour-propre lui avoit fermés, et lui faisant voir combien il est éloigné du bout de la carrière, l'excite à redoubler ses efforts pour y parvenir. Ces avis si utiles en toutes choses, le sont principalement pour les productions de l'esprit, qui ne sauroit assembler sans secours tant de diverses beautés dont se forme cette beauté universelle qui doit plaire à tout le monde. Il faut qu'il compose ses ouvrages de tant d'excellentes parties, qu'il est impossible qu'il n'y en ait toujours quelqu'une qui manque, ou qui soit défectueuse, et que par conséquent il n'ait toujours besoin ou d'aides ou de réformateurs. Il est même à souhaiter que sur des propositions indécises il naisse des contestations honnêtes, dont la chaleur découvre en peu de temps ce qu'une froide recherche n'auroit pu découvrir en plusieurs années, et que l'entendement humain faisant un effort pour se délivrer de l'inquiétude des doutes, s'acquière promptement, par l'agitation de la dispute, cet agréable repos qu'il trouve dans la certitude des connoissances. Celles qui sont estimées les plus belles, sont presque toutes sorties de la contention des esprits; et il est souvent arrivé que, par cette heureuse violence, on a tiré la vérité du fond des abîmes, et que l'on a forcé le temps d'en avancer la production. C'est une espèce de guerre qui est avantageuse pour tous, lorsqu'elle se fait civilement, et que les armes empoisonnées y sont défendues. C'est une course, où celui qui emporte le prix semble ne l'avoir poursuivi que pour en faire un présent à son rival. Il seroit superflu de faire en ce lieu une longue déduction des innocentes et profitables querelles qu'on a vues naître dans tout le cercle des sciences entre ces rares hommes de l'antiquité. Il suffira de dire que, parmi les modernes, il s'en est ému de très-favorables pour les lettres, et que la poésie seroit aujourd'hui bien moins parfaite qu'elle n'est, sans les contestations qui se sont formées sur les ouvrages des plus célèbres auteurs des derniers temps. En effet, nous en avons la principale obligation aux agréables différends qu'ont produits la *Hierusalem* et le *Pastor fido*, c'est-à-dire les chefs-d'œuvre des deux plus grands poëtes de delà les monts, après lesquels peu de gens auroient bonne grâce de murmurer contre la censure, et de s'offenser d'avoir une aventure pareille à la leur. Ces raisons et ces expériences eussent bien pu convier l'académie françoise à dire son sentiment du Cid, c'est-à-dire d'un poëme qui tient encore les esprits divisés, et qui n'a pas plus causé de plaisir que de trouble. Elle eût pu croire qu'on ne l'eût pas accusée de trop entreprendre, quand elle eût prétendu donner sa voix en un jugement où les ignorants donnoient la leur aussi hardiment que les doctes, et qu'on n'eût pas dû trouver mauvais qu'une compagnie usât d'un droit dont les particuliers même sont en possession depuis tant de siècles. Mais elle se souvenoit qu'elle avoit renoncé à ce privilége par son institution; qu'elle ne s'étoit permis d'examiner que ses ouvrages, et qu'elle ne pouvoit reprendre les fautes d'autrui sans faillir elle-même contre ses règles. Parmi le bruit confus de la louange et du blâme, elle n'écoutoit que ses lois, qui lui commandoient de se taire. Elle eût bien voulu approcher en quelque sorte de la perfection, avant que de faire voir combien les autres en sont éloignés, et elle cherchoit les moyens d'instruire par ses exemples, plutôt que par ses censures. Lors même que l'observateur du Cid l'a conjurée, par une lettre publique, et par plusieurs particulières, de prononcer sur ses remarques, et que son auteur a témoigné, de son côté, qu'il en espéroit toute justice ; bien loin de se vouloir rendre juge de leur différend, elle ne se pouvoit seulement résoudre d'en être l'arbitre. Mais enfin, elle a considéré qu'une académie ne pouvoit honnêtement refuser son avis à deux personnes de mérite, sur une matière purement académique, et qui étoit devenue illustre par tant de circonstances. Elle a fait céder, bien avec regret, son inclination et ses règles aux instantes prières qui lui ont été faites sur ce sujet, et s'est aucunement consolée voyant que la violence qu'on lui faisoit s'accordoit avec l'utilité publique. Elle a pensé qu'en un siècle où les hommes courent au théâtre comme au plus agréable divertissement qu'ils puissent prendre, elle auroit occasion de leur remettre devant les yeux la fin la plus noble et la plus parfaite que se sont proposée ceux qui en ont donné les préceptes. Comme les observations des censeurs de cette tragi-comédie ne l'ont pu préoccuper, le grand nombre de ses partisans n'a point été capable de l'étonner. Elle a bien cru qu'elle pouvoit être bonne, mais elle n'a pas cru qu'il fallût conclure qu'elle le fût, à cause seulement qu'elle avoit été agréable. Elle s'est persuadée qu'étant question de juger de la justice et non pas de la force de son parti, il falloit plutôt peser les raisons, que compter les hommes qu'elle avoit de son côté, et ne regarder pas tant si elle avoit plu, que si en effet elle avoit dû plaire. La nature et la vérité ont mis un certain prix aux choses, qui ne peut être changé par celui que le hasard ou l'opinion y mettent ; et c'est se condamner soi-même que d'en juger selon ce qu'elles paroissent, et non pas selon ce qu'elles sont. Il est vrai qu'on pourroit croire que les maîtres de l'art ne sont pas bien d'accord sur cette matière. Les uns trop amis, ce semble, de la volupté, veulent que le délectable soit le vrai but de la poésie dramatique ; les autres, plus avares du temps des hommes, et l'estimant trop cher pour le donner à des divertissements qui ne fissent que plaire sans profiter, soutiennent que l'utile en est la véritable fin. Mais bien qu'ils s'expriment en termes si différents, on trouvera qu'ils ne disent que la même chose si l'on y veut regarder de près, et si jugeant d'eux aussi favorablement que l'on doit, on vient à penser que ceux qui ont tenu le parti du plaisir étoient trop raisonnables pour en autoriser un qui ne fût pas conforme à la raison. Il faut croire, si l'on ne veut leur faire injustice, qu'ils ont entendu parler du plaisir, qui n'est point l'ennemi, mais l'instrument de la vertu, qui purge l'homme sans dégoût et insensiblement de ses habitudes vicieuses, qui est utile parce qu'il est honnête, et qui ne peut jamais laisser de regret ni en l'esprit pour l'avoir surpris, ni en l'âme pour l'avoir corrompue. Ainsi ils ne combattent les autres qu'en apparence, puisqu'il est vrai que si ce plaisir n'est l'utilité même, au moins est-il la source d'où elle coule nécessairement; que quelque part qu'il se trouve, il ne va jamais sans elle, et que tous deux se produisent par les mêmes voies. De cette sorte ils sont d'accord et avec eux et avec nous, et nous pouvons dire tous ensemble, qu'une pièce de théâtre est bonne quand elle produit un contentement raisonnable. Mais comme dans la musique et dans la peinture nous n'estimerions pas que tous les concerts et tous les tableaux fussent bons, encore qu'ils plussent au vulgaire, si les préceptes de ces arts n'y étoient bien observés, et si les experts, qui en sont les vrais juges, ne confirmoient, par leur approbation, celle de la multitude; de même nous ne dirons pas, sur la foi du peuple, qu'un ouvrage de poésie soit bon, parce qu'il l'aura contenté, si les doctes aussi n'en sont contents. Et certes, il n'est pas croyable qu'un plaisir puisse être contraire au bon sens, si ce n'est le plaisir de quelque goût dépravé, comme est celui qui fait aimer les aigreurs et les amertumes. Il n'est pas ici question de satisfaire les libertins et les vicieux, qui ne font que rire des adultères et des incestes, et qui ne se soucient pas de voir violer les lois de la nature, pourvu qu'ils se divertissent. Il n'est pas question de plaire à ceux qui regardent toutes choses avec un œil ignorant ou barbare, et qui ne seroient pas moins touchés de voir affliger une Clytemnestre qu'une Pénélope. Les mauvais exemples sont contagieux, même sur les théâtres ; les feintes représentations ne causent que trop de véritables crimes, et il y a grand péril à divertir le peuple par des plaisirs qui peuvent produire un jour des douleurs publiques. Il nous faut bien garder d'accoutumer ni ses yeux ni ses oreilles à des actions qu'il doit ignorer, et de lui apprendre tantôt la cruauté, et tantôt la perfidie, si nous ne lui en apprenons en même temps la punition, et si, au retour de ces spectacles, il ne remporte au moins un peu de crainte parmi beaucoup de contentement. D'ailleurs, il est comme impossible de plaire à qui que ce soit par le désordre et par la confusion ; et s'il se trouve que les pièces irrégulières contentent quelquefois, ce n'est que pour ce qu'elles ont quelque chose de régulier ; ce n'est que pour quelques beautés véritables et extraordinaires, qui emportent si loin l'esprit, que de long-temps après il n'est capable d'apercevoir les difformités dont elles sont suivies, et qui font couler insensiblement les défauts, pendant que les yeux de l'entendement sont encore éblouis par l'éclat de ses lumières. Que si au contraire quelques pièces régulières donnent peu de satisfaction, il ne faut pas croire que ce soit la faute des règles, mais bien celle des auteurs, dont le stérile génie n'a pu fournir à l'art une matière qui fût assez riche. Toutes ces vérités étant supposées, nous ne pensons pas que les questions qui se sont émues sur le sujet du Cid soient encore bien décidées, ni que les jugements qui en ont été faits, doivent empêcher que nous ne contentions l'observateur, et ne donnions notre avis sur ses remarques.

Il faut avouer que d'abord nous nous sommes étonnés que l'observateur ayant entrepris de convaincre cette pièce d'irrégularité, se soit formé pour cela une méthode différente de celle que tient Aristote quand il enseigne la manière de faire les poëmes épiques et dramatiques. Il nous a semblé qu'au lieu de l'ordre qu'il a tenu pour examiner celui-ci, il eût fait plus régulièrement de considérer, l'un après l'autre, la fable qui comprend l'invention et la disposition du sujet; les mœurs qui embrassent les habitudes de l'âme et ses diverses passions; les sentiments auxquels se réduisent les pensées nécessaires à l'expression du sujet; et la diction qui n'est autre chose que le langage poétique; car nous trouvons que pour en avoir usé d'autre sorte, ses raisonnements en paroissent moins solides, et que ce qu'il y a de plus fort dans ses objections en est affoibli. Toutefois nous n'aurions point remarqué en ce lieu cette nouvelle méthode, si nous n'eussions appréhendé de l'autoriser en quelque façon par notre silence. Mais quoi qu'il en soit, qu'il ait failli ou non en l'établissant, nous ne pouvons faillir quand nous la suivons, puisque nous examinons son ouvrage; et quelque chemin qu'il ait pris, nous ne saurions nous en écarter, sans lui donner occasion de se plaindre que nous prenons une autre route, afin de le mettre en défaut.

Il pose donc premièrement, que le sujet du Cid

ne vaut rien ; mais à notre avis il tâche plus de le prouver, qu'il ne le prouve en effet, lorsqu'il dit, *que l'on n'y trouve aucun nœud ni aucune intrigue, et qu'on en devine la fin aussitôt qu'on en a vu le commencement.* Car le nœud des pièces de théâtre étant un accident inopiné qui arrête le cours de l'action représentée, et le dénouement un autre accident imprévu qui en facilite l'accomplissement, nous trouvons que ces deux parties du poëme dramatique sont manifestes en celui du Cid, et que son sujet ne seroit pas mauvais nonobstant cette objection, s'il n'y en avoit point de plus forte à lui faire.

Il ne faut que se souvenir que le mariage de Chimène avec Rodrigue ayant été résolu dans l'esprit du comte, la querelle qu'il a incontinent après avec don Diègue, met l'affaire aux termes de se rompre ; et qu'ensuite la mort que lui donne Rodrigue en éloigne encore plus la conclusion. Et dans ces continuelles traverses l'on reconnoîtra facilement le nœud ou l'intrigue. Le dénouement aussi ne sera pas moins évident si l'on considère qu'après beaucoup de poursuites contre Rodrigue, Chimène s'étant offerte pour femme à quiconque lui en apporteroit la tête, don Sanche se présente, et que le roi, non-seulement n'ordonne point de plus grande peine à Rodrigue, pour la mort du comte, que de se battre une fois, mais encore, contre l'attente de tous, oblige Chimène d'épouser celui des deux qui sortira vainqueur du combat. Maintenant si ce dénouement est selon l'art ou non, c'est une autre question, qui se videra en son lieu. Tant y a qu'il se fait avec surprise, et qu'ainsi l'intrigue ni le démêlement ne manquent point à cette pièce. Aussi l'observateur même est contraint de le reconnoître peu de temps après, lorsqu'en blâmant les épisodes détachés, il dit que l'auteur a eu d'autant moins raison d'en mettre un si grand nombre dans le Cid, que *le sujet en étant mixte, il n'en avoit aucun besoin,* conformément à ce qu'il venoit de dire parlant du sujet mixte, *qu'étant assez intrigué de soi, il ne recherche presque aucun embellissement.* Si donc le sujet du Cid se peut dire mauvais, nous ne croyons pas que ce soit pour ce qu'il n'a point de nœud, mais pour ce qu'il n'est pas vraisemblable. L'observateur, à la vérité, a bien touché cette raison, mais ç'a été hors de sa place, quand il a voulu prouver *qu'il choquoit les principales règles dramatiques.*

A ce que nous pouvons juger des sentimens d'Aristote sur la matière du vraisemblable, il n'en reconnoît que de deux genres, le commun et l'extraordinaire. Le commun comprend les choses qui arrivent ordinairement aux hommes, selon leurs conditions, leur âge, leurs mœurs et leurs passions, comme il est vraisemblable qu'un marchand cherche le gain, qu'un enfant fasse des imprudences, qu'un prodigue tombe en misère, et qu'un homme en colère coure à la vengeance, et tous les effets qui ont accoutumé d'en procéder. L'extraordinaire embrasse les choses qui arrivent rarement, et outre le vraisemblable ordinaire; comme qu'un habile méchant soit trompé, qu'un homme fort soit vaincu. Dans cét extraordinaire entrent tous les accidents qui surprennent et qu'on attribue à la fortune, pourvu qu'ils naissent de l'enchaînement des choses qui arrivent d'ordinaire. Telle est l'aventure d'Hécube, qui, par une rencontre extraordinaire, vit jeter, par la mer, le corps de son fils sur le rivage, où elle étoit allée pour laver celui de sa fille. Or, qu'une mère aille laver le corps de sa fille sur le rivage, et que la mer y en jette un autre, ce sont deux choses qui, considérées séparément, n'ont rien qui ne soit ordinaire; mais qu'au même lieu et au même temps qu'une mère lave le corps de sa fille, elle voie arriver celui de son fils, qu'elle croyoit plein de vie et en sûreté, c'est un accident tout-à-fait étrange, et dans lequel deux choses communes en produisent une extraordinaire et merveilleuse. Hors de ces deux genres, il ne se fait rien qu'on puisse ranger sous le vraisemblable; et s'il arrive quelque événement qui ne soit pas compris sous eux, il s'appelle simplement possible; comme il est possible que celui qui a toujours vécu en homme de bien, commette un crime volontairement; et une telle action ne peut servir de sujet à la poésie narrative ni à la représentative; puisque si le possible est leur propre matière, il ne l'est pourtant que lorsqu'il est vraisemblable ou nécessaire. Mais le vraisemblable, tant le commun que l'extraordinaire, doit avoir cela de particulier, que, soit par la première notion de l'esprit, soit par réflexion sur toutes les parties dont il résulte, lorsque le poëte l'expose aux auditeurs et aux spectateurs, ils se portent à croire, sans autre preuve, qu'il ne contient rien que de vrai, pour ce qu'ils ne voient rien qui y répugne. Quant à la raison qui fait que le vraisemblable, plutôt que le vrai, est assigné pour partage à la poésie épique et dramatique, c'est que cet art ayant pour fin le plaisir utile, il y conduit bien plus facilement les hommes par le vraisemblable, qui ne trouve point de résistance en eux, que par le vrai, qui pourroit être si étrange et si incroyable, qu'ils refuseroient de s'en laisser persuader et de suivre leur guide sur sa seule foi. Mais comme plusieurs choses sont requises pour rendre une action vraisemblable, et qu'il y faut garder la bienséance du temps, du lieu, des conditions, des âges, des mœurs et des passions ; la principale entre toutes, est que, dans le poëme, chacun agisse conformément aux mœurs qui lui ont été attribuées ; et que, par exemple, un méchant ne fasse point de bons desseins. Ce qui fait désirer une si exacte observation de ces lois, est qu'il n'y a point d'autre voie pour produire le merveilleux, qui ravit l'âme d'étonnement et de plaisir, et qui est le parfait moyen dont la bonne poésie se sert pour être utile.

Sur ce fondement, nous disons que le sujet du Cid est défectueux en sa plus essentielle partie, pour ce qu'il manque de l'un et de l'autre vraisemblable, et du commun et de l'extraordinaire. Car, ni la bienséance des mœurs d'une fille introduite comme vertueuse n'y est gardée par le poëte, lorsqu'elle se résout à épouser celui qui a tué son père, ni la fortune par un accident imprévu, et qui naisse de l'enchaînement des choses vraisemblables, n'en fait point le démêlement. Au contraire, la fille consent à ce mariage par la seule violence que lui fait son amour, et le dénouement de l'intrigue n'est fondé que sur l'injustice inopinée de Fernand, qui vient ordonner un mariage, que, par raison, il ne devoit pas seulement proposer. Nous avouons bien que la vérité de cette aventure combat en faveur du poëte, et le rend plus excusable que si c'étoit un sujet inventé. Mais nous maintenons que toutes les vérités ne sont pas bonnes pour le théâtre, et qu'il en est de quelques-unes comme de ces crimes énormes, dont les juges font brûler les procès avec les criminels. Il y a des vérités monstrueuses, ou qu'il faut supprimer pour le bien de la société, ou que, si on ne peut les tenir cachées, il faut se contenter de remarquer comme des choses étranges. C'est principalement en ces rencontres que le poëte a droit de préférer la vraisemblance à la vérité, et de travailler plutôt sur un sujet feint et raisonnable, que sur un véritable qui ne soit pas conforme à la raison. Que s'il est obligé de traiter une matière historique de cette nature, c'est alors qu'il la doit réduire aux termes de la bienséance, sans avoir égard à la vérité, et qu'il la doit plutôt changer tout entière, que de lui laisser rien qui soit incompatible avec les règles de son art, lequel se proposant l'idée universelle des choses, les épure des défauts et des irrégularités particulières que l'histoire, par la sévérité de ses lois, est contrainte d'y souffrir. De sorte qu'il y auroit eu, sans comparaison, moins d'inconvénient dans la disposition du Cid, de feindre, contre la vérité, ou que le comte ne se fût pas trouvé à la fin véritable père de Chimène, ou que, contre l'opinion de tout le monde, il ne fût pas mort de sa blessure, ou que le salut du roi et du royaume eût absolument dépendu de ce mariage, pour compenser la violence que souffroit la nature en cette occasion, par le bien que le prince et son état en recevroient; tout cela, disons-nous, auroit été plus pardonnable, que de porter sur la scène l'événement tout pur et tout scandaleux, comme l'histoire le fournissoit. Mais le plus expédient eût été de n'en point faire de poëme dramatique, puisqu'il étoit trop connu pour l'altérer en un point si essentiel, et de trop mauvais exemple pour l'exposer à la vue du peuple sans l'avoir auparavant rectifié. Au reste, l'observateur qui, avec raison, trouve à redire au peu de vraisemblance du mariage de Chimène, ne confirme pas sa bonne cause, comme il le croit, par la signification prétendue du terme de fable, duquel se sert Aristote pour nommer le sujet des poëmes dramatiques. Et cette erreur lui est commune avec quelques-uns des commentateurs de ce philosophe, qui se sont figuré que, par ce mot de fable, la vérité est entièrement bannie du théâtre, et qu'il est défendu au poëte de toucher à l'histoire, et de s'en servir pour matière, à cause qu'elle ne souffre point qu'on l'altère pour la réduire à la vraisemblance. En cela nous estimons qu'ils n'ont pas assez considéré quel est le sens d'Aristote, qui sans doute, par ce mot de fable, n'a voulu dire autre chose que le sujet, et n'a point entendu ce qui nécessairement devoit être fabuleux, mais seulement ce qu'il n'importoit pas qu'il fût vrai, pourvu qu'il fût vraisemblable. Sa poétique nous en fournit la preuve dans ce passage exprès, où il dit, *que le poëte, pour traiter des choses avenues, ne seroit pas estimé moins poëte, pour ce que rien n'empêche que quelques-unes de ces choses ne soient telles qu'il est vraisemblable qu'elles soient avenues;* et encore en plusieurs autres lieux, où il a voulu que le sujet tragique ou épique fût véritable en gros, ou estimé tel, et n'y a désiré, ce semble, autre chose sinon que le détail n'en fût point connu, afin que le poëte le pût suppléer par son invention, et du moins en cette partie mériter le nom de poëte. Et certes ce seroit une doctrine bien étrange, si, pour demeurer dans la signification littérale du mot de fable, on vouloit faire passer pour choses fabuleuses ces aventures des Médée, des Œdipe, des Oreste, etc. que toute l'antiquité nous donne pour de véritables histoires, en ce qui regarde le gros de l'événement, bien que dans le détail il y puisse avoir des opinions différentes. De celles-là qui sont estimées pures fables, il n'y en a pas une, quelque bizarre et extravagante qu'elle soit, qui n'ait été déguisée de la sorte par les sages du vieux temps, pour la rendre plus utile aux peuples. Et c'est ce qui nous fait dire, dans un sentiment contraire à celui de l'observateur, que le poëte ne doit pas craindre de commettre un sacrilége en changeant la vérité de l'histoire. Nous sommes confirmés dans cette créance par le plus religieux des poëtes, qui, corrompant l'histoire, a fait Didon peu chaste, sans autre nécessité que d'embellir son poëme d'un épisode admirable, et d'obliger les Romains aux dépens des Carthaginois, et qui, pour la constitution essentielle de son ouvrage, a feint son Enée zélé pour le salut de sa patrie, et victorieux de tous les héros du pays latin, quoiqu'il se trouve des historiens qui rapportent que ce fut l'un des traîtres qui vendirent Troie aux Grecs, et que d'autres assurent encore que Mézence le tua, et en remporta les dépouilles. Ainsi l'observateur, selon notre avis, ne conclut pas bien quand il dit, *que le Cid n'est pas un bon sujet de poëme dramatique, pour ce qu'étant historique, et par conséquent véritable, il ne pouvoit être changé, ni rendu propre au théâtre,* d'autant que si Virgile, par exemple, a bien fait d'une honnête femme une femme impudique sans qu'il fût nécessaire, il auroit bien pu être permis à un autre de faire, pour l'utilité publique, d'un mariage extravagant, un fait qui fût raisonnable, en y apportant les ajustements, et y prenant les biais qui en pouvoient corriger les défauts. Nous savons bien que quelques-uns ont blâmé Virgile d'en avoir usé de la sorte; mais outre que nous doutons si l'opinion de ces censeurs est recevable, et s'ils connoissoient autant que lui jusqu'où s'étend la juridiction de la poésie, nous croyons encore que s'ils l'ont blâmé, ce n'a pas été d'avoir simplement altéré l'histoire, mais de l'avoir altérée de bien en mal; de manière qu'ils ne l'ont pas accusé proprement d'avoir péché contre l'art en changeant la vérité, mais contre les bonnes mœurs, en diffamant une personne qui avoit mieux aimé mourir que de vivre diffamée. Il en fût arrivé tout au contraire dans le changement qu'on eût pu faire au sujet du Cid, puisqu'on eût corrigé les mauvaises mœurs qui se trouvent dans l'histoire, et qu'on les eût rendues bonnes pour la poésie, pour l'utilité du public.

L'objection que fait l'observateur ensuite, nous semble très-considérable. Car un des principaux préceptes de la poésie imitatrice, est de ne se point charger de tant de matières qu'elles ne laissent pas le moyen d'employer les ornements qui lui sont nécessaires, et de donner à l'action qu'elle se propose d'imiter, toute l'étendue qu'elle doit avoir : et certes l'auteur ne peut nier ici que l'art ne lui ait manqué, lorsqu'il a compris tant d'actions remarquables dans l'espace de vingt-quatre heures, et qu'il n'a pu autrement fournir les cinq actes de sa pièce, qu'en entassant tant de choses l'une sur l'autre en si peu de temps. Mais si nous estimons qu'on l'ait bien repris pour la multitude des actions employées dans ce poëme, nous croyons qu'il y a eu encore plus de sujet de le reprendre, pour avoir, fait consentir Chimène à épouser Rodrigue le jour même qu'il avoit tué le comte. Cela surpasse toute sorte de créance, et ne peut vraisemblablement tomber dans l'âme, non-seulement d'une sage fille, mais d'une qui seroit la plus dépouillée d'honneur et d'humanité. En ceci il ne s'agit pas simplement d'assembler plusieurs aventures diverses et grandes en un si petit espace de temps, mais de faire entrer dans un même esprit, et dans moins de vingt-quatre heures, deux pensées si opposées l'une à l'autre, comme sont la poursuite de la mort d'un père et le consentement d'épouser son meurtrier, et d'accorder en un même jour deux choses qui ne se pouvoient souffrir dans toute une vie. L'auteur espagnol a moins péché en cet endroit contre la bienséance, faisant passer quelques jours entre cette poursuite et ce consentement. Et le françois, qui a voulu se renfermer dans la règle des vingt-quatre heures, pour éviter une faute, est tombé dans une autre, et de crainte de pécher contre les règles de l'art, a mieux aimé pécher contre celles de la nature.

Tout ce que l'observateur dit, après ceci, de la juste grandeur que doit avoir un poëme pour donner du plaisir à l'esprit sans lui donner de la peine, contient une bonne et solide doctrine, fondée sur l'autorité d'Aristote, ou, pour mieux dire, sur celle de la raison. Mais l'application ne nous en semble pas juste, lorsqu'il explique cette grandeur plutôt du temps que des matières, et qu'il veut que le Cid soit d'une grandeur excessive, parce qu'il comprend en un jour des actions qui se sont faites dans le cours de plusieurs années, au lieu d'essayer à faire voir qu'il comprend plus d'actions que l'esprit n'en peut regarder d'une vue. Ainsi, tant qu'il ait prouvé que le sujet du Cid est trop diffus pour n'embarrasser pas la mémoire, nous n'estimons point qu'il pèche en excès de grandeur, pour avoir ramassé en un seul jour les actions de plusieurs années, s'il est vraisemblable qu'elles puissent être avenues en un seul jour. Mais que ce soit l'abondance des matières, plutôt que l'étendue du temps, qui travaille l'esprit et fasse le poëme dramatique trop grand; il est aisé à le juger par l'épique, qui peut embrasser une entière révolution solaire, et la suite des quatre saisons, sans que la mémoire ait de la peine à le concevoir distinctement, et qui néanmoins pourroit lui sembler trop vaste, si le nombre des aventures y engendroit confusion, et ne le laissoit pas voir d'une seule vue. A la vérité, Aristote a prescrit le temps des pièces de théâtre, et n'a donné aux actions qui en font le sujet, que l'espace compris entre le lever et le coucher du soleil. Néanmoins, quand il a établi une règle si judicieuse, il l'a fait pour des raisons bien éloignées de celle qu'allègue en ce lieu l'observateur. Mais comme c'est une des plus curieuses questions de la poésie, et qu'il n'est point nécessaire de la vider en cette occasion, nous remettons à la traiter dans l'art poétique, que nous avons dessein de faire. Quant à celle qui a été proposée par quelques-uns, si le poëte est condamnable pour avoir fait arriver en un même temps des choses avenues en des temps différens, nous estimons qu'il ne l'est point s'il le fait avec jugement, et en des matières ou peu connues ou peu importantes. Le poëte ne considère dans l'histoire que la vraisemblance des événements, sans se rendre esclave des circonstances qui en accompagnent la vérité ; de manière que, pourvu qu'il soit vraisemblable que plusieurs actions se soient aussi bien pu faire conjointement que séparément, il est libre au poëte de les rapprocher, si par ce moyen il peut rendre son ouvrage plus merveilleux. Il ne faut point d'autre preuve de cette doctrine, que l'exemple de Virgile dans sa Didon, qui, selon tous les chronologistes, naquit plus de deux cents ans après Enée ; si l'on ne veut encore ajouter celui du Tasse dans le Renaud de sa Hiérusalem, lequel ne pouvoit être né qu'à peine, lorsque mourut Godefroi de Bouillon. Les fautes d'Eschyle et de Buchanan, bien remarquées par Heinsius dans la Niobé et dans la Jephté, ne concluent rien contre ce que nous maintenons. Car si nous croyons que le poëte, comme maître du temps, peut alonger ou accourcir celui des actions qui composent son sujet, c'est toujours à condition qu'il demeure dans les termes de la vraisemblance, et qu'il ne viole point le respect dû aux choses sacrées. Nous ne lui permettons de rien faire qui répugne au sens commun et à l'usage, comme de supposer Niobé attachée trois jours entiers, sans dire une seule parole, sur le tombeau de ses enfants. Moins encore approuvons-nous qu'il entreprenne contre le texte de l'Écriture, dont les moindres syllabes sont trop saintes pour souffrir aucun des changements que le poëte auroit droit de faire dans les histoires profanes, comme d'abréger, d'autorité privée, les deux mois que la fille du Galaadite avoit demandés pour aller pleurer sa virginité dans les montagnes.

L'observateur, après cela, passe à l'examen des mœurs attribuées à Chimène, et les condamne : en quoi nous sommes entièrement de son côté; car au moins ne peut-on nier qu'elle ne soit, contre la bienséance de son sexe, amante trop sensible, et fille trop dénaturée. Quelque violence que lui pût faire sa passion, il est certain qu'elle ne devoit point se relâcher dans la vengeance de la mort de son père, et moins encore se résoudre à épouser celui qui l'avoit fait mourir. En ceci il faut avouer que ses mœurs sont du moins scandaleuses, si en effet elles ne sont dépravées. Ces pernicieux exemples rendent l'ouvrage notablement défectueux, et s'écartent du but de la poésie, qui veut être utile : ce n'est pas que cette utilité ne se puisse produire par des mœurs qui soient mauvaises; mais pour la produire par de mauvaises mœurs, il faut qu'à la fin elles soient punies, et non récompensées, comme elles le sont en cet ouvrage. Nous parlerions ici de leur inégalité, qui est un vice dans l'art, qui n'a point été remarqué par l'observateur, s'il ne suffisoit de ce qu'il a dit pour nous faire approuver sa censure. Nous n'entendons pas néanmoins condamner Chimène de ce qu'elle aime le meurtrier de son père, puisque son engagement avec Rodrigue avoit précédé la mort du comte, et qu'il n'est pas en la puissance d'une personne de cesser d'aimer quand il lui plaît. Nous la blâmons seulement de ce que son amour l'emporte sur son devoir, et qu'en même temps qu'elle poursuit Rodrigue, elle fait des vœux en sa faveur; nous la blâmons de ce qu'ayant fait en son absence un bon dessein de

> Le poursuivre, le perdre, et mourir après lui;

sitôt qu'il se présente à elle, quoique teint du sang de son père, elle le souffre en son logis et dans sa chambre même; ne le fait point arrêter; l'excuse de ce qu'il a entrepris contre le comte; lui témoigne que pour cela elle ne laisse pas de l'aimer; lui donne presque à entendre qu'elle ne le poursuit que pour en être plus estimée; et enfin, souhaite que les juges ne lui accordent pas la vengeance qu'elle leur demande. C'est trop clairement trahir ses obligations naturelles en faveur de sa passion; c'est trop ouvertement chercher une couverture à ses désirs, et c'est faire bien moins le personnage de fille que d'amante. Elle pouvoit sans doute aimer encore Rodrigue après ce malheur, puisque son crime n'étoit que d'avoir réparé le déshonneur de sa maison : elle le devoit même en quelque sorte, pour relever sa propre gloire, lorsqu'après une longue agitation elle eût donné l'avantage à son honneur sur une amour si violente et si juste que la sienne ; et la beauté qu'eût produit dans l'ouvrage une si belle victoire de l'honneur sur l'amour, eût été d'autant plus grande, qu'elle eût été plus raisonnable. Aussi n'est-ce pas le combat de ces deux mouvements que nous désapprouvons : nous n'y trouvons à dire, sinon qu'il se termine autrement qu'il ne devroit, et qu'au lieu de tenir au moins ces deux intérêts en balance, celui à qui le dessus demeure, est celui qui raisonnablement devoit succomber. Que s'il eût pu être permis au poëte de faire que l'un de ces deux amants préférât son amour à son devoir, on peut dire qu'il eût été plus excusable d'attribuer cette faute à Rodrigue qu'à Chimène. Rodrigue étoit un homme, et son sexe, qui est comme en possession de fermer les yeux à toutes considérations pour se satisfaire en matière d'amour, eût rendu son action moins étrange et moins insupportable. Mais au contraire, Rodrigue, lorsqu'il y va de la vengeance de son père, témoigne que son devoir l'emporte absolument sur son amour, et oublie Chimène, ou ne la considère plus. Il ne lui suffit pas de vouloir vaincre le comte pour venger l'affront fait à sa race, il agit encore comme ayant dessein de lui ôter la vie, bien que sa mort ne fût pas nécessaire pour sa satisfaction. Il pouvoit respecter le comte en faveur de sa fille, sans rien diminuer de la haine qu'il étoit désormais obligé d'avoir pour lui. Et puisque, par cette même loi d'honneur qui l'engageoit au ressentiment, il y avoit plus de gloire à le vaincre qu'à le tuer, il devoit aller au combat avec le seul désir d'en remporter l'avantage, et le dessein de l'épargner autant qu'il lui seroit possible, afin que, dans la chaleur de la vengeance qu'il ne pouvoit refuser à son père, il rendît ce respect à Chimène de considérer encore le sien, et que par ce moyen il conservât l'espérance de la pouvoir un jour épouser. Cependant ce même Rodrigue, devenu ennemi de sa maîtresse, ennemi de soi-même, et plus aveugle de colère que d'amour, ne voit plus rien que son affront, et ne songe plus qu'à sa vengeance. Dans son transport il fait des choses qu'il n'étoit pas obligé de faire, et sans nécessité cesse d'être amant, pour paroître seulement homme d'honneur. Chimène, au contraire, quoique, pour venger la mort de son père, elle dût faire plus que Rodrigue n'avoit fait pour venger l'affront du sien, puisque son sexe exigeoit d'elle une sévérité plus grande, et qu'il n'y avoit que la mort de Rodrigue qui pût expier celle du comte, poursuit lâchement cette mort, craint d'en obtenir l'arrêt, et le soin qu'elle devoit avoir de son honneur cède entièrement au souvenir qu'elle a de son amour. Si maintenant on nous allègue, pour sa défense, que cette passion de Chimène a été le principal agrément de la pièce, et ce qui lui a excité le plus d'applaudissements, nous répondrons que ce n'est pas pour ce qu'elle est bonne, mais pour ce que, quelque mauvaise qu'elle soit, elle est heureusement exprimée. Ses puissants mouvements, joints à ses vives et naïves expressions, ont bien pu faire estimer ce qui en effet seroit estimable, si c'étoit une pièce séparée, et qui ne fût point une partie d'un tout qui ne la peut souffrir : et en un mot, elle a assez d'éclat et de charmes pour avoir fait oublier les règles à ceux qui ne les savent guère bien, ou à qui elles ne sont guère présentes.

Ensuite de cet examen, l'observateur fait l'anatomie du poëme, pour en montrer les particuliers défauts et les divers manquements de bienséance. Mais il nous semble qu'il ouvre mal cette carrière, et nous croyons que sa première remarque n'est pas juste, lorsqu'il trouve a redire que le comte juge avantageusement de Sanche ; car Rodrigue et Sanche ayant été tous deux supposés du plus noble sang de Castille, le comte avoit raison de penser qu'ils imiteroient également la valeur de leurs ancêtres : il n'étoit pas obligé de prévoir que l'un d'eux seroit assez lâche pour vouloir racheter sa vie en acceptant la condition de la part de son vainqueur. Ce n'est pas ici le lieu de reprocher au poëte la faute qu'il fait faire à don Sanche vers la fin de la pièce ; et cette faute ayant été postérieure à ce que dit maintenant le comte, nous l'estimons vainement alléguée, pour condamner la bonne opinion que raisonnablement il devoit avoir de don Sanche avant qu'il l'eût commise.

La seconde objection nous semble considérable, et nous croyons, avec l'observateur, qu'Elvire, simple suivante de Chimène, n'étoit pas une personne avec qui le comte dut avoir cet entretien; principalement en ce qui regardoit l'élection que l'on alloit faire d'un gouverneur pour l'infant de Castille, et la part qu'il y pensoit avoir. En cela le poëte a montré, sinon peu d'invention, au moins beaucoup de négligence; puisque, s'il l'eût feinte parente du comte, et compagne de sa fille, il eût pu rendre plus excusable le discours que le comte lui fait. Nous trouvons encore que l'observateur l'eût pu raisonnablement reprendre d'avoir fait l'ouverture de toute la pièce par une suivante, ce qui nous semble peu digne de la gravité du sujet, et seulement supportable dans le comique.

Quant à la troisième, nous pourrions croire, d'un côté, que le comte, de quelque sorte qu'il parle de lui-même, ne devroit point passer pour fanfaron, puisque l'histoire, et la propre confession de don Diègue, lui donnent le titre de l'un des vaillants hommes qui fussent alors en Espagne. Ainsi du moins n'est-il pas fanfaron, si l'on prend ce mot au sens que l'observateur l'a pris, lorsqu'il l'a accompagné de celui de Capitan de la Farce, de qui la valeur est toute sur la langue. Si bien que les discours où il s'emporte seroient plutôt des effets de la présomption d'un vieux soldat, que des fanfaronneries d'un Capitan de Farce, et des vanités d'un homme vaillant, que des artifices d'un poltron pour couvrir le défaut de son courage. D'autre côté, les hyberboles excessives, et qui sont véritablement de théâtre, dont tout le rôle de ce comte est rempli, et l'insupportable audace avec laquelle il parle du roi son maître, qui, à le bien considérer, ne l'avoit point trop maltraité en préférant don Diègue à lui, nous font croire que le nom de fanfaron lui est bien dû, que l'observateur le lui a donné avec justice. Et en effet, il le mérite, si nous prenons ce mot dans l'autre signification où il est reçu parmi nous, c'est-à-dire homme de cœur, mais qui ne fait de bonnes actions que pour en tirer avantage, et qui méprise chacun, et n'estime que soi-même.

La scène qui suit nous semble condamnée sans fondement, car la relation qu'Elvire y fait à Chimène de ce qu'elle vient d'entreprendre, est très-succincte, et ne tombe point sous le genre de celles qui doivent plutôt se faire *derrière les rideaux* que sur la scène. Elle est même nécessaire pour faire paroître Chimène dès le commencement de la pièce, pour faire connoître au spectateur la passion qu'elle a pour Rodrigue, et pour faire entendre que don Diègue la doit demander en mariage pour son fils.

Quant à la troisième, nous sommes entièrement de l'avis de l'observateur, et tenons tout l'épisode de l'infante condamnable. Car ce personnage n'y contribue en rien, ni à la conclusion, ni à la rupture de ce mariage, et ne sert qu'à représenter une passion niaise, qui d'ailleurs est peu séante à une princesse, étant conçue pour un jeune homme qui n'avoit encore donné aucun témoignage de sa valeur. Ce n'est pas que nous ignorions que tous les épisodes, quoique non nécessaires, ne sont pas pour cela bannis de la poésie. Mais nous savons aussi qu'ils ne sont estimés que dans la poésie épique, que la dramatique n'en souffre que de fort courts, et qu'elle n'en reçoit point de cette nature qui règnent dans toute la pièce. La plupart de ce que l'observateur dit ensuite pour appuyer sa censure, touchant la liaison des épisodes avec le sujet principal, est pure doctrine d'Aristote, et très-conforme au bon sens. Mais nous sommes bien éloignés de croire avec lui, que don Sanche soit du nombre de ces personnes épisodiques qui ne font aucun effet dans le poëme. Et certes, il est malaisé de s'imaginer quelle raison il a eue de prendre une telle opinion, ayant pu remarquer que don Sanche est rival de don Rodrigue en l'amour de Chimène, qu'après la mort du comte il la sert auprès du roi, pour essayer d'acquérir ses bonnes grâces, et qu'enfin il se bat pour elle contre Rodrigue, et demeure vaincu. Si bien que les actions de don Sanche sont mêlées dans toutes les principales du poëme; et la dernière, qui est celle du combat, ne se fait pas simplement afin qu'il soit battu, comme prétend l'observateur, mais afin que, par le désavantage qu'il y reçoit, Rodrigue puisse être purgé de la mort du comte, et en même temps obtenir Chimène. L'objection semble plus forte contre Arias, qui sans doute a moins de part dans le sujet que don Sanche. Toutefois on ne peut pas dire absolument que ce personnage y soit aussi peu nécessaire que l'infante; car, en le bannissant, il faudroit bannir des tragédies tous les conseillers des princes, et condamner généralement tous les poëtes anciens et modernes, qui les y ont introduits ; outre que sur la fin il sert de juge de camp, lorsque les deux rivaux se battent. Ainsi il ne peut passer pour être entièrement inutile, comme l'observateur l'assure. Il est vrai, qu'encore qu'on entende bien ce qui l'amène dans la première scène du second acte, et que cela ne mérite point de censure, l'observateur toutefois, selon notre avis, ne laisse pas de reprendre en ce lieu le poëte avec raison. Car au lieu que le roi envoie Arias vers le comte, pour le porter à satisfaire don Diègue, il falloit qu'il lui envoyât des gardes, pour empêcher la suite que pourroit causer le ressentiment de cette offense, et pour l'obliger, de puissance absolue, à la réparer avec une satisfaction digne de la personne offensée.

La faute de jugement que l'observateur remarque dans la troisième scène, nous semble bien remarquée ; et encore qu'à considérer l'endroit favorablement, Chimène n'y veuille pas dire que Rodrigue n'est pas gentilhomme, s'il ne se venge du comte ; mais seulement qu'elle a grand sujet de craindre qu'étant né gentilhomme, il ne se puisse résoudre à souffrir un tel affront sans en rechercher la vengeance, il faut avouer néanmoins que le poëte se fût bien passé de faire dire à Chimène, qu'elle seroit honteuse pour Rodrigue s'il lui obéissoit. Elle ne devoit point balancer les sentiments de son amour avec ceux de la nature, ni la part qu'elle prenoit à l'honneur de son amant, avec l'intérêt qu'elle devoit prendre à la vie de son père. Quelque honte qu'il y eût pour Rodrigue à ne se point venger, ce n'étoit point à elle à la considérer, puisqu'il y avoit plus à perdre pour elle, s'il entreprenoit cette vengeance, que s'il ne l'entreprenoit pas. En l'un son père pouvoit être tué, en l'autre son amant pouvoit être blâmé. Ces deux choses étoient trop inégales pour entrer en comparaison dans l'esprit de Chimène; et elle ne devoit point songer à la conservation de l'honneur de Rodrigue, lorsqu'il ne se pouvoit conserver que par la perte de la vie ou de l'honneur du comte. D'ailleurs, si elle avoit jugé Rodrigue digne de son affection, elle l'avoit sans doute cru généreux, et par conséquent elle devoit penser qu'il eût fait une action plus grande et plus difficile de sacrifier ses ressentiments à la passion qu'il avoit pour elle, que de les contenter au préjudice de cette même passion. Ainsi il ne lui auroit point été honteux, au moins à l'égard de Chimène, d'observer la défense qu'elle lui eût pu faire de se battre. Peut-être que la cour n'en eût pas jugé si favorablement. Mais Chimène ayant tant d'intérêt à désirer qu'il fît en apparence une lâcheté, ne devoit point alors avoir assez de tranquillité d'esprit pour en considérer les suites. Dans le péril où étoit son père, sa première pensée devoit être que si son amant l'aimoit assez, il respecteroit celui à qui elle étoit obligée de la naissance, et relâcheroit plutôt quelque chose de cette vaine ombre d'honneur, que de se résoudre à perdre son affection et l'espérance de la posséder en le tuant. La réflexion qu'elle fait sur ce qu'étant né gentilhomme, il ne pouvoit, sans honte, manquer à poursuivre sa vengeance, ayant semblé belle au poëte, il l'a employée en deux endroits de cette pièce, mais moins à propos en l'un qu'en l'autre. Elle étoit excellente dans la bouche de Rodrigue, lorsqu'il veut justifier son action envers Chimène, disant qu'*un homme sans honneur ne la méritoit pas;* mais elle nous semble mauvaise dans celle de Chimène, laquelle, se doutant que Rodrigue préféroit l'honneur de sa maison à son amour, devoit plutôt dire, qu'*un homme sans amour ne la méritoit pas.* Nous croyons donc que le poëte a principalement failli, en ce qu'il fait entrer, sans nécessité et sans utilité, parmi la juste crainte de Chimène, la considération de la part qu'elle devoit prendre au déshonneur de Rodrigue.

Quant à l'objection suivante, qu'elle devoit pleurer enfermée chez elle, au lieu d'aller demander justice, nous ne l'approuvons point, et estimons que le poëte eût manqué s'il lui eût fait verser des larmes inutiles dans sa chambre, étant même si proche du logis du roi, où elle pouvoit obtenir la vengeance de la mort de son père. Si elle eût tardé un moment à l'aller demander, on eût eu raison de soupçonner qu'elle prenoit du temps pour délibérer si elle la demanderoit, et qu'ainsi l'intérêt de son amant lui étoit autant ou plus considérable que celui de son père. Aussi l'observateur n'insistant point sur cette censure, semble la condamner lui-même tacitement. En un mot, soit qu'elle ne le voulût pas, elle étoit toujours obligée de témoigner qu'elle en avoit l'intention, et de partir au même instant, afin de le poursuivre. Maintenant, si elle avoit ce désir ou non, c'est une question qui se videra dans la suite; mais en ce lieu il a été inutile de la mettre en avant, et quelque chose que l'observateur en puisse ailleurs conclure, il n'en conclut rien ici qui lui soit avantageux.

La première scène du troisième acte doit être examinée avec plus d'attention, comme celle qui est attaquée avec plus d'apparence de justice. Et certes il n'est pas peu étrange que Rodrigue, après avoir tué le comte, aille dans sa maison, de propos délibéré, pour voir sa fille, ne pouvant douter que désormais sa vue ne lui dût être en horreur, et que se présenter volontairement à elle en tel lieu, ne fût comme tuer son père une seconde fois. Ce dessein néanmoins n'est pas ce que nous y trouvons de moins vraisemblable. Car un amant peut être agité d'une passion si violente, qu'encore qu'il ait fort offensé sa maîtresse, il ne pourra pas s'empêcher de la voir, ou pour se contenter lui-même, ou pour essayer de lui faire satisfaction de la faute qu'il aura commise contre elle. Ce qui nous y semble plus difficile à croire, est que ce même amant, sans être accompagné de personne, et sans avoir alors intelligence avec la suivante, entre dans le logis de celui qu'il vient de tuer, passe jusqu'à la chambre de sa fille, et ne rencontre aucun de ses domestiques qui l'arrête en chemin. Cela toutefois se pourroit encore excuser sur le trouble où étoit la famille après la mort du comte, sur l'obscurité de la nuit, qui empêchoit de connoître ceux qui vraisemblablement venoient chez Chimène pour l'assister dans son affliction, et sur l'imprudence naturelle aux amants, qui suivent aveuglément leurs passions, sans vouloir regarder les inconvénients qui en peuvent arriver. Et en effet, nous serions aucunement satisfaits, si le poëte, pour sa décharge, avoit fait couler, dans le discours que Rodrigue tient à Elvire, quelques-unes de ces considérations, sans les laisser deviner au spectateur. Mais ce qui nous semble inexcusable, est que Rodrigue vient chez sa maîtresse, non pas pour lui demander pardon de ce qu'il a été contraint de faire pour son honneur, mais pour lui en demander la punition de sa main. Car s'il croyoit l'avoir méritée, et qu'en effet il fût venu en ce lieu à dessein de mourir pour la satisfaire, puisqu'il n'y avoit point d'apparence de s'imaginer sérieusement que Chimène se résolût à faire cette vengeance avec ses mains propres, il ne devoit point différer à se donner lui-même le coup qu'elle lui auroit si raisonnablement refusé. C'étoit montrer évidemment qu'il ne vouloit pas mourir, de prendre un si mauvais expédient pour mourir, et de ne s'aviser pas que la mort qu'il se fût donnée lui-même, dans les termes d'amant de théâtre, comme elle lui eût été plus facile, lui eût été aussi plus glorieuse. Il pouvoit lui demander la mort, mais il ne la pouvoit pas espérer, et se la voyant déniée, il ne se devoit point retirer de devant elle sans faire au moins quelque démonstration de se la vouloir donner, et prévenir, au moins en apparence, celle qu'il dit assez lâchement qu'il va attendre de la main du bourreau. Nous estimons donc que cette scène, et la quatrième du même acte, qui en est une suite, sont principalement défectueuses, en ce que Rodrigue va chez Chimène, dans la créance déraisonnable de recevoir par sa main la punition de son crime, et en ce que ne l'ayant pu obtenir d'elle, il aime mieux la recevoir de la main du ministre de la justice que de la sienne même. S'il fût allé vers Chimène dans la résolution de mourir en sa présence, de quelque sorte que ce pût être, nous croyons que non-seulement ces deux scènes seroient fort belles pour tout ce qu'elles contiennent de pathétique, mais encore que ce qui manque à la conduite, seroit, sinon fort régulier, au moins fort supportable.

Quant à ce qui suit, nous tombons d'accord qu'il eût été bien séant que Chimène, en cette occasion, eût eu quelques dames de ses amies auprès d'elle pour la consoler. Mais comme cette assistance eût empêché ce qui se passe dans les scènes suivantes, nous ne croyons pas aussi qu'elle fût nécessaire absolument. Car une personne, autant affligée que l'étoit Chimène, pouvoit aussitôt désirer la solitude, que souffrir la compagnie. Et ce qu'Elvire dit, *qu'elle reviendra du palais bien accompagnée,* ne donne point de lieu à la contradiction que prétend l'observateur ; pour ce que *revenir accompagnée*, n'est pas *demeurer accompagnée;* et supposé qu'elle voulût demeurer seule, il n'y a pas d'apparence que ceux qui l'auroient reconduite du palais chez elle, y voulussent passer la nuit contre sa volonté. Mais c'est encore une de ces choses que le poëte devoit adroitement faire entendre, afin de lever tout scrupule de ce côté-là, et de ne donner pas la peine au spectateur de la suppléer pour lui. Ce que nous estimons de plus répréhensible, et que l'observateur n'a pas voulu reprendre, est qu'Elvire n'ait point suivi Chimène au logis du roi, et que Chimène en soit revenue avec don Sanche sans aucunes femmes.

La troisième et la quatrième scènes nous semblent fort belles, si l'on excepte ce que nous y avons remarqué touchant la conduite. Les pointes et les traits dont elles sont semées pour la plupart, ont leur source dans la nature de la chose, et nous trouvons que Rodrigue n'y fait qu'une faute notable, lorsqu'il dit à Chimène avec tant de rudesse, qu'il ne se repent point d'avoir tué son père, au lieu de s'en excuser avec humilité, sur l'obligation qu'il avoit de venger l'honneur du sien. Nous trouvons aussi que Chimène n'y en fait qu'une, mais qui est grande, de ne tenir pas ferme dans la belle résolution de *perdre Rodrigue, et de mourir après lui,* et de se relâcher jusqu'à dire que, dans la poursuite qu'elle fait de sa mort, elle souhaite de ne rien pouvoir. Elle eût pu confesser à Elvire et à Rodrigue même qu'elle avoit une violente passion pour lui; mais elle leur devoit dire en même temps qu'elle lui étoit moins obligée qu'à son honneur; que dans la plus grande véhémence de son amour, elle agiroit contre lui avec plus d'ardeur, et qu'après qu'elle auroit satisfait à son devoir, elle satisferoit à son affection, et trouveroit bien le moyen de le suivre. Sa passion n'eût pas été moins tendre, et eût été plus généreuse.

L'observateur reprend dans la cinquième scène, *que don Diègue sorte seul et de nuit, pour aller chercher son fils par la ville, laissant force gentilshommes chez lui, et leur manquant de civilité.* Mais en ce qui regarde l'incivilité, nous croyons que la répréhension n'est pas juste, pour ce que les mouvements naturels et les sentiments de père dans une occasion comme celle-ci, ne considèrent point ces petits devoirs de bienséance extérieure, et emportent violemment ceux qui en sont possédés, sans que l'on s'avise d'y trouver à redire. Nous croyons bien que cette sortie de don Diègue eût été justement reprise par une autre raison, si l'on eût dit qu'il n'y avoit aucune apparence que ce grand nombre d'amis étant chez don Diègue, ils le dussent laisser sortir seul, et à telle heure, pour aller chercher son fils; car l'ordre vouloit que, ne rencontrant pas Rodrigue en son logis, ils empêchassent ce vieillard de sortir, et le relevassent de la peine que le poëte lui faisoit prendre. De sorte qu'on peut dire avec raison, que ce n'est pas don Diègue qui manque de civilité envers ces gentilshommes, mais que ce sont eux-mêmes qui en manquent envers lui. Quant à la supputation que l'observateur fait ensuite du nombre excessif de ces gentilshommes, elle est bien introduite avec grâce et esprit, mais sans solidité, à notre avis, et seulement pour rendre ridicule ce qui ne l'est pas : car, premièrement, ces *cinq cents amis* pouvoient n'être pas tous *gentilshommes*, et c'étoit assez qu'ils fussent soldats, pour être compris sous le nom *d'amis*, ainsi que don Diègue les appelle, et non pas gentilshommes. En second lieu, vouloir qu'il y en eût une bonne quantité de neutres, et un quatrième parti de ceux qui ne bougeoient d'auprès de la personne du roi, ce n'est pas se souvenir qu'en matière de querelles de grands, la cour se partage toujours sans qu'il en demeure guère de neutres, que ceux qui sont méprisables à l'un et à l'autre parti : si bien que la cour de Fernand pouvoit être plus petite que celle des rois d'Espagne de présent, et ne laisser pas d'être composée, à un besoin, de mille gentilshommes, principalement en un temps où il y avoit guerre avec les Maures, ainsi que peu après l'observateur même le dit. Et quoiqu'il soit vrai, comme il le remarque fort bien, que ces cinq cents amis de Rodrigue étoient plutôt assemblés par le poëte contre les Maures que contre le comte, nous croyons que n'y ayant nulle répugnance qu'ils soient employés contre tous les deux, le poëte seroit plutôt digne de louange que de blâme, d'avoir inventé cette assemblée de gens, en apparence contre le comte, et en effet contre les Maures. Car une des beautés du poëme dramatique, est que ce qui a été imaginé et introduit pour une chose, serve à la fin pour une autre.

La première scène du quatrième acte nous semble reprise avec peu de fondement, puisqu'il est vrai que ni l'amour de Chimène, ni l'inquiétude qu'il lui cause, ne sont pas ce qu'il y a de répréhensible en elle, mais seulement le témoignage qu'elle donne en quelques autres lieux du poëme, que son amour l'emporte sur son devoir; or en celui-ci le contraire paroît, et l'agitation de ses pensées finit comme elle doit.

La seconde a le défaut que remarque l'observateur, touchant l'inutilité de l'infante, et l'on ne peut pas dire qu'elle y est utile en quelque sorte, comme celle qui flatte la passion de Chimène, et qui sert à lui faire montrer de plus en plus combien elle est affermie dans la résolution de perdre son amant; car Chimène eût pu témoigner aussi bien cette résolution en parlant à Elvire, qu'en parlant à l'infante, laquelle agit en cette occasion sans aucune nécessité.

Dans la troisième, l'observateur s'étonne que les commandements du roi aient été mal exécutés. Mais comme il est assez ordinaire que les bons ordres sont mal suivis, il n'y avoit rien de si raisonnable que de supposer, en faveur de Rodrigue, qu'en cette occasion Fernand eût été servi avec négligence. Toutefois ce n'est pas par cette raison que le poëte se peut défendre, la véritable étant que le roi n'avoit point donné d'ordres pour résister aux Maures, de peur de mettre la ville en trop grande alarme. Il est vrai que l'excuse est pire que la faute, pour ce qu'il y auroit moins d'inconvénient que le roi fût mal obéi, ayant donné de bons ordres, que non pas qu'il pérît faute d'en avoir donné aucun. Si bien qu'encore que l'objection par-là demeure nulle en ce lieu, il nous semble néanmoins qu'elle eût été bonne et solide dans la sixième scène du second acte, où l'on pouvoit reprocher à Fernand, avec beaucoup de justice, qu'il savoit mal garder ses places, de négliger ainsi les bons avis qui lui étoient donnés, et de prendre le parti le moins assuré dans une nouvelle qui ne lui importoit pas moins que de sa ruine.

Ce qui suit du mauvais soin de don Fernand, qui devoit tenir le port fermé avec une chaîne, seroit une répréhension fort judicieuse, supposé que Séville eût un port si étroit d'embouchure, qu'une chaîne l'eût pu cloré aisément; ce qu'il semble aussi que l'auteur estime, faisant dire en un lieu :

Les Maures et la mer entrèrent dans le port.

Et en un autre, distinguant le fleuve du port :

Et la terre, et le fleuve, et leur flotte, et le port.

Mais Séville étant assez avant dans terre, et n'ayant pour havre que le Guadalquivir, qui ne se peut commodément fermer d'une chaîne, à cause de sa grande largeur, on peut dire que c'étoit assez que Rodrigue fît la garde au port, et qu'en ce lieu l'observateur désire une chose peu possible, quoique l'auteur lui en ait donné sujet par son expression. Pour le reste, nous croyons que la flotte des Maures a pu ancrer, afin que leur descente se fît avec ordre, parce qu'en cas de retraite, si elle eût été si pressée qu'ils n'eussent pas eu le loisir de lever les ancres, en coupant les câbles, ils se mettoient en état de la faire avec autant de promptitude que s'ils ne les eussent point jetés. C'est ainsi, ou avec peu de différence, qu'Enée en use, quand il coupe le câble qui tenoit son vaisseau attaché au rivage, plutôt que de l'envoyer détacher, dans la crainte qu'il avoit, qu'en retardant un peu sa sortie du port, Didon n'eût assez de temps pour le retenir par force dans Carthage.

Pour la cinquième scène, il nous semble qu'elle peut être justement reprise. Mais ce n'est pas absolument, comme dit l'observateur, parce que le roi y fait un personnage moins sérieux qu'on ne devoit attendre de sa dignité et de son âge, lorsque, pour reconnoître le sentiment de Chimène, il lui assure que Rodrigue est mort au combat : car cela se pourroit bien défendre par l'exemple de plusieurs grands princes, qui n'ont pas fait de difficulté d'user de feinte dans leurs jugements quand ils ont voulu découvrir une vérité cachée. Nous tenons cette scène principalement répréhensible, en ce que Chimène y veut déguiser au roi la passion qu'elle a pour Rodrigue, quoiqu'il n'y eût pas sujet de le faire, et qu'elle-même eût témoigné déjà auparavant avoir une contraire intention. Cela se justifie clairement par la quatrième scène du troisième acte, où elle dit à son amant, qu'elle veut bien qu'on sache son inclination, *afin que sa gloire en soit plus élevée, quand on verra qu'elle le poursuit encore qu'elle l'adore.* Ce discours nous paroît contredire à celui que le poëte lui fait tenir maintenant pour céler son amour au roi, *qu'on se pâme de joie ainsi que de tristesse.* Et c'étoit sur cette contradiction, que nous estimons que l'observateur eût été bien fondé de le reprendre en ce lieu. En effet, il eût beaucoup mieux valu la faire persévérer dans la résolution de laisser connoître son amour, et lui faire dire que la mort de Rodrigue lui pouvoit bien être sensible, puisqu'elle avoit de l'affection pour lui, mais qu'elle lui étoit agréable, puisque son devoir l'avoit obligée à la poursuivre, et que maintenant elle n'avoit plus rien à désirer que le tombeau, après avoir obtenu des Maures ce que le roi sembloit ne lui vouloir pas accorder.

Quant à l'ordonnance de Fernand pour le mariage de Chimène avec celui de ses deux amants qui sortiroit vainqueur du combat, on ne sauroit nier qu'elle ne soit très-inique, et que Chimène ne fasse une très-grande faute, de ne refuser pas ouvertement d'y obéir. Rodrigue lui-même n'eût osé porter jusque-là ses prétentions; et ce combat ne pouvoit servir au plus qu'à lui faire obtenir l'abolition de la mort du comte : que si le roi le vouloit récompenser du grand service qu'il venoit d'en recevoir, il falloit que ce fût du sien, et non pas d'une chose qui n'étoit point à lui, et que les lois de la nature avoient mise hors de sa puissance. En tout cas, s'il lui vouloit faire épouser Chimène, il falloit qu'il employât envers elle la persuasion plutôt que le commandement. Or, cette ordonnance déraisonnable et précipitée, et par conséquent peu vraisemblable, est d'autant plus digne de blâme, qu'elle fait le dénouement de la pièce, et qu'elle le fait mauvais et contre l'art. En tous les autres lieux du poëme cette bizarrerie eût fait un fâcheux effet; mais en celui-ci elle en gâte l'édifice, et le rend défectueux en sa partie la plus essentielle, le mettant sous le genre de ceux qu'Aristote condamne, pour ce qu'*ils se nouent bien, et se dénouent mal.*

La première scène du cinquième acte nous semble très-digne de censure, parce que Rodrigue retourne chez Chimène, non plus de nuit comme l'autre fois, que les ténèbres favorisoient aucunement sa témérité, mais en plein jour, avec bien plus de péril et de scandale. Elle nous semble encore digne de répréhension, parce que l'entretien qu'ils y ont ensemble est si ruineux pour l'honneur de Chimène, et découvre tellement l'avantage que sa passion a pris sur elle, que nous n'estimons pas qu'il y ait guère de chose plus blâmable en toute la pièce. Il est vrai que Rodrigue y fait ce qu'un amant désespéré étoit obligé de faire, et qu'il y demeure bien plus dans les termes de la bienséance qu'il n'avoit fait la première fois. Mais Chimène, au contraire, y abandonne tout ce qui lui restoit de pudeur; et oubliant son devoir pour contenter sa passion, persuade clairement Rodrigue de vaincre celui qui s'exposoit volontairement à la mort pour sa querelle, et qu'elle avoit accepté pour son défenseur. Et ce qui la rend plus coupable encore, est qu'elle ne l'exhorte pas tant à bien combattre, pour la crainte qu'il ne meure, que pour l'espérance de l'épouser s'il ne mouroit point. Nous laissons à part l'ingratitude et l'inhumanité qu'elle fait paroître en sollicitant le déshonneur de don Sanche, qui sont de mauvaises qualités pour un principal personnage. Cette scène donc a toute l'imperfection qu'elle sauroit avoir, si l'on considère la matière comme faisant une partie essentielle de ce poëme. Mais en récompense, la considérant à part et détachée du sujet, la passion qu'elle contient nous semble fort bien touchée et fort bien conduite, et les expressions dignes de beaucoup de louanges.

La seconde et la troisième scènes ont leur défaut accoutumé de la superfluité de l'infante, et font languir le théâtre, par le peu qu'elles contribuent à la principale aventure : il est vrai pourtant qu'elles ne manquent pas de beaux mouvements, et que si elles étoient nécessaires, elles se pourroient dire belles.

Nous croyons la quatrième moins inutile que ne le prétend l'observateur, puisqu'elle découvre l'inquiétude de Chimène durant le combat de ses amants, et qu'elle sert à lui faire regagner un peu de la réputation qu'elle avoit perdue dans la première.

Pour la cinquième, outre qu'elle donne un juste sujet à l'observateur de remarquer le peu de temps que Rodrigue a eu pour ce combat, lequel se devant faire en la place publique, et par la permission du roi, demandoit beaucoup de cérémonies ; elle a encore le défaut de l'action que don Sanche y vient faire de présenter son épée à Chimène, suivant la condition que lui a imposée le vainqueur. Puis, pour achever de la rendre tout-à-fait mauvaise, au lieu que la surprise qui trouble Chimène devoit être courte, le poëte l'a étendue jusqu'à dégoûter les spectateurs les plus patients, qui ne se peuvent assez étonner de ce que don Sanche ne l'éclaircisse pas du succès de son combat avec une parole, laquelle il lui pouvoit bien dire, puisqu'il lui peut bien demander audience deux ou trois fois pour l'en éclaircir. A quoi l'on peut ajouter, qu'il y a beaucoup d'injustice dans le transport de Chimène contre lui, qui l'avoit servie et obligée, et que si elle eût fait paroître sa douleur avec plus de tendresse et de civilité, elle eût plus excité de compassion qu'elle ne fait par sa violence. D'ailleurs, il y pourroit avoir encore à redire, à ce qu'ayant promis solennellement d'épouser celui qui la vengeroit de Rodrigue, maintenant qu'elle croit que don Sanche l'en a vengée, elle tranche nettement qu'elle ne lui tiendra point parole, et le paye d'injures et de refus;

au lieu de se plaindre de sa mauvaise fortune, qui lui a ravi, par son propre ministère, celui qu'elle aimoit, et qui la livre à celui qu'elle ne pouvoit souffrir.

Dans la sixième scène, où elle avoue au roi qu'elle aime Rodrigue, nous ne la blâmons pas, comme fait l'observateur, de ce qu'elle l'avoue, mais de ce qu'oubliant la résolution qu'elle avoit faite dans la quatrième scène du troisième acte, de ne point céler sa passion, pour sa plus grande gloire, elle semble l'avoir voulu dissimuler jusqu'alors, et par conséquent l'avoir jugée criminelle. Par cette inégalité de Chimène, le poëte fait douter s'il a connu l'importance de ce qu'il lui avoit fait dire lui-même:

Voyant que je l'adore, et que je le poursuis,

et laisse soupçonner qu'il ait mis cette généreuse pensée dans sa bouche, plutôt comme une fleur non nécessaire, que comme la plus essentielle chose qui servît à la constitution de son sujet.

Dans la suivante, nous trouvons qu'il lui fait faire une faute bien plus remarquable, en ce que, sans autre raison que celle de son amour, elle consent à l'injuste ordonnance de Fernand, c'est-à-dire à épouser celui qui avoit tué son père. Le poëte voulant que ce poëme finît heureusement, pour suivre les règles de la tragi-comédie, fait encore en cet endroit que Chimène foule aux pieds celles que la nature a établies, et dont le mépris et la transgression doivent donner de l'horreur aux ignorants et aux habiles.

Quant au théâtre, il n'y a personne à qui il ne

soit évident qu'il est mal entendu dans ce poëme, et qu'une même scène y représente plusieurs lieux. Il est vrai que c'est un défaut que l'on trouve en la plupart de nos poëmes dramatiques, et auquel il semble que la négligence des poëtes ait accoutumé les spectateurs. Mais l'auteur de celui-ci s'étant mis si à l'étroit, pour y faire rencontrer l'unité du jour, devoit bien aussi s'efforcer d'y faire rencontrer celle du lieu, qui est bien autant nécessaire que l'autre, et faute d'être observée avec soin, produit dans l'esprit des spectateurs autant ou plus de confusion et d'obscurité.

A l'examen de ce que l'observateur appelle conduite, succède celui de la versification, laquelle ayant été reprise sans grand fondement en beaucoup de lieux, et passée pour bonne en beaucoup d'autres où il y avoit grand sujet de la condamner, nous avons jugé nécessaire, pour la satisfaction du public, de montrer en quoi la censure des vers a été bonne ou mauvaise, et en quoi l'observateur eût eu encore juste raison de les reprendre. Toutefois, nous n'avons pas cru qu'il nous fallût arrêter à tous ceux qui n'ont d'autre défaut que d'être foibles et rampants, le nombre desquels est trop grand, et trop facile à connoître, pour y employer notre temps.

SENTIMENTS SUR LES VERS.

ACTE PREMIER.
SCÈNE I.ère

Entre tous ces amants dont la jeune ferveur.

Ce mot de *ferveur* est plus propre pour la dévotion que pour l'amour; mais supposé qu'il fût aussi bon en cet endroit qu'*ardeur* ou *désir*, *jeune* s'y accommoderoit fort bien, contre l'avis de l'observateur.

Ce n'est pas que Chimène écoute leurs soupirs,
Ou d'un regard propice anime leurs désirs.

La remarque de l'observateur n'est pas considérable, qui juge qu'il falloit dire, *ou que d'un regard propice elle anime*, etc., parce que ces deux vers ne contiennent pas deux sens différents, pour obliger à dire, *ou qu'elle anime*.

Elle n'ôte à pas un, ni donne d'espérance.

Il falloit *ni ne donne*, et l'omission de ce *ne*, avec la transposition de *pas un*, qui devoit être à la fin, font que la phrase n'est pas françoise.

Don Rodrigue, sur-tout, n'a trait en son visage
Qui d'un homme de cœur ne soit la haute image.

C'est une hyperbole excessive de dire que chaque trait d'un visage soit une image; et *haute* n'est pas une épithète propre en ce lieu ; outre que *sur-tout* est mal placé, ce qui l'a fait paroître bas à l'observateur.

<blockquote>A passé pour merveille.</blockquote>

Cette façon de parler a été mal reprise par l'observateur.

<blockquote>Ses rides sur son front ont gravé ses exploits.</blockquote>

Les rides marquent les années, mais ne gravent point les exploits.

<blockquote>L'heure à présent m'appelle au conseil qui s'assemble.</blockquote>

A présent est bas et inutile, comme a remarqué l'observateur ; et *qui s'assemble* n'est pas inutile, comme il a cru.

SCÈNE II.

<blockquote>Et que tout se dispose à leurs contentements.</blockquote>

Il eût été mieux *à leur contentement.*

<blockquote>Deux mots dont tous vos sens doivent être charmés.</blockquote>

Cela est mal repris par l'observateur, parce qu'en poésie tous les sens signifient le sens intérieur, c'est-à-dire de l'âme, et que dans une extrême joie les sens extérieurs même sont comme charmés.

<blockquote>Puis-je à de tels discours donner quelque croyance ?</blockquote>

Il valoit mieux dire, *à ce discours;* car n'ayant dit que *deux mots,* on ne peut pas dire qu'elle ait fait des discours.

SCÈNE III.

L'informer avec soin comme va son amour.

L'observateur a bien repris cet endroit; il falloit dire *vous informer d'elle*.

Madame, toutefois.

En cet hémistiche *toutefois* est mal placé.

Mets la main sur mon cœur,
Et vois comme il se trouble au nom de son vainqueur.

En tout cet endroit le nom de Rodrigue n'a point été prononcé. Elle veut peut-être entendre son nom par *ce jeune chevalier;* mais il le désigne seulement, et ne le nomme pas.

Mais je n'en veux point suivre où ma gloire s'engage.

Ce dernier mot n'en dit pas assez, pour signifier *ma gloire court fortune*.

A pousser des soupirs pour ce que je dédaigne.

Dédaigne dit trop pour sa passion; car en effet elle l'estimoit : elle vouloit dire, *pour ce que je devrois dédaigner*.

Je le crains et souhaite.

L'usage veut que l'on répète l'article *le*, d'autant plus que les deux verbes sont de signification fort différente, et qu'autrement le mot de *souhaite*, sans l'article, fait attendre quelque chose ensuite.

Ma gloire et mon amour ont tous deux tant d'appas,
Que je meurs s'il s'achève et ne s'achève pas.

Le premier vers ne s'entend point, et le second

est bien repris par l'observateur ; il falloit dire, *s'il s'achève et s'il ne s'achève pas;* parce que cet *et* conjoint ce qui se doit séparer.

A vos esprits flottants.

L'observateur a mal repris cet endroit, pour ce que les passions sont comme des vents qui agitent l'esprit, et donnent lieu à la métaphore ; et quant au pluriel *esprits,* il se peut fort bien mettre en poésie pour signifier *l'esprit.*

Pour souffrir la vertu si long-temps au supplice.

Cette expression n'est pas achevée : on ne dit point *souffrir quelqu'un au supplice,* mais bien *souffrir que quelqu'un soit au supplice;* outre qu'*être au supplice* laisse une fâcheuse image en l'esprit.

Ma plus douce espérance est de perdre l'espoir.

Ce vers est beau, et l'observateur l'a mal repris, pour ce qu'elle ne pouvoit rien espérer de plus avantageux pour sa guérison, que de voir Rodrigue tellement lié à Chimène, qu'elle n'eût plus lieu d'espérer sa possession.

Par vos commandements Chimène vous vient voir.

Ce vers est bas, et la façon de parler n'est pas françoise, pour ce qu'on ne dit point, *un tel vous vient voir par vos commandements.*

Cet hyménée à trois également importe.

Ce vers est mal tourné, et *à trois* après *hyménée* dans le repos du vers, fait un fort mauvais effet.

SCÈNE IV.

Vous élève en un rang.

Cela n'est pas françois : il falloit dire, *élever à un rang.*

Mais le roi m'a trouvé plus propre à son désir.

Ce n'est pas bien parler de dire, *plus propre à son désir* : il falloit dire, *plus propre à son service*, ou bien, *plus selon son désir.*

Instruisez-le d'exemple.

Cela n'est pas françois : il falloit dire, *instruisez-le par l'exemple de*, etc.

Ressouvenez et *enseignez* ne sont pas bonnes rimes.

Ordonner une armée.

Ce n'est pas bien parler françois, quelque sens qu'on lui veuille donner, et ne signifie point, ni mettre une armée en bataille, ni établir dans une armée l'ordre qui y est nécessaire.

Sans moi vous passeriez bientôt sous d'autres lois,
Et si vous ne m'aviez, vous n'auriez plus de rois.

Il y a contradiction en ces deux vers ; car par la même raison qu'ils passeroient sous d'autres lois, ils pourroient avoir d'autres rois.

Le prince pour essai de générosité.

L'observateur reprend mal cet endroit, en ce qu'il dit qu'il y a quelque consonnance *d'essai* avec *générosité*, car il n'y en a point.

SUR LE CID.

<small>Gagner des combats.</small>

L'observateur a repris cette façon de parler avec quelque fondement, pour ce qu'on ne sauroit dire qu'improprement *gagner des combats*.

<small>Parlons-en mieux, le roi.</small>

L'observateur a repris ce vers avec trop de rigueur, pour avoir la césure mauvaise; car cela se souffre quelquefois aux vers de théâtre, et même en quelques lieux a de la grâce dans les interlocutions, pourvu que l'on en use rarement.

<small>Le premier dont ma race a vu rougir son front.</small>

L'observateur a eu raison de remarquer qu'on ne peut dire *le front d'une race*.

<small>Mon âme est satisfaite,
Et mes yeux à ma main reprochent ta défaite.</small>

Il y a contradiction en ces deux vers, de dire en même temps que son âme soit satisfaite, et que ses yeux reprochent à sa main une défaite honteuse, et qui par conséquent lui doit donner du déplaisir.

SCÈNE V.

<small>Nouvelle dignité fatale à mon bonheur,
Faut-il de votre éclat voir triompher le comte?</small>

Triompher de l'éclat d'une dignité, ce sont de belles paroles qui ne signifient rien.

<small>Qui tombe sur mon chef.</small>

L'observateur est trop rigoureux de reprendre ce mot de *chef*, qui n'est point tant hors d'usage qu'il dit.

SCÈNE VI.

Je le remets au tien pour venger et punir.

Venger et punir est trop vague, car on ne sait qui doit être vengé, ni qui doit être puni.

Au surplus.

Ce terme est bien repris par l'observateur pour être bas, mais la faute est légère.

Se faire un rempart de funérailles.

L'observateur a bien repris cet endroit, car le mot de *funérailles* ne signifie point des corps morts.

Plus l'offenseur est cher.

L'observateur a quelque fondement en sa répréhension, de dire que ce mot *offenseur* n'est pas en usage; toutefois étant à souhaiter qu'il y fût, pour opposer à *offensé*: cette hardiesse n'est pas condamnable.

SCÈNE VII.

L'un échauffe mon cœur, l'autre retient mon bras.

Échauffer est un verbe trop commun à toutes les deux passions. Il en falloit un qui fût propre à la vengeance, et qui le distinguât de l'amour, et même le mot *flamme* qui suit, semble le désirer plutôt pour la maîtresse que pour le père.

A mon aveuglement rendez un peu de jour.

L'observateur n'a pas bien repris en cet endroit,

pour ce que l'on peut dire l'*aveuglement* pour l'*esprit aveuglé*.

Je dois à ma maîtresse aussi bien qu'à mon père.

Je dois est trop vague. Il devoit être déterminé à quelque chose qui exprimât ce qu'il doit.

Allons, mon âme.

L'observateur n'a pas eu raison de blâmer cette façon de parler, pour ce qu'elle est en usage, et que l'on parle souvent à soi en s'adressant à une des principales parties de soi-même, comme l'*âme* et le *cœur*.

Et puisqu'il faut mourir.

Ces paroles ne sont pas une exclamation, comme le remarque l'observateur, et ont un fort bon sens, puisqu'elles veulent dire que Rodrigue étant réduit à la nécessité de mourir, quoi qu'il pût arriver, il aime mieux mourir sans offenser Chimène, qu'après l'avoir offensée.

Dont mon âme égarée.

L'observateur n'a pas bien repris ce mot *égarée*, qui n'est point inutile, marquant le trouble de l'esprit.

Allons, mon bras.

L'observateur devoit plutôt reprendre *allons mon bras*, qu'*allons mon âme*, pour ce qu'encore que le bras se puisse quelquefois prendre pour la personne, il ne s'accorde pas bien avec *aller*.

Dois-je pas à mon père avant qu'à ma maîtresse?

Il fait la même faute qu'auparavant; il devoit déterminer ce qu'il devoit.

Je rendrai mon sang pur comme je l'ai reçu.

L'observateur n'a pas bien repris cet endroit, car métaphoriquement le sang qui a été reçu des aïeux est souillé par les mauvaises actions; et ce vers est fort beau.

ACTE SECOND.

SCÈNE I.ère

Quand je lui fis l'affront.

Il n'a pu dire, *je lui fis,* car l'action vient d'être faite; il falloit dire, *quand je lui ai fait,* puisqu'il ne s'étoit point passé de nuit entre deux.

Ce grand courage, grandeur de l'offense, grand crime, et quelque grand qu'il fût.

L'observateur est trop rigoureux de reprendre ces répétitions, dont la première n'est pas considérable, étant éloignée de cinq vers; et en la seconde la répétition de *quelque grand qu'il soit* est entièrement nécessaire, et a même de la grâce.

Qui passent le commun des satisfactions.

Cette façon de parler est des plus basses, et peu françoise.

Sont plus que suffisants.

L'observateur l'a bien repris, non pas en ce qu'il dit que cette façon de parler ne signifie rien, car elle est aisément entendue, mais en ce qu'elle est basse.

SCÈNE II.

> Sais-tu que ce vieillard fut la même vertu,
> La vaillance et l'honneur de son temps ; le sais-tu ?

On ne doit parler ainsi que d'un homme mort ; car don Diègue étant vivant, son fils devoit croire qu'il étoit encore la vertu et l'honneur de son temps : il devoit dire *est la même vertu,* etc.

Le comte répond, *peut-être ;* mais c'est mal répondu, car absolument on doit savoir ou non quelque chose.

> Cette ardeur que dans les yeux je porte,
> Sais-tu que c'est son sang ?

Une ardeur ne peut être appelée sang, par métaphore ni autrement.

> A quatre pas d'ici je te le fais savoir.

Après avoir dit ces mots, le grand discours qui suit jusqu'à la fin de la scène est hors de saison.

SCÈNE III.

> Elle a fait trop de bruit pour ne pas s'accorder.

L'observateur a mal repris cet endroit, car on dit *s'accorder* pour *être accordé.*

> Et de ma part mon âme.

Cela est mal dit ; mais pour *fera l'impossible,* l'observateur l'a mal repris, car l'usage a reçu *faire l'impossible,* pour dire, *faire tout ce qui est possible.*

> Les hommes valeureux le sont du premier coup.

L'observateur n'a pas eu sujet de reprendre la

bassesse du vers ni la phrase *du premier coup ;* mais il le devoit reprendre comme impropre en ce lieu, puisqu'il se dit d'une action, et non d'une habitude.

> Les affronts à l'honneur ne se réparent point.

On dit bien *faire affront à quelqu'un,* mais non pas *faire affront à l'honneur de quelqu'un.*

> Quel comble à mon ennui!

Cette phrase n'est pas françoise.

SCÈNE V.

> Vous laissez choir ainsi ce glorieux courage.

Contre l'opinion de l'observateur, ce mot de *choir* n'est point si fort impropre en ce lieu qu'il ne se puisse supporter : celui d'*abattre* eût été sans doute meilleur, et plus dans l'usage.

> Si dessous sa valeur ce grand guerrier s'abat.

L'observateur a mal repris *s'abat,* et il n'y a point d'équivoque vicieuse avec *sabbat;* mais il devoit remarquer qu'il falloit dire *est abattu,* et non pas *s'abat.*

> Et ses nobles journées,
> Porter delà les mers ses hautes destinées.

L'observateur a bien repris *ses nobles journées ;* car on ne dit point *les journées d'un homme,* pour exprimer les combats qu'il a faits ; mais on dit bien *la journée d'un tel lieu,* pour dire la bataille qui s'y est donnée : et il devroit encore ajouter que de nobles journées qui portent de hautes destinées audelà des mers, font une confusion de belles paroles qui n'ont aucun sens raisonnable.

> Arborer ses lauriers

Est bien repris par l'observateur, pour ce que l'on ne peut pas dire *arborer un arbre*; le mot d'*arborer* ne se prend que pour des choses que l'on plante figurément en façon d'arbres, comme des étendards.

> Mais, madame, voyez où vous portez son bras.

Cette façon de parler est si hardie, qu'elle en est obscure.

> Je veux que ce combat demeure pour certain.

Outre que cette phrase est basse, elle est mauvaise, et l'auteur n'exprime pas bien par-là, *je veux que ce combat se soit fait.*

> Votre esprit va-t-il point bien vite pour sa main ?

Cette pointe est mauvaise.

> Que veux-tu ? je suis folle, et mon esprit s'égare ;
> Mais c'est le moindre mal que l'amour me prépare.

Il y a de la contradiction dans le sens de ces vers ; car comment l'amour lui peut-il préparer un mal qu'elle sent déjà ? Elle pouvoit bien dire, *c'est un petit mal en comparaison de ceux que l'amour me prépare.*

SCÈNE VI.

> Je l'ai de votre part long-temps entretenu.

On dit bien, *je lui ai parlé de votre part,* ou bien, *je l'ai entretenu de ce que vous m'avez commandé de lui dire de votre part;* mais on ne peut dire, *je l'ai entretenu de votre part.*

> On l'a pris tout bouillant encor de sa querelle.

On ne peut dire *bouillant d'une querelle*, comme on dit *bouillant de colère*.

> J'obéis et me tais; mais de grâce encor, sire,
> Deux mots en sa défense.

Après avoir dit *j'obéis et me tais*, il ne devoit point continuer de parler; car ce n'est pas se vouloir taire, que de demander à dire deux mots en sa défense.

> Et c'est contre ce mot qu'a résisté le comte.

Résister contre un mot n'est pas bien parler françois : il eût pu dire, *s'obstiner sur un mot*.

> Il trouve en son devoir un peu trop de rigueur,
> Et vous obéiroit s'il avoit moins de cœur.

Don Sanche pèche fort contre le jugement en cet endroit, d'oser dire au roi que le comte trouve trop de rigueur à lui rendre le respect qu'il lui doit, et encore plus quand il ajoute, qu'il y auroit de la lâcheté à lui obéir.

> Commandez que son bras, nourri dans les alarmes.

On ne peut dire, *un bras nourri dans les alarmes*, et il a mal pris en ce lieu la partie pour le tout.

> Vous perdez le respect, mais je pardonne à l'âge,
> Et j'estime l'ardeur en un jeune courage.

Le roi estime sans raison cette ardeur, qui fait perdre le respect à don Sanche; c'étoit beaucoup de lui pardonner.

> A quelques sentiments que son orgueil m'oblige,
> Sa perte m'affoiblit, et son trépas m'afflige.

Toutes les parties de ce raisonnement sont mal

rangées ; car il falloit dire, *à quelque ressentiment que son orgueil m'ait obligé, son trépas m'afflige à cause que sa perte m'affoiblit.*

SCÈNE VII.

>Par cette triste bouche elle empruntoit ma voix.

Chimène paroît trop subtile en tout cet endroit, pour une affligée.

>Moi dont les longs travaux ont acquis tant de gloire,
>Moi que jadis par-tout a suivi la victoire.

Don Diègue devoit exprimer ses sentiments devant son roi avec plus de modestie.

>L'orgueil dans votre cour l'a fait presqu'à vos yeux,
>Et souillé sans respect l'honneur de ma vieillesse.

Il falloit dire, *et a souillé,* car *l'a fait* ne peut pas régir *souillé.*

>Du crime glorieux qui cause nos débats,
>Sire, j'en suis la tête, il n'en est que le bras.

On peut bien donner une tête et des bras à quelques corps figurés, comme, par exemple, à une armée; mais non pas à des actions, comme des crimes, qui ne peuvent avoir ni têtes ni bras.

>Et loin de murmurer d'un injuste décret,
>Mourant sans déshonneur, je mourrai sans regret.

Il offense le roi le croyant capable de faire un décret injuste; mais il pouvoit dire, *loin d'accuser d'injustice le décret de ma mort.*

>Qu'un meurtrier périsse.

Ce mot de *meurtrier,* qu'il répète souvent, le faisant de trois syllabes, n'est que de deux.

ACTE TROISIÈME.

SCÈNE I.ère

ELVIRE.

Jamais un meurtrier en fit-il son refuge?

RODRIGUE.

Jamais un meurtrier s'offrit-il à son juge?

Soit que Rodrigue veuille consentir au sens d'Elvire, soit qu'il y veuille contrarier, il y a grande obscurité en ce vers, et il semble qu'il conviendroit mieux au discours d'Elvire qu'au sien.

SCÈNE II.

Employez mon épée à punir le coupable;
Employez mon amour à venger cette mort.

La bienséance eût été mieux observée, s'il se fût mis en devoir de venger Chimène, sans lui en demander la permission.

SCÈNE III.

Pleurez, pleurez, mes yeux, etc.

Cet endroit n'est pas bien repris par l'observateur; car cette phrase *fondez-vous en eau,* ne donne aucune vilaine idée comme il dit: il eût été mieux à la vérité de dire, *fondez-vous en larmes:* et à bien considérer ce qui suit, encore qu'il semble y avoir quelque confusion, toutefois il ne s'y trouve point trois moitiés comme il l'estime.

SUR LE CID.

Si je pleure ma perte, et la main qui l'a faite.

On ne peut dire *la main qui a fait la perte*, pour dire, *la main qui l'a causée*; car c'est Chimène qui a fait la perte, et non pas la main de Rodrigue. Ce n'est pas bien dit aussi, *je pleure la main*, pour dire, *je pleure de ce que c'est cette main qui a fait le mal.*

En ce dur combat de colère et de flamme.

Flamme en ce lieu est trop vague pour désigner *l'amour*, l'opposant à *colère*, où il y a du feu aussi bien qu'en l'amour.

Il déchire mon cœur sans partager mon âme.

L'observateur l'a bien repris, car cela ne veut dire sinon *il déchire mon cœur sans le déchirer.*

Quoi que mon amour ait sur moi de pouvoir.

Cette façon de parler n'est pas françoise; il falloit dire, *quelque pouvoir que mon âme ait sur moi.*

Rodrigue m'est bien cher; son intérêt m'afflige.

Ce mot d'*intérêt* étant commun au bien et au mal, ne s'accorde pas justement avec *afflige*, qui n'est que pour le mal; il falloit dire, *son intérêt me touche*, ou *sa peine m'afflige.*

Mon cœur prend son parti; mais contre leur effort,
Je sais que je suis fille, et que mon père est mort.

C'est mal parler, de dire, *contre leur effort je sais que je suis fille*, pour dire, *j'oppose à leur effort la considération que je suis fille, et que mon père est mort.*

> N'en pressez point d'effet.

Il falloit dire *l'effet*.

> Quoi! j'aurai vu mon père mourir entre mes bras?

Elle avoit dit auparavant qu'il étoit mort quand elle arriva sur le lieu.

SCÈNE IV.

> Soûlez-vous du plaisir de m'empêcher de vivre.

Cette phrase, *empêcher de vivre*, est trop foible pour dire, *de me faire mourir*, principalement en lui présentant son épée afin qu'elle le tue.

> Quoi! du sang de mon père encor toute trempée?

L'observateur est trop rigoureux de reprendre ce vers, à cause du semblable qui est en un autre lieu; ce n'est point stérilité, si l'on n'en veut accuser Homère et Virgile, qui répètent plusieurs fois de mêmes vers.

> Sans quitter l'envie.

L'observateur ne devoit point reprendre cette phrase, qui se peut souffrir.

> Et veux tant que j'expire.

Cela n'est pas françois, pour dire, *jusqu'à tant que j'expire*.

> D'avoir fui l'infamie.

Fui est de deux syllabes.

Perdu et *éperdu* ne peuvent rimer, à cause que l'un est le simple, et l'autre le composé.

> Aux traits de ton amour, ni de ton désespoir.

Ce vers est beau, et a été mal repris par l'observateur, et *effets*, au lieu de *traits*, n'y seroit pas bien comme il pense.

Va, je ne te hais point.

RODRIGUE.

Tu le dois.

Ces termes, *tu le dois*, sont équivoques; on pourroit entendre, *tu ne me dois point haïr;* toutefois la passion est si belle en cet endroit, que l'esprit se porte de lui-même au sens de l'auteur.

Malgré des feux si beaux qui rompent ma colère.

Il passe mal d'une métaphore à une autre; et ce verbe *rompre* ne s'accommode pas avec *feux*.

Vigueur, vainqueur, trompeur, et peur.

L'observateur a tort d'accuser ces rimes d'être fausses. Il vouloit dire seulement qu'elles sont trop proches les unes des autres, ce qui n'est pas considérable.

SCÈNE V.

Mes ennuis cessés.

L'observateur a mal repris cet endroit; *cessés* est bien dit en poëme pour *appaisés* ou *finis*.

SCÈNE VI.

Où fut jadis l'affront.

L'observateur a bien repris en ce lieu le mot *jadis*, qui marque un temps trop éloigné.

> L'honneur vous en est dû : les cieux me sont témoins,
> Qu'étant sorti de vous, je ne pouvois pas moins.

Il prend hors de propos *les cieux à témoins* en ce lieu.

> L'amour n'est qu'un plaisir, et l'honneur un devoir.

Il falloit dire, *l'amour n'est qu'un plaisir, l'honneur est un devoir;* car *n'est que* ici ne régit pas *un devoir;* autrement, il sembleroit que, contre son intention, il les voulût mépriser l'un et l'autre.

> Et vous m'osez pousser à la honte du change.

Ce n'est point bien parler, pour dire, *vous me conseillez de changer;* on ne dit point *pousser à la honte.*

> La flotte, etc., vient surprendre la ville.

Il falloit dire, *vient pour surprendre,* pour ce que celui qui parle est dans la ville et est assuré qu'il ne sera point surpris, puisqu'il sait l'entreprise, sans être d'intelligence avec les ennemis.

> Et le peuple en alarmes.

Il falloit dire, *en alarme* au singulier.

> Venoient m'offrir leur vie à venger ma querelle.

Il eût été bon de dire, *venoient s'offrir à venger ma querelle;* mais disant,

> Venoient m'offrir leur vie,

il falloit dire, *pour venger ma querelle.*

ACTE QUATRIÈME.
SCÈNE III.

L'effroi de Grenade et Tolède.

Il falloit répéter le *de*, et dire, *de Grenade et de Tolède*.

Épargne ma honte.

Cela ne signifie rien, car *honte* n'est pas bien pour *pudeur* ou *modestie*.

Et le sang qui m'anime.

L'observateur n'a pas bien repris cet endroit, puisque tous les poëtes ont usé de cette façon de parler, qui est belle.

Sollicita mon âme encor toute troublée.

Sollicita mon âme seulement n'est pas assez dire. Il falloit ajouter de quoi elle avoit été sollicitée.

Leur brigade étoit prête.

Contre l'avis de l'observateur, le mot de *brigade* se peut prendre pour un plus grand nombre que de *cinq cents*. Il est vrai qu'en terme de guerre, on n'appelle *brigade* que ce qui est pris d'un plus grand corps : et quelquefois on peut appeler *brigade* la moitié d'une armée que l'on détache pour quelque effet ; mais en terme de poésie on prend *brigade* pour *troupe*, de quelque façon que ce soit.

Et paroître à la cour eût hasardé ma tête.

Il falloit dire, *c'eût été hasarder ma tête*; car on ne peut faire un substantif de *paroître*, pour régir *eût hasardé*.

> Marcher en si bon équipage.

L'observateur a eu raison de dire qu'il eût été mieux de mettre *en bon ordre*, qu'en *bon équipage*; car ils alloient au combat, et non pas en voyage. Mais il a tort de dire que le mot d'*équipage* soit vilain.

> J'en cache les deux tiers aussitôt qu'arrivés.

Cette façon de parler n'est pas françoise. Il falloit dire, *aussitôt qu'ils furent arrivés*, ou *ils furent cachés aussitôt qu'arrivés*.

> Les autres au signal de nos vaisseaux répondent.

Ce vers est si mal rangé, qu'on ne sait si c'est *le signal des vaisseaux*, ou si *des vaisseaux on répond au signal*.

> Et leurs terreurs s'oublient.

L'observateur n'a pas plus de raison de condamner *s'oublient* que *s'accorder*, comme il a été remarqué auparavant.

> Rétablit leur désordre.

On ne dit point *rétablir le désordre*, mais bien *rétablir l'ordre*.

> Nous laissant pour adieux des cris épouvantables.

On ne dit point, *laisser un adieu*, ni *laisser des cris*, mais bien *dire adieu*, et *jeter des cris*; outre que les vaincus ne disent jamais adieu aux vainqueurs.

SCÈNE IV.

> Contrefaites le triste.

L'observateur n'a pas eu raison de reprendre

cette façon de parler, qui est en usage; mais il est vrai qu'elle est basse dans la bouche du roi.

Au milieu des lauriers.

L'observateur n'a pas eu sujet de blâmer l'auteur d'avoir parlé huit ou dix fois de *lauriers*, dans un poëme de si longue étendue.

SCÈNE V.

Si de nos ennemis Rodrigue a le dessus,
Il est mort à nos yeux des coups qu'il a reçus.

Quand un homme *est mort*, on ne peut dire *qu'il a le dessus* des ennemis, mais bien *il a eu*.

Reprends ton allégresse.

Le roi proposeroit mal-à-propos à Chimène qu'elle *reprît son allégresse*, si elle n'avoit fait paroître plus d'amour pour Rodrigue, que de ressentiment pour la mort de son père.

Sire, ôtez ces faveurs qui terniroient sa gloire.

Cela n'est pas bien dit pour signifier, *ne lui faites point de ces faveurs qui terniroient sa gloire;* car on ne peut dire *ôter des faveurs* que celles que peut donner ou ôter une maîtresse; mais ce n'est pas ainsi que s'entendent *les faveurs* en ce lieu.

ACTE CINQUIÈME.

SCÈNE I.ère

Mon amour vous le doit, et mon cœur qui soupire
N'ose, sans votre aveu, sortir de votre empire.

Cette expression *qui soupire*, est imparfaite. Il falloit dire, *qui soupire pour vous;* et par le second vers, il semble qu'il demande plutôt permission de changer d'amour que de mourir.

Va combattre don Sanche, et déjà désespère.

Il eût été plus à propos d'ajouter à *désespère*, ou *de la victoire*, ou *de vaincre ;* car le mot *désespère* semble ne pas dire assez tout seul.

Quand mon honneur y va.

Cette phrase a déjà été reprise; il falloit dire, *quand il va de mon honneur.*

SCÈNE II.

Faut-il que mon cœur se prépare,
S'il ne peut obtenir dessus mon sentiment?

Cela est mal dit pour exprimer *mon cœur ne peut obtenir de lui-même ;* car il distingue le cœur du sentiment, qui en ce lieu ne sont qu'une même chose.

SCÈNE III.

Que ce jeune seigneur endosse le harnois.

L'observateur ne devoit pas reprendre cette phrase, qui n'est point hors d'usage, comme les termes qu'il allègue.

Puisse l'autoriser à paroître appaisée.

Ce vers ne signifie pas bien, *puisse lui donner lieu de s'appaiser, sans qu'il y aille de son honneur.*

SCÈNE IV.

Et mes plus doux souhaits sont pleins d'un repentir.

Il falloit mettre plutôt *pleins de repentir,* car le mot de *pleins* ne s'accorde pas avec *un ;* et puis le repentir n'est pas dans les souhaits, mais il peut suivre les souhaits. Il falloit dire, *sont suivis de repentir*.

<blockquote>Mon devoir est trop fort et ma perte trop grande.
Et ce n'est pas assez pour leur faire la loi.</blockquote>

On peut bien dire, *faire la loi à un devoir*, pour dire *le surmonter*, et non pas *à une perte*.

<blockquote>Et le ciel, ennuyé de vous être si doux.</blockquote>

Cela dit trop pour une personne dont on a tué le père le jour précédent.

<blockquote>De son côté me penche.</blockquote>

Il falloit dire, *me fasse pencher;* ce verbe n'est point actif, mais neutre.

SCÈNE V.

<blockquote>Madame, à vos genoux j'apporte cette épée.</blockquote>

On peut bien *apporter une épée aux pieds* de quelqu'un, mais non pas *aux genoux*.

<blockquote>Ministre déloyal de mon rigoureux sort.</blockquote>

Don Sanche n'étoit point *déloyal*, puisqu'il n'avoit fait que ce qu'elle lui avoit permis de faire, et qu'il ne lui avoit manqué de foi en nulle autre chose.

Le cinquième article des observations comprend les larcins de l'auteur, qui sont ponctuellement ceux que l'observateur a remarqués. Mais il faut tomber d'accord que ces traductions ne font pas toute la beauté de la pièce. Car, outre que nous remarquerons qu'en bien peu des choses imitées il est demeuré au-dessous de l'original, et qu'il en a rendu quelques-unes meilleures qu'elles n'étoient, nous trouvons encore qu'il y a ajouté beaucoup de pensées qui ne cèdent en rien à celles du premier auteur.

Tels sont les sentiments de l'Académie Françoise, qu'elle met au jour plutôt pour rendre témoignage de ce qu'elle pense sur *le Cid,* que pour donner aux autres des règles de ce qu'ils en doivent croire. Elle s'imagine bien qu'elle n'a pas absolument satisfait ni l'auteur, dont elle marque les défauts, ni l'observateur, dont elle n'approuve pas toutes les censures, ni le peuple, dont elle combat les premiers suffrages; mais elle s'est résolue, dès le commencement, à n'avoir point d'autre but que de satisfaire à son devoir : elle a bien voulu renoncer à la complaisance pour ne pas trahir la vérité, et de peur de tomber dans la faute dont elle accuse ici le poëte, elle a moins songé à plaire qu'à profiter. Son équitable sévérité ne laissera pas de contenter ceux qui aimeront mieux le plaisir d'une véritable connoissance, que celui d'une douce illusion, et qui n'apporteront pas tant de soin pour s'empêcher d'être utilement trompés, qu'ils semblent en avoir pris jusques à cette heure pour se laisser tromper agréablement. S'il est ainsi, elle se croit assez récompensée de son travail. Comme elle cherche leur instruction, et non pas sa gloire, elle ne demande pas qu'ils prononcent en public contre eux-mêmes. Il lui suffit qu'ils condamnent en particulier, et qu'ils se rendent en secret à leur propre raison. Cette même raison leur dira ce que nous leur disons, sitôt qu'elle pourra reprendre sa première liberté; et, secouant le joug qu'elle s'étoit laissé mettre par surprise, elle éprouvera qu'il n'y a que les fausses et imparfaites beautés qui soient proprement de courtes tyrannies. Car les passions violentes, bien exprimées, font souvent en ceux qui les voient une partie de l'effet qu'elles font en ceux qui les ressentent véritablement. Elles ôtent à tous la liberté de l'esprit, et font que les uns se plaisent à voir représenter les fautes que les autres se plaisent à commettre. Ce sont ces puissants mouvements qui ont tiré des spectateurs du *Cid* cette grande approbation, et qui doivent aussi la faire excuser. L'auteur s'est facilement rendu maître de leur âme, après y avoir excité le trouble et l'émotion : leur esprit, flatté par quelques endroits agréables, est devenu aisément flatteur de tout le reste, et les charmes éclatants de quelques parties leur ont donné de l'amour pour tout le corps. S'ils eussent été moins ingénieux, ils eussent été moins sensibles; ils eussent vu les défauts que nous voyons en cette pièce, s'ils ne se fussent point trop arrêtés à en regarder les beautés : et si on leur peut faire quelque reproche, au moins n'est-ce pas celui qu'un ancien poëte faisoit aux Thébains, quand il disoit qu'ils étoient trop grossiers pour être trompés. Et sans mentir, les savants même doivent souffrir avec quelque indulgence les irrégularités d'un ouvrage qui n'auroit pas eu le bonheur d'agréer si fort au commun, s'il n'avoit des grâces qui ne sont pas communes. Il devoit penser que l'abus étant si grand dans la plupart de nos poëmes dramatiques, il y auroit peut-être trop de rigueur à condamner absolument un homme, pour n'avoir pas surmonté la foiblesse ou la négligence de son siècle, et à estimer qu'il n'auroit rien fait du tout, parce qu'il n'auroit point fait de miracles. Toutefois ce qui l'excuse ne le justifie pas, et les fautes même des anciens, qui semblent devoir être respectées pour leur vieillesse, ou, si on l'ose dire, pour leur immortalité, ne peuvent pas défendre les siennes. Il est vrai que celles-là ne sont presque considérées qu'avec révérence, d'autant que les unes étant faites dans les règles, sont nées libres et hors de leur juridiction, et que les autres, par une longue durée, ont comme acquis une prescription légitime. Mais cette faveur qui à peine met à couvert ces grands hommes, ne passe point jusqu'à leurs successeurs. Ceux qui viennent après eux héritent bien de leurs richesses, mais non pas de leurs priviléges, et les vices d'Euripide ou de Sénèque ne sauroient faire approuver ceux de Guilain de Castro. L'exemple de cet auteur espagnol seroit peut-être plus favorable à notre auteur françois, qui, s'étant comme engagé à marcher sur ses pas, sembloit le devoir suivre également parmi les épines et parmi les fleurs, et ne le pouvoir abandonner, quelque bon ou mauvais chemin qu'il tînt, sans une espèce d'infidélité. Mais outre que les fautes sont estimées volontaires quand on se les rend nécessaires volontairement, et que lorsqu'on choisit une servitude on la doit au moins choisir belle, il a bien fait voir lui-même, par la liberté qu'il s'est donnée de changer plusieurs endroits de ce poëme, qu'en ce qui regarde la poésie on demeure encore libre après cette sujétion. Il n'en est pas de même dans l'histoire, qu'on est obligé de rendre telle qu'on la reçoit. Il faut que la créance qu'on lui donne soit aveugle, et la déférence que l'historien doit à la vérité le dispense de celle que le poëte doit à la bienséance. Mais comme cette vérité a peu de crédit dans l'art des beaux mensonges, nous pensons qu'à son tour elle y doit céder à la bienséance; qu'être inventeur et imitateur n'est ici qu'une même chose, et que le poëte françois qui nous a donné le *Cid*, est coupable de toutes les fautes qu'il n'y a pas corrigées. Après tout, il faut avouer qu'encore qu'il ait fait choix d'une matière défectueuse, il n'a pas laissé de faire éclater en beaucoup d'endroits de si beaux sentiments et de si belles paroles, qu'il a en quelque sorte imité le ciel, qui, en la dispensation de ses trésors et de ses grâces, donne indifféremment la beauté du corps aux méchantes âmes et aux bonnes. Il faut confesser qu'il y a semé un bon nombre de vers excellents, et qui semblent, avec quelque justice, demander grâce pour ceux qui ne le sont pas. Aussi les aurions-nous remarqués particulièrement, comme nous avons fait les autres, n'étoit qu'ils se découvrent assez d'eux-mêmes, et que d'ailleurs nous craindrions qu'en les ôtant de leur situation nous ne leur ôtassions une partie de leur grâce, et que commettant une espèce d'injustice, nous ne diminuassions leurs beautés à force de les vouloir faire paroître. Ce qu'il y a de mauvais dans l'ouvrage n'a pas laissé même de produire de bons effets, puisqu'il a donné lieu aux observations qui ont été faites dessus, et qui sont remplies de beaucoup de savoir et d'élégance. De sorte que l'on peut dire que ses défauts ont été utiles, et que sans y penser il a profité aux lieux où il n'a su plaire. Enfin nous concluons, qu'encore que le sujet du *Cid* ne soit pas bon, qu'il pèche dans son dénoûment, qu'il soit chargé d'épisodes inutiles, que la bienséance y manque en beaucoup de lieux, aussi bien que la bonne disposition du théâtre, et qu'il y ait beaucoup de vers bas et de façons de parler impures; néanmoins la naïveté et la véhémence de ses passions, la force et la délicatesse de plusieurs de ses pensées, et cet agrément inexplicable qui se mêle dans tous ses défauts, lui ont acquis un rang considérable entre les poëmes françois de ce genre qui ont le plus donné de satisfaction. Si son auteur ne doit pas toute sa réputation à son mérite, il ne la doit pas toute à son bonheur, et la nature lui a été assez libérale pour excuser la fortune si elle lui a été prodigue.

FIN DES SENTIMENTS DE L'ACADÉMIE FRANÇOISE SUR LE CID.

www.ingramcontent.com/pod-product-compliance
Lightning Source LLC
Chambersburg PA
CBHW060614170426
43201CB00009B/1011